“一带一路”研究辑刊（2019）

“一带一路”与中国新时代布局

门洪华 主编

同濟大學出版社
TONGJI UNIVERSITY PRESS

内 容 提 要

本书围绕“一带一路”与中国—世界互动关系，“一带一路”建设的国内基础、“一带一路”倡议对接及其失效、“一带一路”投资风险管理、“一带一路”沿线的中国海外利益保护、完善共建“一带一路”安全保障体系等内容，剖析新时代中国与世界关系的变革及其特征，探讨中国如何把握和塑造中国的新机遇期，深入研究“一带一路”建设与夯实国家战略、强化地区战略、深化全球战略的互动关系。

图书在版编目(CIP)数据

“一带一路”研究辑刊：2019：“一带一路”与中国新时代布局 / 门洪华主编. -- 上海：同济大学出版社，2020.8

ISBN 978-7-5608-9372-3

Ⅰ.①一… Ⅱ.①门… Ⅲ.①“一带一路”—国际合作—研究 Ⅳ.①F125

中国版本图书馆 CIP 数据核字(2020)第 127573 号

“一带一路”研究辑刊(2019)：“一带一路”与中国新时代布局

门洪华 主编

责任编辑 冯 慧 **责任校对** 徐春莲 **封面设计** 陈益平

出版发行 同济大学出版社 www.tongjipress.com.cn
(地址：上海市四平路 1239 号 邮编：200092 电话：021-65985622)
经 销 全国各地新华书店
制 作 南京月叶图文制作有限公司
印 刷 江苏凤凰数码印务有限公司
开 本 710 mm×1000 mm 1/16
印 张 19
字 数 380 000
版 次 2020 年 8 月第 1 版 2020 年 8 月第 1 次印刷
书 号 ISBN 978-7-5608-9372-3

定 价 98.00 元

本书出版得到韩国国际交流财团(KF)的课题资助

目录

CONTENTS

导　言

"一带一路"建设的国内基础

“一带一路”建设的经贸合作

“一带一路”建设的软实力方略

导　言

“一带一路”与中国—世界互动关系◆

门洪华*

中国与世界的互动是一个颇具特色的历史进程，两者是相互试探、碰撞的历史；是中国传统的“世界秩序”被打破，被强行纳入、历经挣扎和逐步适应西方主导的国际体系的历史；也是中国融入并影响进而塑造世界的历史，这一互动加速了中国的变革，也促进了世界的转型。[1] 中国的快速发展既是世界大变局的重要组成部分，也是推动世界变革的主要动力之一。[2] 中国已成为牵动世界变革的核心力量之一，并逐渐位移到世界变革的中心。进入新时代，中国致力于为世界提供促进和平发展、构建人类命运共同体的思想、理念和文化，为世界发展提供新动能，推动世界的可持续发展，为和平发展提供公共产品，以中国智慧、中国方案推动构建平等、包容与合作的国际新关系和新秩序，[3]“一带一路”建设就是推动中国与世界良性互动的战略抓手。

面对错综复杂的国内国际形势，党中央统揽全局、审时度势、多方权衡之后提出“一带一路”重要发展倡议，其被视为中国构建与国际社会命运共

◆ 本文系教育部哲学社会科学重大课题攻关项目“国家安全战略研究”(18JZD058)“一带一路”智库合作联盟2018年度对外委托课题“通过‘一带一路’建设促进新时代中国与世界的良性互动研究”的阶段性研究成果。

* 门洪华，同济大学同济特聘教授、中国战略研究院院长、政治与国际关系学院院长，中央网信办-教育部网络空间国际治理同济研究基地主任。

[1] 门洪华：《中国崛起与国际秩序变革》，载《国际政治科学》2016年第1期，第63—93页。

[2] 杨洁篪：《新时期中国与世界的互动》，载《国际问题研究》2011年第5期，第1—6页。

[3] 张蕴岭：《中国对外关系40年：回顾与展望》，载《世界经济与政治》2018年第1期，第5—26页。

同体的战略之梯。[1] 100多个国家和国际组织积极支持、参与“一带一路”建设,“一带一路”成为当今世界极具影响力的合作倡议,代表着中国迈向世界大国的征程。[2] “一带一路”建设以各国政策与规划的对接实现发展的国际协同,以合作路径与方式的创新推进经济全球化,同时也推动了中国开放型发展布局的历史性转型升级。[3] 可以说,“一带一路”建设已超越发展合作的传统范畴,上升到国内治理与全球治理的高度,[4]是中国开放与地区合作、全球发展的有机结合。

“一带一路”建设是促进中国与世界良性互动的战略抓手和核心路径。本文的主要内容是:深入剖析新时代中国与世界关系的变革及其特征,以此为基础探讨中国的重要战略机遇期是否依旧存在,如何把握和塑造中国的战略机遇期;辩证认识“一带一路”的战略定位,从国家战略体系建构的角度阐明国家战略、地区战略和全球战略的逻辑关系,并在此基础上探讨“一带一路”建设与夯实国家战略、强化地区战略、深化全球战略的互动关系。

新时代中国与世界互动的新特征

中国与世界互动的模式深受关注。与古代的朝贡秩序、近现代的“冲击-回应模式”形成鲜明对比的是,当代中国与世界的关系发生了根本性、历史性的变革,尤其是40多年的改革开放逐步促成了中国与世界的良性互动,使得中国与世界处于卯榫相合的地步,中国无法置身于世界变化之外,世界无法摆脱中国发展的影响。[5] 进入新时代,中国对世界的全方位影响更加明显,中国与世界的利益碰撞频发,中国发展面临的机遇和挑战同步增加,

[1] 邢广程:《海陆两个丝路:通向世界的战略之梯》,载《学术前沿》2014年第4期,第90—95页。

[2] 李景治:《“一带一路”建设与中国新型大国外交》,载《新视野》2016年第3期,第104—109页。

[3] 张幼文:《“一带一路”建设:国际发展协同与全球治理创新》,载《毛泽东邓小平理论研究》2017年第5期,第88—94页。

[4] 顾春光、翟崑:《“一带一路”贸易投资指数:进展、挑战与展望》,载《当代亚太》2017年第6期,第4—23页。

[5] 苏长和:《在新的历史起点上思考中国与世界的关系》,载《世界经济与政治》2012年第8期,第4—19页。

深入研究新时代中国与世界的互动有其必要性和迫切性。

改革开放是推动中国与世界关系发生历史性变革的核心力量。以党的十一届三中全会为标志，中国进入改革开放时代，这是中国现代化的历史性转折点，也是中国发展历程的重要界碑。中国打破长期闭关自守的局面，积极参与经济全球化和地区一体化。中国崛起与世界转型相约而行，这种历史性重合给世界经济发展带来了无限活力。中国加速与国际接轨的步伐，迅速崛起为世界经济大国、贸易大国、开放大国，为世界和平发展做出重大贡献，中国理念、中国思想、中国智慧、中国方案为世界所高度关注，中国成长为一个合作性的、负责任的、建设性的、可预期的国际体系塑造者，在国际事务中发挥着重大的乃至引领性的影响。[1] 中国推动世界发生着前所未有的巨大变化。最大的变化就是世界各国相互联系越来越密切，相互依存越来越深入。在这个相互依存的世界里，面对各种各样的挑战，再强大的国家也不可能单打独斗，独善其身。同舟共济、合作共赢已不是一种选择，而是别无选择。[2]

习近平指出，从历史维度看，人类社会正处在一个大发展大变革大调整时代。世界多极化、经济全球化、社会信息化、文化多样化深入发展，和平发展的大势日益强劲，变革创新的步伐持续向前。各国之间的联系从来没有像今天这样紧密，世界人民对美好生活的向往从来没有像今天这样强烈，人类战胜困难的手段从来没有像今天这样丰富。从现实维度看，我们正处在一个挑战频发的世界。世界经济增长需要新动力，发展需要更加普惠平衡，贫富差距鸿沟有待弥合。地区热点持续动荡，恐怖主义蔓延肆虐。和平赤字、发展赤字、治理赤字，是摆在全人类面前的严峻挑战。[3] 我们一方面要看到各国相互联系、相互依存，全球命运与共、休戚相关，和平力量的上升远远超过战争因素的增长，和平、发展、合作、共赢的时代潮流更加强劲，另一

[1] 门洪华：《新时代的中国对美方略》，载《当代世界与社会主义》（双月刊）2019 年第 1 期，第 15—24 页。

[2] 乐玉成：《关于中国与世界关系的十点思考》，载《国际问题研究》2012 年第 3 期，第 1—8 页。

[3] 习近平：《携手推进“一带一路”建设——习近平在“一带一路”国际合作高峰论坛开幕式上的演讲（2017 年 5 月 14 日）》，载《习近平谈治国理政（第二卷）》，北京：外文出版社 2017 年版，第 508—509 页。

方面也要深刻认识到世界进入转轨时期，出现了严重的“逆全球化”的潮流，各国间宏观政策协调难度加大，为加快经济复苏，各国利益诉求和政策着力点的差异日益显现；各国保护主义抬头，贸易壁垒逐渐增加；有些国家和利益群体把利益分配不均、贫富分化加剧错误地归咎于全球化，成为反全球化的主要力量。[1] 正如习近平指出的，“20 年前甚至 15 年前，经济全球化的主要推手是美国等西方国家，今天反而是我们被认为是世界上推动贸易和投资自由化便利化的最大旗手，积极主动同西方国家形形色色的保护主义作斗争”……“我们今天开放发展的大环境总体上比以往任何时候都更为有利，同时面临的矛盾、风险、博弈也前所未有，稍不留神就可能掉入别人精心设置的陷阱。”[2]当前，人类走到了一个发展的十字路口，面临着能否做出正确抉择的重要考验。[3] 在世界经历困境且进入“系统性失调”的时期，中国特色社会主义进入新时代，[4]中国发展给世界带来广泛而深刻的影响，强烈的对比刺激着许多人的战略神经。一些国家在看到中国发展给世界带来巨大“红利”的同时，对于中国在世界上的影响力不断扩大又充满着矛盾，甚至带有敌意，[5]对中国的疑虑、猜疑甚至不满也随之增加。[6]

世界转型对中国复兴的挑战显而易见。中国与世界的互动进入更加敏感的时期。随着中国新的大战略框架的逐步显现，金砖国家开发银行、亚洲基础设施投资银行等新国际制度的构想与落实，“一带一路”倡议的提出和实施，中国是否正在试图改变既有国际秩序，成为既有国际秩序的塑造者乃至挑战者，被视为国际社会观察和看待中国崛起的重要标尺。[7] 当前，世界面对着一个快速崛起且更加自信、开放的中国，中国面对着一个形势更加

---

[1] 林毅夫：《一带一路与自贸区：中国新的对外开放倡议与举措》，载《北京大学学报（哲学社会科学）》2017 年第 1 期，第 11—13 页。

[2] 习近平：《深入理解新发展理念——习近平在省部级主要领导干部学习贯彻党的十八届五中全会精神专题研讨班上的讲话（2016 年 1 月 18 日）》，载《习近平谈治国理政（第二卷）》，北京：外文出版社 2017 年版，第 212—213 页。

[3] 曲青山：《“一带一路”倡议的中国担当》，载《人民论坛》2017 年第 23 期，第 6—9 页。

[4] 周文：《中国特色社会主义道路拓展了发展中国家走向现代化的途径》，载《财经科学》2017 年第 12 期，第 8—13 页。

[5] 杜正艾：《中国在国际格局中的战略新定位》，载《当代世界》2014 年第 11 期，第 2—5 页。

[6] 张蕴岭：《寻求崛起中国与世界的良性互动》，载《国际经济评论》2013 年第 4 期，第 50—58 页。

[7] 门洪华：《中国崛起与国际秩序变革》，载《国际政治科学》2016 年第 1 期，第 63—93 页。

复杂、变化更加深刻、机遇与挑战并存的世界。[1] 需要密切关注的是，当前中国大而不强的底色仍在，必须清醒认识长期制约中国发展的深层次因素，以及现实所遇到的突出矛盾和问题，积极应对、妥善处理。情势棘手之处在于，当前"中国威胁论"和"中国责任论"相互交织，中国承担国际责任的意愿、能力与国际社会的期望存在着落差，国际社会对中国崛起的疑虑增加。发达国家加紧制定新的国际规则，围堵中国的意图明显。中国周边环境趋于复杂化，部分周边国家出于对中国崛起的疑虑与恐惧，加紧与美国的联合。可以说，随着中国进一步发展壮大，其面临的疑虑、担心、困难和挑战也在增多。从地区角度看，经济复兴的新时代正在东亚地区展开，中国既是东亚经济复兴的领头羊，也是有可能成为最大的获益者，东亚对中国未来发展的机遇与挑战均不可低估。从消极的方面来看，全球化可以迅速带来资本和技术，但不会迅速带来良好的经济制度和市场管理能力，反而会带来巨大的挑战；对依赖市场推动而不是制度推动的东亚一体化而言，整体性的制度框架短期之内仍难以建立起来，未来走向地区主义的制度化安排均有可能产生长期的负面影响。设若一味依赖对外开放而没有内在体制的深刻转型，没有国内一体化作为战略依托，则中国与全球接轨只是一种泡沫式开放。所谓全球化机遇的掌握必须通过国内体制的深层改革才能获致，这正是构建开放型新经济体制的要义所在。换言之，国家、地区和世界的互动逼迫并推动着中国国家战略体系的优化。为直面国内外挑战、抓住国际机遇、实现可持续发展，中国正在构建以融入—变革—塑造（融入全球、变革自身、塑造世界）为核心的和平发展战略框架，致力于丰富和平发展、规划崛起之后。[2]

今天，全球化走到了十字路口，何去何从，全世界的目光都聚焦中国，中国不能当旁观者、跟随者，而是要做参与者、引领者。[3] "一带一路"倡议以共商共建共享为原则，顺应并助推经济全球化、世界多极化、文化多样化与

[1] 胡鞍钢：《民主决策：中国集体领导体制》，北京：中国人民大学出版社2014年版，第184页。

[2] 门洪华：《构建新型国际关系：中国的责任与担当》，载《世界经济与政治》2016年第3期，第4—25页。

[3] 《加快实施自由贸易战略　加快构建开放型经济新体制》，载《人民日报》2014年12月7日第1版。

各国互联互通、包容互鉴、互利共赢的时代潮流，从中国自身发展经验出发，为解决世界发展难题贡献中国智慧，成为维护和推进全球化的一股清流。[1] 与此同时，中国发展不平衡、不协调、不可持续的问题亟待解决，如何实现"请进来"与"走出去"的结合，建立全新的开放发展模式；如何在开放中坚持问题导向，用开放倒逼改革，善用国内国际两个市场、两种资源，在全球范围内整合经济要素、配置发展资源，推动实现互利共赢和构建人类命运共同体，是摆在我们面前的重大任务。概言之，新时代的中国与世界，面临着如何确保并实现良性互动的核心议题。

中国迎来塑造新战略机遇期的关键时刻

中国发展的历史经验表明，认清国际环境，把握战略机遇期是成功的关键。所谓战略机遇期，通常是指内部外部各种因素综合作用形成的，能为国家经济社会发展提供良好机会或条件，并对其历史命运产生全局性、长远性、决定性影响的某一特定历史时期。[2] 战略机遇期具有时间的长期性、空间的开阔性、影响的全局性等特点，[3]而且战略机遇往往与战略挑战并存，二者相辅相成。[4] 从中国发展的历史经验看，尤其是 21 世纪的第一个十年，我们几乎每一次战略突破，都与把重大危机转化为发展机遇密切相关。[5] 危机确确实实蕴含机遇。在一定条件下善于审时度势、因势利导，就能变压力为动力，化挑战为机遇。这是一条成功历史经验。然而，进入 21 世纪的第二个十年，中国似乎突然陷入了某种战略性困境，在安全、经济、政治等各领域都面临着突如其来的严峻战略压力，[6]特朗普主政美国之后更

[1] 林毅夫：《一带一路与自贸区：中国新的对外开放倡议与举措》，载《北京大学学报(哲学社会科学)》2017 年第 1 期，第 11—13 页。

[2] 张宇燕：《战略机遇期：外生与内生》，载《世界经济与政治》2014 年第 1 期，第 1 页。

[3] 秦宣：《重要战略机遇期的提出及新变化》，载《中共福建省委党校》2016 年第 3 期，第 4—10 页。

[4] 鲁世巍：《判断"战略机遇期"的三个视角》，载《理论参考》2005 年第 10 期，第 17—19 页。

[5] 郑必坚：《21 世纪第二个十年的中国和平发展之路》，载《国际问题研究》2013 年第 3 期，第 1—8 页。

[6] 袁鹏：《中国仍处于战略机遇期》，载《当代世界》2011 年第 9 期，第 1 页。

是将中国视为战略对手，遏制、围堵中国的意图彰显，中国战略机遇期是否存在？各界众说纷纭。

21世纪初，中国抓住战略机遇期，经济迅速崛起，推动中国迈入中国特色社会主义建设的新时代，中国站到新的历史起点上。当前，中国与世界的关系逐渐从“学习”“对标”转向“引领”，这将给中国带来更大的机遇和挑战，中国将在更广阔的舞台之上充分展现大国风范，引领世界方向，这是中国的新战略机遇期。[1]

随着国内外情势的重大变化，对战略机遇期的把握愈加关键。习近平提出决胜全面建成小康社会、开启全面建设社会主义现代化国家的新征程，规划出新时代的“三步走”战略：2017年到2020年，是全面建成小康社会决胜期；从十九大到二十大，是“两个一百年”奋斗目标的历史交汇期。综合分析国际国内形势和我国发展条件，从2020年到21世纪中叶可以分两个阶段来安排。第一个阶段，从2020年到2035年，基本实现社会主义现代化。第二个阶段，从2035年到21世纪中叶，把我国建成富强民主文明和谐美丽的社会主义现代化强国。[2] 实现上述战略目标，推动形成全面开放新格局至为关键。习近平强调，“实现中华民族伟大复兴，必须合乎时代潮流、顺应人民意愿，勇于改革开放，让党和人民事业始终充满奋勇前进的强大动力”“主动参与和推动经济全球化进程，发展更高层次的开放型经济”“推动建设开放型世界经济”。[3] 党的十九大报告规划出推动形成全面开放新格局的路线图：以“一带一路”建设为重点，坚持“引进来”和“走出去”并重，遵循共商共建共享原则，加强创新能力开放合作，形成陆海内外联动、东西双向互济的开放格局。[4]

---

[1] 俞正樑、唐喜军：《新战略机遇期：中国引领世界大方向》，载《毛泽东邓小平理论研究》2017年第8期，第82—90页。

[2] 习近平：《决胜全面建成小康社会　夺取新时代中国特色社会主义伟大胜利——在中国共产党第十九次全国代表大会上的报告》，北京：人民出版社2017年版，第28—29页。

[3] 习近平：《决胜全面建设小康社会　夺取新时代中国特色社会主义伟大胜利——在中国共产党第十九次全国代表大会上的报告》，北京：人民出版社2017年版，第14页、第22页、第60页。

[4] 习近平：《决胜全面建设小康社会　夺取新时代中国特色社会主义伟大胜利——在中国共产党第十九次全国代表大会上的报告》，北京：人民出版社2017年版，第35页。

实现上述战略目标，中国既面临着重要的战略机遇，也面临着深刻而严峻的挑战。中国领导人高度关注战略机遇期问题。2002 年党的十六大报告提出：“纵观全局，21 世纪头 20 年，对我国来说，是一个必须紧紧抓住并且可以大有作为的重要战略机遇期。”这是党中央面对国内国际形势深刻变革做出的重大战略判断，为中国战略的顶层设计和谋划提供了认识基础。2012 年党的十八大报告指出：“纵观国际国内大势，我国发展仍处于可以大有作为的重要战略机遇期”“我们要准确判断重要战略机遇期内涵和条件的变化，全面把握机遇，沉着应对挑战”。习近平高度重视战略机遇期问题。2013 年 10 月 24 日，他在周边外交工作会议上指出，周边外交要“维护和用好我国发展的重要战略机遇期”“为我国发展争取良好的周边环境，使我国发展更多惠及周边国家，实现共同发展”，从而有助于“实现‘两个一百年’奋斗目标、实现中华民族伟大复兴”。2014 年 11 月，习近平在中央外事工作会议上提出，“我国发展仍然处于可以大有作为的重要战略机遇期。我们最大的机遇就是自身不断发展壮大，同时也要重视各种风险和挑战，善于化危为机、转危为安”，再次强调了善于寻找和转化机遇的重要性。同年 12 月，在中央经济工作会议上，习近平强调，“经济发展进入新常态，没有改变我国发展仍处于可以大有作为的重要战略机遇期的判断，改变的是重要战略机遇期的内涵和条件”，并明确提出中国应在新的国内外环境下去发现、寻找和利用好机遇期。2017 年 2 月，习近平在国家安全工作会议上要求国家安全工作必须“立足我国发展重要战略机遇期大背景来谋划”。党的十九大报告强调：“当前，国内外形势正在发生深刻复杂变化，我国发展仍处于重要战略机遇期，前景十分光明，挑战也十分严峻。”[1]这是以习近平同志为核心的党中央审时度势，就国内外形势发展做出的重要战略判断，是指导中国战略的重要依据。

中国拥有重要的战略机遇期，其基础在于中国自身的持续发展。正如郑必坚指出的，把握战略机遇期，要从统筹国内国际两个大局出发，且应当

[1] 习近平：《决胜全面建设小康社会　夺取新时代中国特色社会主义伟大胜利——在中国共产党第十九次全国代表大会上的报告》，北京：人民出版社 2017 年版，第 2 页。

充分估计到，一个将持续影响世界大势的愈益重大的变量就是中国本身的发展，这是我们在21世纪第二个十年以至更长时期获得新的重要战略机遇期的根本立足点。[1] 与此同时，世界经济处于深度调整期，全球治理处于变革期，国际环境新变化蕴含着新机遇。无论是新技术革命的汹涌蓬勃、跨国公司的全球开拓还是发展中世界强烈的发展诉求，都是中国进一步发展的重要机遇，也都是中国推动全面开放的战略机遇。[2] 在逆全球化和反全球化激烈冲击的背景之下，中国积极推动经济全球化的立场、通过自身努力创造战略机遇的作为得到世界的广泛认可，[3]这也是中国拥有战略机遇期的重要条件。另一方面，中国发展面临着严峻的挑战。中国战略机遇期正在经历重大背景转换，这就是国际格局进入全面重构期、中国经济社会进入转型发展期。在此背景下，中国战略机遇期的生成条件从相对稳定型和自发型为主向相对脆弱、更加依赖主动塑造能力的方向转变。[4] 习近平指出：“国际经济合作和竞争局面正在发生深刻变化，全球经济治理体系和规则正在面临重大调整，“引进来”“走出去”在深度、广度、节奏上都是过去所不可比拟的，应对外部经济风险、维护国家经济安全的压力也是过去所不能比拟的……我国对外开放水平总体上还不够高，用好国际国内两个市场、两种资源的能力还不够强，应对国际经济摩擦、争取国际经济话语权的能力还不够强，运用国际规则的本领也不够强。”[5]当前，世界面临增长动力不足、需求不振、金融市场反复动荡、国际贸易和投资持续低迷等多重风险和挑战，[6]存在严重的和平赤字、发展赤字和治理赤字，逆全球化思潮涌动，单

---

[1] 郑必坚：《中国能够抓住和用好重要战略机遇期》，载《求是》2012年第24期，第59页；《把握战略机遇促进中国与世界的共同发展》，载《毛泽东邓小平理论研究》2012年第12期，第1—3页。

[2] 隆国强主编：《构建开放型经济新体制》，广州：广东经济出版社2018年版，第24—25页。

[3] 张幼文：《新时代中国国际地位新特点和世界共同发展新动力》，载《世界经济研究》2017年第12期，第24—28页。

[4] 徐坚：《重新认识战略机遇期》，载《国际问题研究》2014年第2期，第53页。

[5] 习近平：《以新的发展理念引领发展(2015年10月29日)》，载《习近平谈治国理政(第二卷)》，北京：外文出版社2017年版，第199页。

[6] 习近平：《构建创新、活力、联动、包容的世界经济——习近平在二十国集团领导人杭州峰会上的开幕辞(2016年9月4日)》，载《习近平谈治国理政(第二卷)》，北京：外文出版社2017年版，第472页。

边主义、保护主义抬头，[1]美国特朗普政府采取的政策和战略趋向加重了世界的不确定性和不稳定性。中国经济进入新常态，经济发展的目标与动力正在转换，经济增长要实现中高速，产业升级迈向中高端，“五大理念”指导下的新发展战略对开放提出新要求。中国对外开放面临“三期叠加”，即金融危机后世界经济的深度调整修复期、全球经济治理变革与新一轮经贸规则构建期、中国对外经济关系特别是比较优势的转换期，战略机遇期的内涵发生了改变。[2] 正如习近平总结指出的：“希望大家不断探索实践，提高把握国内国际两个大局的自觉性和能力，提高对外开放质量和水平。”[3]上述分析表明，中国在继续拥有重要战略机遇期的同时，也不可避免地进入了战略挑战期，风险与挑战亦空前绝后。[4] 有鉴于此，新时代中国战略机遇期的国内外条件和把控方式均发生了重大变化，需要我们深入观察、密切把握、主动塑造，中国迎来塑造重要战略机遇期的关键时刻。

“一带一路”建设塑造中国新战略机遇期

“一带一路”建设是中国维护、塑造与拓展新战略机遇期的重要抓手。习近平指出：“在各国彼此依存、全球性挑战此起彼伏的今天，仅凭单个国家的力量难以独善其身，也无法解决世界面临的问题。只有对接各国彼此政策，在全球更大范围内整合经济要素和发展资源，才能形成合力，促进世界和平安宁和共同发展。”[5]上述观点表明，“一带一路”建设是中国在面临国际变局之际提出的重大建设性战略倡议，是统筹国内国际两个大局的战略抓手。

---

[1] 钟山：《深化经贸务实合作推动共建“一带一路”高质量发展》，载《求是》2018年第19期，第20—22页。

[2] 隆国强：《新兴大国的竞争力升级战略》，载《管理世界》2016年第1期，第2—9页。

[3] 习近平：《深入理解新发展理念(2016年1月18日)》，载《习近平谈治国理政(第二卷)》，北京：外文出版社2017年版，第213页。

[4] 俞正樑：《中国进入战略挑战期的思考》，载《国际观察》2011年第6期，第1—7页。

[5] 习近平：《开辟合作新起点谋求发展新动力——在“一带一路”国际合作高峰论坛圆桌峰会上的开幕辞》，载《人民日报》2017年5月16日第3版。

“一带一路”倡议是中国迈向新时代的核心战略设计，攸关中国改革开放的成败，身系世界和平与发展的前景。“一带一路”倡议的提出和落实，是实施更加主动的对外开放战略的客观需要。作为中国全方位主动对外开放战略的新型国际经济合作平台，“一带一路”倡议把战略对接作为具体的实施目标，推动形成以中国为中心、周边为腹地的全球开放型经济体系，体现了开放包容、灵活务实的东方智慧。[1]“一带一路”倡议是中国迈向新型世界大国的理想追求与现实路径。“一带一路”倡议强调中国开放、地区合作、全球发展的有机结合。中国呼吁共同推进构建人类命运共同体伟大进程，倡导新型国际关系建设。新型国际关系的基础是中国坚持和平发展道路的选择，致力于成为新型大国，奉行具有中国特色的大国外交，并通过国际合作实现共赢，共同为一个更美好的世界而努力。

“一带一路”倡议是中国国际合作模式的探索。“一带一路”建设以沿线各国发展规划对接为基础，以经贸合作特别是互联互通建设为重点，以贸易和投资自由化、便利化为纽带，推动政府、企业、社会机构、民间团体开展形式多样的互利合作，构建多主体、全方位、跨领域的合作平台。[2]“一带一路”倡议体现了以共同发展为核心、以开放包容为特色、以宏观政策协调和市场驱动为两轮的战略思路，是一种新型的国际合作模式追求。中国深刻认识到中国崛起带来的全球震动，反复阐明走和平发展道路的坚定意愿，提出欢迎其他国家搭乘中国发展列车的倡议，致力于同世界各国发展友好合作关系，强调合作者的地位平等，并致力于分享发展红利，适当让渡非战略性利益，积极承担大国责任，以实际行动诠释共商共建共享的合作共谋发展新理念。[3]

上述战略定位表明，“一带一路”积极对接中国塑造战略机遇期的重大

---

[1] 余晓葵：《“一带一路”：以东方智慧求解发展难题》，载《光明日报》2015年2月28日第4版；金玲：《“一带一路”：中国的马歇尔计划？》，载《国际问题研究》2015年第5期，第99页；夏先良：《“一带一路”战略与新的世界经济体系》，载《学术前沿》2016年第9期，第56—75页。

[2] 王亚军：《“一带一路”倡议的理论创新与典范价值》，载《世界经济与政治》2017年第3期，第4—14页。

[3] 门洪华：《应对全球治理危机与变革的中国方略》，载《中国社会科学》2017年第10期，第36—46页。

需求,成为推动中国对内改革深化、对外全面开放的重要战略抓手。相较于"马歇尔计划",其对内的战略含义更加丰富、对外的战略手段也更为多元,"五通"所代表的不仅仅是战略途径的丰富,更体现出开放包容的品质。[1]"一带一路"首先要造就的是更加完善的市场经济体系和更具有塑造性的对外环境,致力于塑造一种全新的国际和平、发展、共赢的新秩序、新格局。[2]"一带一路"建设标志着中国从经济全球化的参与者转变为推动者,以中国实力和能力为推进经济全球化提供支持和活力,[3]并在提供更多公共产品、提供搭便车机会方面体现出积极的意愿。[4] 正如习近平指出的,"一带一路"建设,"要以我国发展为契机,让更多国家搭上我国发展'快车',帮助他们实现发展目标。我们要在发展自身利益的同时,更多考虑和照顾其他国家利益。要坚持正确义利观,以义为先、义利并举,不急功近利,不搞短期行为。要统筹我国同沿线国家的共同利益和具有差异性的利益关切,寻找更多利益交汇点,调动沿线国家积极性。"[5]

"一带一路"的构想与实施表明,塑造中国新战略机遇期的路径是,立足国内、面向全球、聚焦沿线国家,体现出统筹国家、地区和全球的战略视野,构成新时代中国国家战略体系的主脉。中国国家战略体系以国家战略与国际战略相互协调为基点,包括国家战略、全球战略和地区战略等相辅相成的三个层面,其中国家战略是国家战略体系的基础,以基本国情为基础,以完善国内战略布局为核心目标;全球战略反映国家战略体系的宏观视野,以参与、分享为基本诉求,同时积极承担国际责任和义务;地区战略是国家战略体系的地缘依托,将地区制度建设作为地区合作的主脉络,将地区秩序建设

[1] 余晓葵:《"一带一路":以东方智慧求解发展难题》,载《光明日报》2015年2月28日第4版。

[2] 林毅夫:《一带一路与自贸区:中国新的对外开放倡议与举措》,载《北京大学学报(哲学社会科学)》2017年第1期,第11—13页。

[3] 谢鲁江:《中国成为经济全球化新的推动者——从"一带一路"建设看中国开放新格局》,载《桂海论丛》2016年第1期,第62—66页。

[4] 刘阿明:《中国地区合作新理念——区域全面经济伙伴关系与"一带一路"倡议的视角》,载《社会科学》2018年第9期,第30—39页。

[5] 习近平:《推进"一带一路"建设,努力拓展改革发展新空间——习近平在主持中共十八届中央政治局第三十一次集体学习时的讲话要点(2016年4月29日)》,载《习近平谈治国理政(第二卷)》,北京:外文出版社2017年版,第501页。

作为地区合作的愿景。[1] 我们可以说,"一带一路"建设以塑造中国战略机遇期为核心指向,以国家基础、全球视野、地区重心为基本布局。

"一带一路"建设与中国国家发展布局

"一带一路"建设与区域协调发展、国家发展布局优化密切相连。"一带一路"建设的基础在国内市场,而国内市场的形成需要有效的开发,优先开发国内市场是中国"一带一路"倡议成功的重要基石。[2] "一带一路"建设作为新时代我国构建开放型经济新格局的总抓手,覆盖东中西、南北方、省市县不同区域,承担着带动我国区域开放、改革和发展的历史重任。在今后较长时期内,全国各地不论是沿海发达地区还是内陆欠发达地区,不论是省级行政区还是市县级行政区,都要因地制宜、积极主动参与"一带一路"建设,提升自身开放型经济发展水平。"一带一路"建设给不同区域带来不同机遇和挑战,不同区域在推进"一带一路"建设中也承担着不同的功能和任务。京津冀协同发展、长江经济带发展、粤港澳大湾区建设三大国家重大区域发展战略,战略目标和重点各不相同,承担着统筹东中西、协调南北方、发挥先行示范和辐射带动的重要功能。上述三者是促进我国区域协调发展的重大战略部署,推动它们与"一带一路"建设深度对接和融合互动,对于新时代我国全面扩大对外开放和促进区域协调发展意义重大。[3] 另一方面,"一带一路"赋予中国区域协调发展国际视野,提出"一带一路",目的之一在于通过国际合作实现国内区域协调发展,极大地拓展中国经济活动的回旋余地,为中国经济增长找到新的引擎。[4] 与"一带一路"建设相对接,中国发展的一个重要内容就是打通西南部、西部与北部的对外通道,包括陆路通道与海上通道,使这些地区在地理上的劣势得以克服,进而为实现开放型发

[1] 门洪华:《中国国家战略体系的建构》,载《教学与研究》2008 年第 5 期,第 13—20 页。

[2] 黄琪轩、李晨阳:《大国市场开拓的国际政治经济学——模式比较及对"一带一路"的启示》,载《世界经济与政治》2016 年第 5 期,第 103—130 页。

[3] 高国力等:《促进"一带一路"与三大区域发展战略对接》,载《宏观经济管理》2018 年第 8 期,第 15—18 页。

[4] 张可云:《"一带一路"与中国发展战略》,载《开发研究》2018 年第 4 期,第 1—13 页。

展创造条件。[1] “一带一路”建设推动我国向西陆地开放和向东海洋开放，助推内陆沿边地区成为对外开放的前沿，在推进中蒙俄、新亚欧大陆桥、中国-中亚-西亚、中国-中南半岛、中巴、孟中印缅等六大经济走廊的建设中，新疆、广西、云南、内蒙古等沿边省、自治区成为新一轮对外开放的前沿和桥头堡群，这就使中国过去的内陆边缘成为新时代对外开放战略的重点、前沿和突破口。[2]

中国必须进一步强调依靠国内条件支撑其和平发展进程，努力实现国内国际协调发展，其中最重要的因素就是实现国内一体化。[3] 中国国内一体化相对落后，既有深刻的历史原因，也有对外开放政策倾向的较大影响。中国的改革开放以“先富论”开局，但邓小平早就明确指出：“沿海地区要加快对外开放，使这个拥有 2 亿人口的广大地带先发展起来，从而带动内地更好地发展，这是一个事关大局的问题，内地要顾全这个大局。反过来，发展到一定的时候，又要求沿海拿出更多的力量来帮助内地的发展，这也是个大局，那时沿海也要服从这个大局。”[4]进入 21 世纪以来，中国大幅度优化区域协调发展战略。党的十九大报告提出的“强化举措推进西部大开发形成新格局，深化改革加快东北等老工业基地振兴，发挥优势推动中部地区崛起，创新引领率先实现东部地区优化发展，建立更加有效的区域协调发展机制”，[5]是实现区域统筹发展的核心战略抓手。新时代的区域开放布局以“一带一路”为统领，与京津冀协同发展、长江经济带发展、粤港澳大湾区建设等国家战略对接，积极促进区域平衡发展和开放，推进形成陆海内外联动、东西双向互济的开放新格局。[6] 可以说，“一带一路”是处于基础地位

---

[1] 张幼文：《“一带一路”建设：国际发展协同与全球治理创新》，载《毛泽东邓小平理论研究》2017 年第 4 期，第 88—94 页。

[2] 陈文玲：《“一带一路”建设开启新型全球化伟大进程》，载《大讲堂》2017 年第 6 期，第 29—48 页。

[3] 门洪华：《中国国家战略体系的建构》，载《教学与研究》2008 年第 5 期，第 13—20 页。

[4] 《邓小平文选》第三卷，北京：人民出版社 1993 年版，第 277—278 页。

[5] 习近平：《决胜全面建设小康社会　夺取新时代中国特色社会主义伟大胜利——在中国共产党第十九次全国代表大会上的报告》，北京：人民出版社 2017 年版，第 33 页。

[6] 门洪华：《推动中国对外开放进入新时代——党的十八大以来中国对外开放战略的总结与前瞻》，载《社会科学》2019 年第 1 期，第 3—13 页。

和起着统领作用的地区协调战略。"一带一路"倡议的实施,将充分发挥我国各地区比较优势,实行更加积极主动的开放战略,加强东中西互动合作,全面提升开放型经济水平。开创全新开放模式,形成东西南北四个方向、陆海空网四位一体、"一带一路"链接各地、两个引擎多点开花的开放局面。[1]"一带一路"倡议致力于打造新疆、福建两个"核心区",加强东、中、西互动合作,统筹西北、东北、西南、沿海开发,统筹港澳台与内陆地区的发展合作,是一个覆盖全国、因地制宜、同心协力、共襄盛举的举国一体战略,是一个由国家主导推动、各地区各部门共同参与的宏大构想。"一带一路"是中央吸引地方参与最为成功的对外经济合作倡议,超过 20 个省份积极参与"一带一路"建设,此前没有任何一个经济外交倡议能吸引如此多的省份参与其中。[2]"一带一路"倡议提出以来,各地方高度关注,主动与"一带一路"对接。

"一带一路"立足中国的资金、产能、技术优势,致力于促进东部转型、中西部发展,开创中国对外开放的新格局。"一带一路"开辟了我国开放发展新境界,随着"一带一路"建设的持续推进,中西部从开放边缘走向开放前沿。[3] 西部地区在经济总体发展水平和对外开放层次方面长期滞后于东部和中部地区,与后者的发展差距不断拉大,不利于中国经济社会的平稳可持续发展。"一带一路"倡议的实施,为西部开放型经济发展提供了重大历史契机。[4] 党的十九大报告高度关注西部大开发,把加大西部大开发力度作为优化区域布局的重中之重。[5] 目前,中国正与"一带一路"沿线国家一道,积极规划并推进六大经济走廊建设。西部地区应根据"一带一路"建设的总体布局安排,加快基础设施建设和互联互通,推进贸易投资便利化,建

[1] 曲青山:《"一带一路"倡议的中国担当》,载《人民论坛》2017 年地 23 期,第 6—9 页。

[2] 宋国友:《"一带一路"战略构想与中国经济外交新发展》,载《国际观察》2015 年第 4 期,第 22—34 页;门洪华:《十八大以来中国国际战略布局的展开》,载《社会科学》2017 年第 8 期,第 16—30 页。

[3] 钟山:《深化经贸务实合作推动共建"一带一路"高质量发展》,载《求是》2018 年第 19 期,第 20—22 页。

[4] 王永中:《"一带一路"建设与中国开放型经济的转型发展》,载《学海》2016 年第 1 期,第 118—124 页。

[5] 习近平:《决胜全面建设小康社会夺取新时代中国特色社会主义伟大胜利——在中国共产党第十九次全国代表大会上的报告》,北京:人民出版社 2017 年版,第 35 页。

设好自由贸易试验区、经济技术开发区、高新产业开发区、海关特殊监管区、边境经济合作区、跨境经济合作区等重点开发开放平台，积极培育特色优势外向型产业集群，不断提升对产业转移的承接能力，开拓外向型经济发展新空间。[1] 与之相关，中部地区位于东西部区域的中间地带，可以充分利用其地理位置上的优势进行发展。[2]

“一带一路”建设将有效推动西部、中部和东北地区同沿海地区的经济联系与合作，推动区域协调开放新格局的形成。它将使中国的国土空间开发更加重视向外的互联互通，在东部沿海开放的基础上，在南、北、西三个方向打通国际通道。“一带一路”建设将促进内陆地区形成若干个大都市经济区和内陆开放型经济高地，同时强化与“一带一路”国际大通道相对接的国内开发轴线的地位和作用，形成全方位对外开放的国土空间格局，在进一步提升沿海地区国际竞争力的同时，加快内陆沿边地区主要口岸和沿边城市的发展，形成沿边地区国土开发新空间，带动沿边地区的发展。[3] “一带一路”建设也将推动经济体制改革的深化和现代化经济体系的完善，有助于开放型经济新体制的形成。与此同时，各省、自治区、直辖市以“一带一路”建设为契机，利用各自的区位、地缘等优势推动沿线区域经济发展，充分发挥其增长极的带动和示范功能，从而形成竞相发展的良好局面。

“一带一路”建设与中国—世界互动关系

《道德经》曰：“以天下观天下”。习近平主席指出：“‘一带一路’倡议源于我对世界形势的观察和思考。……‘一带一路’建设跨越不同地域、不同发展阶段、不同文明，是一个开放包容的合作平台，是各方共同打造的全球公共产品。它以亚欧大陆为重点，向所有志同道合的朋友开放，不排除也不

---

[1] 吴昊：《深入理解“全面开放新格局”的丰富内涵》，载《东北亚论坛》2018 年第 3 期，第 3—7 页。

[2] 张原天：《“一带一路”对区域经济发展有何重大意义》，载《人民论坛》2017 年地 17 期，第 88—90 页。

[3] 刘慧等：《“一带一路”战略对中国国土开发空间格局的影响》，载《地理科学进展》2015 年第 5 期，第 545—553 页；迟福林：《推动形成对外开放新格局下的区域开放布局与区域协调发展》，载《北方经济》2018 年第 5 期，第 4—5 页。

针对任何一方。在'一带一路'建设国际合作框架内,各方秉持共商、共建、共享原则,携手应对世界经济面临的挑战,开创发展新机遇,谋求发展新动力,拓展发展新空间,实现优势互补、互利共赢,不断朝着人类命运共同体方向迈进。"[1]从2013年至今的运行效果看,"一带一路"建设实质性地促进了中国与全球的互动关系。

"一带一路"建设体现了中国的战略追求和思想创新。 许多人将"一带一路"倡议视为中国走向综合性全球大国的路线图。[2] "一带一路"以人类命运共同体为理想指引,以新型国际关系为路径选择,以发展伙伴关系网络为抓手,以共赢主义为目标追求。"人类命运共同体"内涵丰富,系统回答了在新时代建立一个什么样的世界的重大问题。习近平在党的十九大报告中指出:"各国人民同心协力,构建人类命运共同体,建设持久和平、普遍安全、共同繁荣、开放包容、清洁美丽的世界。"[3]"人类命运共同体"将中国的发展前景与世界的共同期待紧密联系在一起,为新型全球化指明了方向,也为实现全人类的共同繁荣开辟了道路。中国倡导新型国际关系,致力于通过合作共赢打破大国崛起的困境,避免落入"修昔底德陷阱"。新型国际关系的基础是中国坚持和平发展道路选择,致力于成为新型大国,奉行具有中国特色的大国外交;其核心是合作共赢,即通过合作实现共赢,打造人类命运共同体,共同为一个更美好的世界而努力;其本质是顺应世界潮流,摈弃零和博弈思维,避免单边霸权行为,以开放包容的建设性路径促进国家目标的实现,以协调合作的建设性方式促进国际关系的优化。[4] 中国强调积极发展全球伙伴关系,扩大同各国的利益交汇点。迄今,中国与100多个国家和国家集团建立了不同形式的伙伴关系,在全球、地区、双边和国家层面上均取得了积极成效。中国伙伴关系战略以和平共处五项原则作为战略基础,

[1] 习近平:《开辟合作新起点谋求发展新动力——在"一带一路"国际合作高峰论坛圆桌峰会上的开幕辞》,载《人民日报》2017年5月16日第3版。

[2] 马昀:《"一带一路":挑战、风险与应对》,载《经济研究参考》2015年第37期,第45—52页。

[3] 习近平:《决胜全面建设小康社会　夺取新时代中国特色社会主义伟大胜利——在中国共产党第十九次全国代表大会上的报告》,北京:人民出版社2017年版,第58—59页。

[4] 门洪华:《构建新型国际关系:中国的责任与担当》,载《世界经济与政治》2016年第3期,第4—25页。

以维护国家利益和拓展国际影响作为战略方向，以政治互信、经济互赖、文化交融、社会互动和安全支撑作为战略手段，通过双边关系的改善带动全球战略的拓展。中国伙伴关系战略最直观的全球意义在于，提供对话合作的战略框架，从而成为新型国际关系的典范。中国强调互利共赢的目标追求，深入贯彻互利共赢的开放战略，呼吁以合作取代对抗、以共赢取代独占，推动各国同舟共济、携手共进。强调互利共赢精神，倡导人类命运共同体意识，主张世界各国在追求本国利益时兼顾他国合理关切，在谋求本国发展中促进各国共同发展，呼吁建立更加平等均衡的新型全球发展伙伴关系，这些战略思想都体现出共赢主义的战略思想指向。上述理念创新伴随着“一带一路”建设实践，体现了中国传统的知行合一哲学。

“一带一路”建设推动全球治理转型发展，成为引领新型全球化的重要力量。“一带一路”源于中国决策者对全球化进程和反全球化思潮的深入思考，具有对症下药的品质。从全球治理角度看，“一带一路”吸取以往全球危机的治理经验，以和平方式突破全球经济发展的瓶颈，引领全球治理朝着更加公平合理的方向发展。[1]“一带一路”建设秉持以和平合作、开放包容、互学互鉴、互利共赢为核心的“丝路”精神，坚持共商共建共享原则，顺应了全球治理体系变革的内在要求，彰显了同舟共济、权责共担的命运共同体意识，是国际经济治理的合作版、经济全球化的共赢版、国际公共产品的中国版，为完善全球经济治理体系提供了新思路新方案。[2]“一带一路”所秉持的多元治理主体、协商治理路径以及构建人类命运共同体的治理目标，深刻体现了共商共建共享的新型全球治理思想，既是中国对于和平发展、开放合作的道路选择，也是致力于促进世界共同发展、繁荣和安全的责任和承诺。[3]“一带一路”建设体现了中国塑造国际经济关系的制度化努力，并成为以地区为基础、以全球为视野的重要战略部署。

---

[1] 刘再起、王蔓莉：《“一带一路”战略与中国参与全球治理研究——以话语权和话语体系为视角》，载《学习与实践》2016 年第 4 期，第 68—74 页。

[2] 钟山：《深化经贸务实合作推动共建“一带一路”高质量发展》，载《求是》2018 年第 19 期，第 20—22 页。

[3] 秦亚青、魏玲：《新型全球治理观与“一带一路”合作实践》，载《外交评论》2018 年第 2 期，第 1—14 页。

"一带一路"建设体现出务实的发展导向和对新型合作模式的探索，促成了发展中世界的新联合。"一带一路"建设将中国对外开放的合作对象从以发达国家为主拓展到同时注重广大发展中国家，致力于推动中国向发展中世界全面开放和推动南方国家相互开放，并以发展战略对接为主要抓手，这是中国国际战略优化的重要里程碑，是深入贯彻习近平"共同发展是持续发展的重要基础"战略构想的重要体现。[1] "一带一路"建设的主要合作对象是亚非不发达经济体。"一带一路"贯穿欧亚大陆，东亚和欧洲之间的广大腹地国家，这些国家资源丰富、经济发展相对滞后，是中国拓展对外开放的重点、开拓国际市场的主要目的地、资源能源的重要来源地。"一带一路"将中国的优质产能、技术和价格优势与广大亚、欧、非国家的市场、劳动力、发展转型需求等结合起来，通过各层面战略对接来构建利益共享的全球价值链，实现市场经济规律下生产要素在亚、欧、非国家间新的流动和分配，有助于形成以中国为核心的新型全球价值链。"一带一路"建设主要以双边或多边合作协议及亚洲基础设施投资银行等形式予以体现，同时推动各国政府、企业、社会机构、民间团体开展形式多样的互利合作，构建多主体、全方位、跨领域的合作平台，调动各主体自主参与意愿。[2] 有鉴于此，战略对接成为"一带一路"的核心手段与路径，战略对接的前提是各国自定的发展战略设计，其范畴则是发展战略协调，其途径则是政策沟通、设施联通、贸易畅通、资金融通、民心相通，深刻体现了共商共建共享的原则，具有深刻的战略创新价值。"一带一路"建设没有走"制度先行、承诺先行"的老路，而是通过平等协商、项目合作的方式来推进，避免了参与方在开放承诺上的压力，[3] 从而为实质性促成新的发展统一战线奠定了坚实的基础。"一带一路"建设实质性地促成了中国与发展中世界的良性互动，带动欧亚非大陆一体化发

[1] 习近平:《共同创造亚洲和世界的美好未来——习近平在博鳌亚洲论坛2013年年会上的主旨演讲(2013年3月27日)》,载《习近平治国理政》,北京:外文出版社2014年版,第330—331页。

[2] 王亚军:《"一带一路"倡议的理论创新与典范价值》,载《世界经济与政治》2017年第3期,第4—14页。

[3] 秦亚青、魏玲:《新型全球治理观与"一带一路"合作实践》,载《外交评论》2018年第2期,第1—14页。

展，正在重塑世界经济地理，[1]并为全球发展做出积极的贡献。

"一带一路"建设与中国—地区互动关系

"一带一路"建设是中国为克服大国崛起困境而对原有地缘政治经济战略做出的重构，[2]因此"一带一路"首先应被视为中国的新地区战略。

纵观世界历史发展进程，没有一个真正的世界大国不是先从自己所在的地区事务中逐渐占主导地位而发展起来的。[3] 一般而言，不谋全局者不足谋一域。然而，在经济全球化和地区一体化的潮流之下，不谋一域者不能谋全局。当前，地区合作全面展开，经济与贸易、安全与政治都在地区化的架构内进行着重新组织，各国都在为促进本地区合作进行政策和战略调整，我们迎来了地区一体化的新时代。各国深刻认识到，在经济全球化和地区一体化并行不悖的时代，各国的繁荣只有在其所属地区的整体共同繁荣之中才能得到保障。[4]

一般意义上，由于历史承继的影响，中国习惯用周边来描述地区关系，而"一带一路"沿线国家可视为地区和周边的扩大。"一带一路"所经过的国家，基本涵盖中国周边。"一带一路"沿线国家横跨亚欧非三大洲，从东北亚、东南亚延伸到中亚、南亚和西亚，直至中东欧和北非地区，地域辽阔，资源丰富，发展空间巨大。另一方面，这些国家大多具有重要的地缘战略价值，如东南亚、南亚、中亚、西亚乃至中东欧都是大国角力的焦点区域。[5] 当前，中国既面临着与这些国家和地区加强经贸合作和政治关系的重大契机，也面临着严峻的地缘政治压力，还面临着来自东西两个方向的双向挤压。突破地缘战略封锁，拓展发展合作空间已成为中国实现持续发展的当

[1] 陈曙光：《"一带一路"：中国与世界》，载《教学与研究》2017 年第 11 期，第 23—30 页。

[2] 李晓、李俊久：《"一带一路"与中国地缘政治经济战略的重构》，载《世界经济与政治》2015 年第 10 期，第 31—60 页。

[3] 门洪华：《地区秩序建构的逻辑》，载《世界经济与政治》2014 年第 7 期，第 4—23 页。

[4] 李寿成：《希望形成东亚多边安全合作体制》，载《日本学刊》2004 年第 6 期，第 44—47 页。

[5] 周强：《中国"一带一路"地缘政治研究进展与展望》，载《世界地理研究》2018 年第 3 期，第 1—9 页。

务之急。通过"一带一路"建设,实施向西、向南的战略拓展,以对冲来自东向的挤压,缓解美国等国家在自由贸易谈判领域孤立中国的战略压力并破解其战略图谋,海陆并举拓展发展空间,建设陆路国际通道和海上稳固的补给线,获取更多的海外战略支点,以突破美国的战略软遏制,为改善中国的整体战略环境奠定坚实基础。[1] 当然,我们更深刻地认识到东亚对中国的战略依托价值,这是中国由地区大国走向全球大国、进而发挥全球责任的战略跳板。[2] 在整个世界战略重心东移之际,中国当然要把战略重点放在这一地区,提出系统性战略,[3]"一带一路"就是中国聚焦东亚、立足周边、面向全球的战略谋划,它以提供地区公共产品为路径,致力于重构中国与欧亚大陆国家和周边海洋国家的地缘格局。

"一带一路"是以构建陆海经济合作走廊为形式、以运输通道为纽带、以互联互通为基础、以多元化合作机制为特征、以打造命运共同体为目标的地区合作安排。它是以亚洲国家为重点,以东南亚和中亚为核心地带。正如习近平指出的,"一带一路"源于亚洲、依托亚洲。[4] 鉴于东南亚和中亚在中国向西、向南拓展的主干线上,其地位之重要不言而喻。另一方面,鉴于"一带一路"范围广,需要少数地理枢轴执行空间上的承启、链接和辐射功能,发挥战略支点作用。在空间布局上,南海及周边区域是海上丝绸之路的战略基点,缅甸是海上丝绸之路的东部之锚,巴基斯坦是海上丝绸之路的西部之锚,中亚是陆上丝绸之路的商业咽喉,哈萨克斯坦位居焦点,俄罗斯则是陆上丝绸之路的桥梁。[5] 从更广远的地域看,德国、波兰、埃及、土耳其等都体现出战略支点的重要价值,值得我们倍加关注。鉴于"一带一路"沿

[1] 卢伟、李大伟:《"一带一路"背景下大国崛起的差异化发展策略》,载《中国软科学》2016 年第 10 期,第 11—19 页。

[2] 代帆、周幸峨:《东亚地区秩序的未来东亚还是亚太》,载《南洋问题研究》2006 年第 1 期,第 26—32 页。

[3] 俞正樑:《东亚秩序重组的特点与挑战》,载《国际展望》2012 年第 1 期,第 1—14 页。

[4] 习近平:《"一带一路"和互联互通相融相近、相辅相成——习近平在"加强互联互通伙伴关系"东道主伙伴对话会上的讲话(2014 年 11 月 8 日)》,载《习近平谈治国理政(第二卷)》,北京:外文出版社 2017 年版,第 497 页。

[5] 杜德斌、马亚华:《"一带一路":中华民族复兴的地缘大战略》,载《地理研究》2015 年第 6 期,第 1005—1014 页。

线的国家和地区的多样性，中国积极推动包容性合作，强调通过优势互补寻求共同发展。[1] 与之相辅相成的是，“一带一路”建设的创新价值在于提出地区各国协同发展的倡议，通过形成发展共识，共同创造发展的软硬条件，以实现共同发展。协同既不是对各国有约束力的承诺，也不是难以把握的外部条件，而是实实在在的、共同合作确定的各种措施与项目。[2]

“一带一路”建设拓展了地区合作的空间，加快了地区合作的进程，推动着地区内外互联，提升地区一体化水平。具有标志性意义的是，中国与13个沿线国家建设5个自由贸易区，与欧亚经济联盟签署经贸合作协定，完成中俄欧亚经济伙伴关系协定联合可行性研究，大力推进地区全面经济伙伴关系协定(RCEP)谈判，一个立足周边、覆盖“一带一路”、面向全球的高标准自由贸易企业网络正在加快形成。[3] 随着“一带一路”倡议的不断深入推进，在互联互通、共同发展基础上，沿线国家的政策协调朝着制度化的方向发展，中国引领者的角色得到沿线各国的尊重与支持，一种新型的国际规则制定模式走向成型。

值得我们高度关注的是，“一带一路”建设的地缘政治目标引起美日印欧等的各种忧虑，[4]欧亚非地缘竞争均有所升温。与之相关的是，周边国家对中国战略走向不乏忧虑之处，它们不仅希望得到收益，更需要时常感受到善意。鉴于“一带一路”沿线国家数量众多、社会经济发展水平差异较大，其建设非一朝一夕之功，应根据实际情况开展不同层次、不同领域的双边、次地区和地区合作，循序渐进，进而寻求突破。

---

[1] 段晓华：《“一带一路”背景下中国参与全球经济治理的路径选择》，载《改革与战略》2017年第12期，第70—73页。

[2] 张幼文：《“一带一路”建设：国际发展协同与全球治理创新》，载《毛泽东邓小平理论研究》2017年第5期，第88—94页。

[3] 钟山：《深化经贸务实合作推动共建“一带一路”高质量发展》，载《求是》2018年第19期，第20—22页。

[4] 具体分析参见：钟飞腾：《“一带一路”、新型全球化与大国关系》，载《外交评论》2017年第3期，第1—26页；门洪华：《关于“一带一路”规则制定权的战略思考》，载《世界经济与政治》2018年第7期，第16—40页。

“一带一路”建设的国内基础

南方丝绸之路文化遗产的发掘、保护与发展

——基于云南省云龙、祥云两县的比较研究

陈　晋　杨　帅*

2013年9月，习近平主席在哈萨克斯坦提出共同建设“丝绸之路经济带”的构思；同年10月，习近平主席在印度尼西亚国会演讲时提出了共同建设21世纪“海上丝绸之路”的构想，由此提出了完整的“一带一路”倡议，希望在古代丝绸之路的良好基础上，继续加强与沿线国家在政治、经济、文化等各方面的交流与合作。作为古代丝绸之路的重要组成部分，南方丝绸之路早在两千多年前便已形成，连接并惠及中国、缅甸、印度、阿富汗等东南亚、南亚和西亚众多国家，甚至远及西亚和非洲红海海岸，是古代中国西南地区通往外部的重要通商古道。由此形成的经济、文化带，对促进中外之间物种引进、商品贸易、文化传播、科技进步、思想交流以及推动人类文明发展做出了巨大的贡献。云南省云龙县、祥云县就是古代南方丝绸之路上两颗璀璨的明珠，曾在古代中外文化交流、经济贸易中扮演了重要的“国际化角色”。

一、“一带一路”的历史传统：古代南方丝绸之路上的盐马贸易与茶马贸易

(一) 古代南方丝绸之路的兴起与发展

南方丝绸之路起于战国时代，形成于秦汉时期，泛指历史上不同时期四

*　陈晋，同济大学政治与国际关系学院副教授；
杨帅，同济大学政治与国际关系学院硕士研究生。

川、云南、西藏等我国西南地区对外连接的通道，如蜀身毒道和茶马古道等，普遍以成都平原为起点，经过云南进入缅甸或尼泊尔，再到印度，进而远达中亚、西亚，甚至欧洲。南方丝绸之路是深藏于高山密林间的全球化的贸易、文化通衢，为古代中外的经济、文化、社会交流做出了重要贡献。

早期，南方丝绸之路是一条沟通中外的民间贸易商道。战国末期，秦国为加强同西南少数民族的联系，时任蜀地郡守李冰沿岷江浚河修建了一条通往僰族集居地的路，史称僰道。秦始皇统一六国建立中央王朝后，派将军常颎继续畅通并延伸僰道，并统一路宽为五尺，史称五尺道。汉武帝初年，司马相如经略西南，开凿灵关道，设置郡县，加强对西南地区的管理和控制。后来，汉武帝派张骞出使西域，张骞在西域发现有蜀地（今四川）的布匹和邛竹杖，经了解这些是西域人从身毒（今印度）贸易而得到的。回朝后，张骞将此事禀告汉武帝，并力谏在此民间商道的基础上打通从西南通往印度、中亚地区的官道，由官方参与商业贸易，扩大帝国的辐射影响力。在张骞的建议下，汉武帝派兵从四路出发，由蜀入滇，意在打通并控制蜀身毒道在中国境内的最西段——永昌道，以此作为西南出口，联通缅甸、印度，进行官方商贸，拓展王朝影响。但直到东汉明帝永平十二年（公元 69 年），哀牢人内附，东汉王朝"始通博南山，渡澜沧水"，永昌道才真正得以修筑，官方的南方丝绸之路方得以畅通。所以蜀身毒道一线的丝绸之路，以成都为起点，由秦五尺道和汉灵关道两路并进，在今大理地区汇为一途，再沿永昌道，过腾冲经缅甸到印度，通中亚、西亚。这条古道打通之后，南方丝绸之路逐渐繁荣，成为连接沟通中外政治、经济和文化的重要国际通道。中外商贾通过这条商路实现了物产的互交，促进了中国的丝绸、茶叶、瓷器等物品远销至东南亚、南亚、中亚、西亚甚至欧洲，也将异域的珠宝、药材等商品引入中国。同时，蜀身毒道也成为当时东西方文化、科技、宗教、艺术交流互鉴的桥梁与纽带。

在蜀身毒道等其他古道的基础上，茶马古道则以滇川藏为中心不断扩散，形成了包括中国西南地区，以及印度、东南亚诸国在内的错综复杂的茶马古道网络[1]。茶马古道是对盐运马帮古道的直接继承和扩展，它起源于

[1] 陈保亚：《论茶马古道的起源》，载《思想战线》2004 年第 4 期，第 44—50 页。

我国古代西南地区的茶马互市。在唐代，茶叶种植兴盛，深受吐蕃人喜爱，于是实行了专门的“茶马互市”，吐蕃人以马匹大量换取内地的茶叶，茶马贸易开始发展起来。宋代由于茶叶贸易的巨额利润和北方马源路断等原因，政府高度重视西南茶马贸易，并设置了专门的“茶马互市司”，管理茶马贸易，拓展茶马贸易路线。明清时期，茶马贸易制度、体系更为规范、完善，古道上的商业贸易、文化交流也更为频繁。茶马古道从唐朝时期的最初开辟到明清时期的兴盛繁荣，贸易区域由最初的川藏、滇藏之间，逐渐扩散到南亚、东南亚，甚至远达西亚、非洲红海海岸，商品种类也由最初的茶叶、马匹、丝绸、瓷器等扩展到黄金、麝香、药材等，不仅促进了民族之间的融合、团结，也极大地促进了中外不同文明之间的沟通、交流，带动了中外经济、文化的繁荣发展。

第二次世界大战中后期，为了运输战略物资，中美合作抢修了滇缅公路、中印公路，其中部分线路正是在茶马古道的基础上修建的。当时，滇缅公路和中印公路是中国仅有的与外部世界联系的运输通道，成为抗战“输血线”和“生命线”，发挥了极为重要的战略价值，为抗战的胜利做出了重要贡献。

（二）古滇西的商业中心——云龙：南方丝绸之路上的盐马贸易

南方丝绸之路上中外贸易的商品种类繁多、交易活动频繁，食盐运销是这些贸易活动中起源最早的[1]，也是最为重要的贸易活动。食盐是人类生产和生活的必需品，社会需求量巨大，消费弹性极小。在传统的农耕时代，大部分的生产、生活资料都可以自给自足，食盐是为数不多的需要从外界获得的生活必需品。所以在我国古代社会，食盐像铁、茶等物品一样属于少数几项可大宗交易的商品，有着巨额的利润，产生巨额的税赋，是国家财政的重要支撑，甚至控制着国家经济的命脉。因而，有盐的地方历来是政府争夺和控制之地。也由于巨额利润，在生存与利益的驱使下，民间贸易十分兴盛，很多地区因盐而兴，因盐而盛。作为南方丝绸之路上重要的食盐产地和贸易中心之一的古代云龙即是如此。

[1] 张学君:《南方丝绸之路上的食盐贸易》，载《盐业史研究》1995 年第 4 期，第 24—29 页。

1. 因盐而盛的云南五井地区

云龙又称“五云”或“五井”,因有诺邓、顺荡、山井、师井和大井等五口主要的大盐井而得名。该地区位于横断山脉南段,历史上曾是一片海域,经过漫长的地质时期,多次地壳运动造成的海退和海浸作用,大量盐质呈盐卤和盐岩状态沉积下来,使得该地区盐卤资源丰富[1],且盐质甚佳,自古就以产盐著称。也正因地处横断山区,云龙以山地为主,可用于耕种的土地数量极少,因此云龙人历来以盐为业,产盐、煮盐、烧盐、运盐、卖盐,不少于70%的人都与井盐生产和经营有关。民间所流传的“靠外地人养活本地人”的说法,即是指该地区的粮食主要依靠对外贸易,由此可见古代云龙地区生活的富足与经贸的发达。明朝更是在云南大理府(今云南大理)专设“五井盐课提举司”,其重要性与繁荣度可见一斑。

云龙自秦汉时期对外商路开辟以来,这条古道上食盐贸易不断,云龙地区作为重要的食盐输出地,其发展演变也完全赖于盐业经济的兴盛。据史书记载,汉代云南有三口盐井,其一就为云龙的比苏盐井。在唐代樊绰所撰的《蛮书》中,比苏井名称已变成“细诺邓井”,其盐业生产已经具备了相当的规模。明朝中后期,五井盐课提举司每年向中央财政上缴盐税约四万两白银,占当时全国盐税两百万两的2%;清康熙时期,云龙州上缴课银六千多两,当占大理府总课的80%以上。五井地区所产食盐在滇西极负盛名,且商路驿道畅通,东向大理、昆明,南至保山、腾冲,西接六库、片马,北连“茶马古道”通兰坪、丽江、西藏。其时四方商贾云集,百业昌盛,物尽其美,货畅其流。甚至由于盐业经济的发达,云龙历史上曾一度成为滇西地区的商业中心之一。

经济的繁荣支撑了文化的兴盛。云龙尽管地处山区、地理位置偏僻,但十分重视文化教育,整个地区文风蔚然、人才辈出。儒学文化自明初开始即成为“五井”地区市井文化的主流。明末,云龙开始出现学宫。清初,各地陆续开办义学,接着又创办书院。在儒家思想的熏陶下,“万般皆下品,唯有读书高”的意识曾一度作为通俗风尚凝固在诺邓、石门、宝丰、天耳、大井等五

[1] 张学君:《南方丝绸之路上的食盐贸易》,载《盐业史研究》1995年第4期,第24—29页。

井世族理念中。据统计，仅清代中后期，云龙出进士 3 人，举人 23 名，贡生、秀才则达五六百之众。这一方面体现出古代云龙地区人们对于文化教育的重视；另一方面更体现出当地人的富足，在生产力较为低下的古代，若不是家境殷实，家族想要供养一名甚至几名男性诵经读书、考取功名，绝非可能。

赖于盐业经济的支撑，五井地区极为重视礼仪文化与行为规范，强调“仁义礼智信”“温良恭俭让”，以及“修齐治平”“格物致知”等儒家思想精神，讲求尊敬祖先、孝顺父母、尊师重教等文化规范，形成了良好的乡风，被誉为滇西的“礼仪之邦”。以诺邓为例，在儒家文化的熏陶下，诺邓旧时尊孔习俗相当浓郁，一方面体现在孔庙的结构与设计上，规格严谨细密，设计恢弘庄重；另一方面则体现在祭孔活动的隆重盛大上，规模大、规格高，缛礼繁节，有条不紊。

兴旺的盐业，给古代五井地区的人民带来经济与生活的富足，所以当地的各家各户十分讲究住房建筑的设计，以强调户主的身份与风格、修养与文化品味，云龙地区现存的古村落中，每一幢普通的房屋民居，门、窗、梁、架、斗、拱、柱、檐、枋、檩的整体结构或局部工艺方面都十分重视美观、精细、严谨与考究。云龙民居利用狭小空间开拓出一片俯仰生息之地的同时，体现了人与自然的协调，展现了浓郁的文化气息，具有很高的美学价值和文化价值。

2. 经贸传统：对外贸易、国家专营与民间私销

在古代，盐作为一种稀有之物和重要的贸易商品，既是国家财政税赋的重要来源，也是地方百姓赖以生存生活的重要依靠。国家为了维护王朝统治秩序，获得丰厚财政收入，严格控制盐业。齐国时曾实行专卖政策；汉武帝时期更是设置专门行政机构，实行盐铁官营，此后为历代沿用。且，自此，盐有了“官、私”之分。官盐按照国家规定，需定时上缴，形制统一，生产过程受中央政府监管。私盐，则为民间私留、私产和私下流通。民间力量为了谋求生存、获取利益也竭力攫取食盐资源，因此即使私盐为历朝历代严禁，但仍严禁不止。故而，以盐为中心，形成了国家、地方官员、灶户（即世代专门煮盐的人）、荒户（即没有卤水的农户）、商人和消费者等多方利益主体。官方与民间的各方力量同处一地，不同利益主体之间因盐而产生利益纠葛，或

利益相同、相互依赖达成一致，或利益不同、相互较劲走向对抗。

对于国家来说，一方面，国家需要财政来源来维护官僚系统，所以会低价从灶户那里收购食盐，再高价出售给商人，由此获得利润，支撑国家财政收入。另一方面，出于维护政治统治考虑，为维持市面稳定，防止因商人哄抬盐价而引起社会动乱，国家会限定市面盐的价格。

对于商人来说，他们历来以利为生，国家以高价卖给商人，商人只会以更高的价格卖出，才有利可图。然而，国家高价卖盐给商人，但又不准商人以太高的价格卖出，商人为图利润必然产生向灶户购买私盐的需求。

对于灶户和荒户来说，由于国家的收购价格太低，通常只是盐价的三分之一左右[1]，致使灶户辛辛苦苦生产的井盐所赚来的钱，除去柴钱、荒户工钱，已所剩无几，难以维持生计。而荒户的利益则和灶户利益紧紧绑定在一起，荒户作为灶户的用工，或为之煮盐、烧盐，或为之向外运盐、卖盐，灶户若无利可图，那么荒户也难以有谋生之处。所以灶户和荒户为了生存不可避免地会余留私盐，自产自销。

对于消费者来说，官盐和私盐两者盐质相差不大，官盐的流通环节较多，价格自然高一些；私盐的流通环节更少，价格相对低一些，两相比较，消费者也更愿意买私盐。官盐与私盐的销路有很大不同，官盐的销路更广，规模更大，但有些偏远地区或周边山区可能流通不到。然而，私盐由于规模小、成本低，更易流通，所以对于一些偏远地区的消费者来说购买私盐是唯一的选择。

对于地方官员来说，地方生产、运输和销售私盐，他们不可能完全不知道。所以商人和灶户少不了要打点和疏通与地方官员之间的关系，一些地方官员也知道对于私盐不能限制太严，否则不仅无利可图，而且容易导致官逼民反，造成地方政治的不稳定。因此地方官员既要贯彻、执行中央王朝对私盐严格管控的政策，又要极力维护地方社会政治生态，以维持地方稳定，甚至从中得利。

---

[1] 朱霞：《私盐、国家垄断与民间权力——以云南诺邓井的私盐问题为例》，载《广西民族大学学报(哲学社会科学版)》2007 年第 2 期，第 48—53 页。

所以尽管历朝历代都对私盐严厉打击、严格惩处，但私盐从未被禁绝，且流通不断，甚至一些时期十分猖獗。官方力量和民间力量在食盐生产、运输、销售这三大环节中利益对抗与纠葛的情况究竟是怎样的？这可以从云龙食盐生产贸易的整个流程中窥见一二。

在云龙，官盐和私盐都是由灶户生产。灶户按国家规定的盐课，每月向盐局上缴盐，并按照国家的规定制成统一的形制，每筒官盐上都盖有生产灶户的印章，印章上刻有灶户的姓名、灶号等信息，交到盐局过秤时还要盖上盐税已讫的公章[1]。在整个过程中，中央政府会派人严格监管、查看和收缴，在产盐量多的地方会专设“盐课提举司”进行监察。

但是尽管有盐课提举司严查，五井地区的灶户也会为了生存与利润铤而走险，默契地达成了除上缴盐局外要私自余留一部分私盐的共识。所以在生产食盐时，灶户们会有意识地余留除缴纳的官盐之外的私盐。在私藏私盐的过程中，荒户为了生计，也会与灶户共谋，帮助灶户私留生产的食盐。

五井地区官盐数量较多、规模较大、销路也较远，所以官盐基本依靠马帮进行运输，运送的马帮必须是持有官盐运销凭证的专商，他们沿着云龙向外的干道通向外部，再沿着南方丝绸之路通向各方。

由于历代政府对于私盐的运输监察都很严格，所以云龙私盐的外运必须考虑在不被官方发现的基础上偷运，加之云龙灶户私藏的食盐数量相对较少，因而运输方式也相对隐蔽、特殊。大体有三种形式：夜间私自偷运、在官盐的“庇护”下夹运和冒充官盐运销，且以人背为主[2]。贩运私盐的也多为五井地区的荒户和附近地区出卖脚力的农民。

云龙生产的官盐有国家规定的运销范围，主要沿着南方丝绸之路销往保山、腾冲，甚至缅甸、印度，是我国古代对外贸易的重要商品之一。以腾冲作为重要的商品交换地，用云龙食盐换取玉器、药材等货物。

云龙生产的私盐在长期的贸易中也形成了自己的市场，不同于官盐远销国外，云龙私盐主要销往县境内缺乏食盐的曹涧（现漕涧镇）、旧州（现旧

[1] 舒瑜：《从清末到民国云南诺邓盐的“交换圈”》，载《西南民族大学学报（人文社科版）》2010年第7期，第50—56页。

[2] 同上。

州镇)一带。背私盐者或是在旧州直接进行盐米互换,或是先到曹涧把盐卖了再到旧州买米[1]。这样错位销盐的方式,在一定程度上避免了官盐与私盐的正面交锋,也就避免了官方力量与民间力量的直接利益对抗。

(三)历史上国际化的祥云云南驿:古代南方丝绸之路上的茶马贸易

“驿前有里堠(瞭望敌情的古堡),题东至戎州(宜宾),西至身毒(印度),东南至交趾(越南),东北至成都,北至大雪山,南至海上。”寥寥数语,传达出祥云极其重要的地理位置。不同于云龙地处山区,因盐而盛。位于滇西四大平坝的祥云虽无丰富的盐卤资源,却得益于平坦开阔的地理地势,自古以来就是滇西交通的咽喉,是通往滇西八地州的必经之地,是南方丝绸之路蜀身毒道和茶马古道交汇的重镇,也是“二战”时滇缅公路和驼峰航线的交汇地。然而,时过境迁,现在虽已看不到马帮走过的真实场景以及美国飞虎队的身影,但遗留下的建筑——马店、客栈、商铺、机窝、飞机跑道等,却仍展现出古镇原有的与马帮需求相适应的独特风貌,也记录着当时云南驿作为交通枢纽在战争中所发挥的巨大作用。

祥云云南驿距今已有2 100多年的历史,是中国西南地区最早设置行政区域的地区之一,现居民主要为驻滇汉人的后代。

1. 茶马古道的历史遗迹

如今云南驿还完好地保留着1 000多米长的古驿道,这些古驿道在漫长的历史中经由马蹄的打磨,已十分光滑。现存的古道有两段,呈“丁”字形铺展开来,主要部分称“老街”,宽约5米,自西向东几乎笔直地穿过云南驿。古驿道路面中间选用大小较为统一、形状较为规整的长方形石板铺砌,俗称引马石,道路两侧则是采用不规整的石灰石铺砌。漫长的古道,不仅是当时人们经济贸易的桥梁,更成为文化的摇篮。

云南驿的商铺位于驿道两侧,现存200多间,充满着历史的沧桑与厚重感。这些商铺始建于明清时期,多为重檐式硬山顶木结构青瓦建筑。大部分的格局为“一门一窗一铺台”。为什么设置成有高度的铺台,当地人给出

[1] 舒瑜:《从清末到民国云南诺邓盐的“交换圈”》,载《西南民族大学学报(人文社科版)》2010年第7期,第50—56页。

了两种解释：其一，为方便赶马人，赶马人不用下马就可以买东西；其二，方便背背篓的人，铺台的高度能够让背背篓的人不用蹲下就可以放背篓。除此之外，也有部分商铺在中间开双合门，中间作为客堂，两侧中一间作商铺，一间为起居用房。

马店是云南驿古建筑的重要代表，其中以大马店最为典型。大马店建于清朝，是目前云南省保存最完好、规模最大的马店，如今已经开发成“云南马帮文化博物馆”。马店与常规的客栈有很大不同：马店的服务对象不仅有人，还有马以及大量的货物，投宿的费用按照马匹的数量来算，而不是按人头来算。马店大多是私人经营，经营者要么以民居形式来建造马店，要么改造民居使其成为马店，经营者的居家与马店经营融为一体，但也反映出一些不同于一般民居的特征，如一层大面积的马厩，立面上起防盗作用的木栅栏，正对大门的不一定是堂屋，入口处有账房和店铺等。当然，也有非民居的马店，即马店完全用作商业用途。这一类的马店虽然不看重居家功能，但仍受当地民居的影响，多重院落组合、尺度、细部等都与当地民居一样。[1]

云南驿大马店占地550平方米，为土木结构的两层三进带后院的清代古建筑，建筑面积约920平方米。大马店有三进院落，故进深非常狭长。整个布局以院落为中轴线，每个院落形式大小基本一致。一楼左侧与二楼住人，一层右侧为马厩、账房、茶房以及祭奠山神、路神、桥神的正房等。“走马转角楼”等传统白族建筑形式也在此有所体现。大马店复杂的建筑结构、合理的空间布局，不仅是云南驿高度发达的马帮经济下的产物，也是如今我们研究西南丝绸之路的重要参考。

云南驿的家族大院也极具地方特色，其中又以李、钱两家大院为代表。李、钱是云南驿的两大族姓，均靠马帮起家并获得长足发展。

李家大院为清代重檐木结构建筑群，系李氏族人李大川为其子李廷杰、李廷英等所建，位于云南驿古道南侧入口处。建筑群由沿街而建的五座院落组成，规模宏大、布局合理、结构轻巧。五个院落各有内部大门可以相通，设计很是巧妙。

[1] 薛春霖：《踏雪寻“驿”》，昆明理工大学，2006年。

钱家大院是马店创始人钱治的家宅，至今已有160多年的历史，该大院从建筑形式和功能布局上分析有三个显著的特点：首先是“五阁齐顶”，所谓“五阁”就是大院子四周的建筑都是五开间；“齐顶”指大院子四周建筑高度一样，皆在8米左右，屋顶、正背相交在一起，围绕着大院子的四间房子分不出主次。其次，细分析大院的平面布局可发现它融合了“四合五天井”与“三坊一照壁”的形制在一起，大院子是“四合五天井”之制，面积次之的院子是“三坊一照壁”之制，这样便形成了一个“三坊一照壁”依附于一个“四合五天井”的格局。再次，大院分三个入口，大入口主要供居家使用，两个小入口供马店经营使用，从而使居家与经营相对区分开来。据大院中的老人讲，马厩分布在大院子的四周，结合两个入口的设置与两个形制相结合的格局，钱家大院有明确的功能分区，大院子四周主要供马店经营之用，面积次之的院子四周房间划分复杂，主要是作居家之用。[1]

除以上两家大院外，还有郭家大院，现已成为二战中印缅战区交通史纪念馆。各家大院在功能上既是民居，又是马店，因此不仅保留有大理传统的民居建筑风貌，又结合实际，具有独特的地域色彩。

2.“二战”中的战略遗迹

第二次世界大战期间，云南驿继续发挥其交通枢纽的优势，成为中缅战区的重要军事基地，著名的滇缅公路也从此地通过。1937年，抗战全面爆发后，为了使国际援华的战争物资顺利运送到中国，时任云南省主席龙云向蒋介石建议修筑滇缅公路。1938年年底，经过20万人的艰苦努力和数千名工人的牺牲，滇缅公路终于开通，美国将其称作为“高山上的巴拿马运河”。如今通过云南驿的310国道的前身就是滇缅公路[2]。

1942年年初，日军攻占缅甸，切断了当时唯一一条输送援华物资的交通线滇缅公路。为保证物资运往中国，支持中国的抗战，中美开辟了从印度丁江到中国云南昆明的航线，即“驼峰航线”。云南驿机场恰好处在驼峰航线的中段。由于滇缅公路恰好位于云南驿机场旁，援华物资可以在云南驿机

[1] 薛春霖、施维琳：《茶马古道的历史物证——马店》，载《云南民族大学学报(哲学社会科学版)》2006年第2期，第77—80页。

[2] 薛春霖：《踏雪寻“驿”》，昆明理工大学，2006年。

场卸载后部分运往前线，部分运往大后方。云南驿作为交通枢纽在战争中发挥了巨大的作用。如今，弥漫着滚滚硝烟的战争已经过去，云南重归千年的静谧，但残留下的机窝（飞机掩体）却依旧清晰可见。

除滇缅公路及与云南驿机场，当时驻扎在此的美国“飞虎队”，在当地建立“美国红医院”，还开了“纽约餐厅”和“华美餐厅”，云南驿也因此一度享有“小纽约”之誉。当时的云南驿，其国际知名程度不亚于今天的北上广，外国人的包裹若想寄到那儿，只需填上“中国云南驿”即可。近年来，每逢世界反法西斯战争胜利纪念日，总有飞虎队的后人来到云南驿，走进二战中印缅战区交通史纪念馆，缅怀故人，追忆当年。昔日的战争并没有摧毁古镇，在历史的积淀下，云南驿这些存留下来的建筑在不同时空的遥相呼应下反而有了新的使命：成为国际文化交流基地。

二、“一带一路”倡议下文化遗产保护、传承路径

文化随着社会生产、生活方式的变迁发生转型，是文化运动的必然规律。随着时代的变迁，辉煌都已成为过去，变成物质的或非物质的文化遗产得以存留。“一带一路”倡议提出以来，国家大力支持云南的发展建设，力图将其打造成大湄公河次区域的合作重点地区，并作为我国面向西南开放的枢纽之一，成为从陆上面向南亚、中东和东南亚开放的门户，使云南从开放的“末端”归位于“前沿”。前所未有的战略定位为云南的发展带来了新的机遇，也为文化遗产的保护、开发提供了新的契机。2015 年，习近平总书记在云南考察时，就提出要把云南建设成“民族团结进步示范区、生态文明建设排头兵和面向南亚、东南亚辐射中心”。

也正是由于这样独特的地理区位优势，自古以来云南就是我国进行对外贸易、交流的西南出口，即南方丝绸之路的必经之地，在我国的对外贸易的发展中发挥着极为重要且独特的作用，在与周边国家的政策沟通、道路连通、贸易畅通、货币流通、民心相通方面已经有了良好的基础。而且“二战”时期，云南作为抗战大后方和与外部联系的关键通道，也发挥了极为重要的战略作用。而云南的云龙和祥云又因其独特的地理地质特点，成为古代南

方丝绸之路的重要枢纽和节点，拥有良好的经济贸易传统和悠久的历史文化积淀。面对文化遗产保护、传承与发展的需求，两地的不同民族、不同地区有着各自不同的路径，这些路径与他们的历史传统和民情地情有关。本文选取云龙和祥云两地的两个较为典型的案例，即祥云县云南驿驻滇汉人后代的古建保护和云龙县诺邓村的古村发展，进行比较。二者借助“一带一路”倡议，在不同行为主体的推动下，开展文化遗产保护、传承与发展工作，各有其优点，也都面临困境。

(一) 经济驱动下的“千年白族村”——云龙诺邓

“屋连屋，楼搭楼，一条小河村下流；远方客人请留步，走进诺邓游一游。”这是诺邓的一首儿歌，反映出了这个千年白族村庄当下正通过旅游开发的方式来宣传和发展文化遗产。诺邓村位于云龙县北边，距县城 7 公里左右的一个山坡上。千年以来，云龙诺邓人傍盐而居、以盐为生。因此，其村落样貌和文化遗产在很大程度上都受到盐业发展的影响。樊绰所撰的《蛮书》有言：“东蛮、磨些蛮诸蕃部落共食龙怯河水，中有盐井两所……剑川有细诺邓井……当土诸蛮自食，无榷税。”[1]可见诺邓村及其盐井开发由来已久。盐业在古代深刻影响着国民经济，因此诺邓井成为村民重要的生计来源，也使得这里成为经济繁盛之地。清雍正《云龙州志》记载，诺邓井“盐井一区，出自东山下，介在两溪夹口，每日产卤八十背，每背煎盐五斤零，每日出盐肆百陆拾斤零，养活附井居民”。[2]

2007 年，诺邓被评为“中国历史文化名村”，后相继获得“全国重点文物保护单位”“中国少数民族特色村寨”等称号，加上 2012 年中央电视台美食纪录片《舌尖上的中国》的宣传，现在国内拥有较高知名度，慕名前来的游客络绎不绝。然而，诺邓村的文化遗产保护和开发工作并没有专门的机构管理，在具体工作中，不同的部门承担不同的职能：住建局负责历史文化名村的整体保护并对其履行规划、审批、执法等管理职能；文广旅局负责文物管理、遗

[1] 樊绰：《蛮书》，北京：中国书店，1992 年，第 63 页。
[2] 陈希芳纂修，周祜校：《云龙州志(雍正本)》，政协云龙县文史资料研究委员会云龙县志编纂委员会，1987 年，第 49 页。

产保护等；旅管委负责旅游宣传、培训和行业监管等；其他具体工作由相关职能部门承担。尽管如此，在经济驱动、旅游开发的驱动下，诺邓的文化遗产保护和开发也取得了一定的效果。诺邓古村的旅游规划与文化遗产保护，主要集中在与诺邓盐密切相关的三个方面："井盐文化""民居民俗"和"儒道文化"，由此走出了一条文化搭台、经济唱戏，以旅游开发促文化遗产保护的路径。

1. 复古旅游开发："盐井文化"资源与保护

以诺邓井为核心，诺邓形成了独特的盐文化和盐遗产。除了千年古盐井外，诺邓还保留着"盐街盐局"和"提举衙门"。河东盐地街保留了盐局旧址。古代由煮盐的灶户将制成的食盐交到盐局，盐官再把盐分发到各地行销，络绎不绝的运盐马帮在此出发，使得诺邓形成了经贸文化桥梁——盐马古道。古代诺邓的商路驿道，东向大理、昆明；南至腾冲地区，至缅甸甚至远及印度等国；西接六库、片马地区；北连"茶马古道"通兰坪、丽江、西藏地区。诺邓的提举司衙门遗址今日仍在，但由于外迁，原址变成了黄氏家族登载本家科举功名的"题名坊"。除此之外，民间还有着"诺邓的龙王主管五井卤脉"的说法，为了"让龙王减少降雨、保持盐度"，诺邓人建造了龙王庙和古戏台，如今，这些也成为诺邓文化遗产的一部分。

井盐贸易同时也带来了民族互动、跨国文化交流，形塑着汉白文化遗产和丝绸之路文化遗产。自汉武帝征滇开始，中原汉族的文化便已流入，即使是少数民族政权时期，也存在着白族对汉族技术等方面的借鉴。《蛮书·云南管内物产》记载："贞元十年春，南诏收昆明城，今盐池属南诏，蛮官煮之如汉法也。"[1]随着汉族的不断涌入，汉人在生活方式和族属方面也受到白族的影响。明代出现了灶户。这一时期，许多外省灶户迁移至此，包括盐官，他们在此繁衍生息，后代都入了白族。另一方面，由于盐马古道上的贸易远及缅甸、印度，古时诺邓人也有不少跨国性的文化交流和经济贸易，以食盐易玉器、药材，进而增进沟通。

在"一带一路"倡议下，诺邓村积极响应国家号召，在遵守国家有关盐业

---

[1] 樊绰：《蛮书》，北京：中国书店1992年版，第63页。

管理规章制度的前提下，有规模地重建盐井，恢复盐井原有风貌、古法制盐原有生产场景，并开发具有诺邓特色的盐产品和衍生产品。从而将诺邓打造成一个特色鲜明的复古旅游项目，一方面可以铭刻历史、唤起文化记忆，另一方面可以强化、重塑边疆人民的地区文化认同。

2. 原生态观光院落：民居民俗遗产与保护

诺邓的民居外观整齐、庄重，白墙青瓦，古朴大方。房屋由大量石料建成，墙基、门头、窗头、横梁皆用石头砌成。屋顶以板瓦为沟，筒瓦为顶。内部庭院多有讲究，往往依据住家的富裕程度而有所不同，大体上有四种形式：一为“两房一耳”，即两幢楼房互相垂直，交叉处有一耳房；二为“三房一照壁”，即三幢楼房，主房对面为照壁；三为“四合五天井”，即有四幢楼房，每一处交叉点都有一耳房；四为“六合同春”，即有两个大院，每院三幢楼房，且各方的楼廊彼此相连，通行无阻，称为“走马转角楼”。诺邓民居尤为讲求盖门楼，通常盖门楼的形式为“一滴水”，即为普通的坡屋，朴素大方；而“三滴水”则显现了一种华丽，其建筑十分精美，飞檐翘角，宏伟壮观；“五滴水”则更显讲究、高贵。不仅如此诺邓的民居建筑及庙宇建筑都充分体现着人与自然的协调适应，其门、窗、梁、架、斗、拱、柱、檐、枋、檩特色鲜明，十分讲究整体结构和局部建造的严谨统一，讲求传统工艺和雕刻图案的美观精细。民居中的照壁也显现了民居的特色。照壁是装饰性的建筑，象征了吉祥、福禄与安康。各种各样的照壁体现了主人的不同意愿与企盼，堪称民居建筑的精美艺术品。由于诺邓地处山区，可用的平坦空地极其有限，所以当地民居建造时充分利用了有限的地理空间，依地势建房，错落有致。而村巷村道则是清一色的石板铺就，三步一阶、五步一台，极具特色。

因此，当地一方面在继续加强古民居、古院落的维修保护，另一方面积极利用明清民居建筑开展民居民俗观光项目，甚至希望在历史文化名村核心保护区内选择60个传统建筑古民居作为原生态观光院落，观光院落户必须依照家族家庭传承习俗保持传统的生产生活方式，以此吸引游客入家观光、体验生活。

3. 儒道文化的继承与保护

诺邓当地绝大多数家庭从小就对孩子进行讲孝道、讲礼节、讲廉耻等文明礼貌教育和训练。在儒家文化的熏陶下，诺邓尊孔习俗浓郁，历史记载的每年祭孔活动规模都十分隆重。传统的儒家意识形态在诺邓村的反映也非常明显，尊师好学蔚然成风，相继出现了董善庆、黄桂、马锦文、黄绍魁、杨名飏等著名人物。其他一些礼仪习俗，都有严谨的规矩和风尚。诺邓历经千百年的传承形成了良好乡风，曾被誉为滇西的“礼仪之邦”。

同样由于诺邓地区盐业经济的活跃，明清时期道教思想的扩张，也传播、影响到了诺邓；并且道教文化在诺邓显示出了前所未有的活力，宫观祠庙大量出现，玉皇阁道教建筑群即是典型的代表建筑。清代以来，云龙道教信徒众多，诺邓更是有著名道长孙道裕等人，另有众多的被称为“高公”的火居道士。道教斋醮仪礼和各种宗教活动十分普及，“洞经会”就是道教“寓教于乐”的一种生动形式。

为了保护、开发儒道文化遗产，展示文庙、玉皇阁等建筑深厚的历史文化底蕴，诺邓也正在尝试邀请相关专家学者及道教界人士对其进行修缮、恢复和运行研究。组织了专业施工队伍施工，以确保修缮过程中保存玉皇阁的真实性、历史性和完整性。在确保安全的情况下，保持古建筑的原形制、原结构，优先使用原材料、原工艺，以期践行国家“一带一路”倡议，在保护的基础上，开发旅游，带动当地经济的发展，加深与域外的交流。

尽管许多设想尚未落实，但是主打“旅游、休闲、看建筑、吃火腿”的诺邓，从零开始，其旅游业发展至 2013 年已到达日接待游客两千人的规模，这些游客来自国内 31 个省、自治区、直辖市以及海外 48 个国家与地区，诺邓在国内外颇具知名度。

（二）行政主导下的云南驿古建筑保护

云南驿是当今唯一集中了马帮运输、公路运输、铁路运输和航空运输等各个不同时代运输方式的地方[1]，被称为“人类交通发展史的活化石”。明清时期，云南驿是屯垦移民的主要地区；进入 20 世纪，它又是世界反法西斯战争的重要基地、驼峰航线的重要节点。在如此丰厚的历史积淀中，云南驿保留了大量的名胜古迹，小到家居摆件、古道碑刻，大到寺庙屋舍、马店商

[1] 云南省文化和旅游厅，http://www.ynta.gov.cn/Item/6091.aspx。

铺,甚至可以说整个村落就是一项物质及非物质文化遗产。

但是如今辉煌已逝,古村也受到较为严重的自然和人为破坏。为改善这种状况,祥云县成立了"云南驿古镇保护管理委员会"(简称古保委),专门负责云南驿古村的保护修缮工作。古保委属于政府机关单位,是代表官方进行古镇文化遗产保护的专门机构。2017 年 4 月,古保委与祥云县人民政府一起出台了《祥云县云南驿古镇保护管理办法》,由县人民政府、镇人民政府安排专项资金对云南驿古村古建进行修缮,并于该年 7 月起开始实施。2018 年 1 月,云南驿古建筑群修缮工程(一期)已经完成验收,项目主要内容是完成大马店(马帮文化博物馆)、郭家大院(二战中印缅战区交通史纪念馆)、钱氏宗祠、杨炳麟故居、关圣殿、古驿道等 6 项文物保护单位的修缮。该修复工程虽主要着眼于建筑本身,但实际修复和弘扬的是文化价值。

1. 重修宗祠:祭祖、功勋与公共空间

云南驿有"李""钱"两大姓氏,一世祖都是驻滇的汉族官员,一位是明朝寿官李武,另一位是清朝大员钱天孙。在古保委主持的古建筑群修缮一期工程里,钱氏宗祠位列其中。

钱氏宗祠位于云南驿村后凤山中麓,有新旧两所,旧宗祠建于 1840 年,为钱氏家族议事祭祖场所,历经一百多年香火不断。后于 20 世纪 60 年代被破坏,建筑倾圮、断壁残垣,唯独院中一棵几百年的老缅树(大青树)至今枝繁叶茂,当地人将其视作风水树。2010 年 2 月 26 日,钱氏宗族在老缅树旁召开重建宗族会议,决定在旧宗祠正西面不足百米处建造新宗祠。新宗祠于两年后完工,宗祠大殿中陈列着云南驿钱氏先祖牌位,供族人开展祭祖活动,瞻仰缅怀。此次古保委对钱氏旧宗祠进行了修缮,这是一座由正殿、南北厢房、大门组成的土木结构院落,建筑面积约 800 平方米,修缮性质为落架大修和局部修复。

文化大革命时期,祥云和云龙两县的多处宗祠遭到破坏。许多宗祠至今没有得到恢复,云龙县诺邓村白族人的宗祠便无一恢复,黄姓祠堂现已由私人居住,杨姓的祠堂或种了苞谷或盖了私宅。而云南驿"钱""李"两姓的宗祠都得到了修复,2010 年李氏族人本着"修旧如旧"的原则,在原址修复了祠堂,为"三坊一照壁"的建筑格局。在云南驿,宗祠的作用除了祭祖和证明身份外，更重要的是展示功勋。新钱氏宗祠旁有一块《祖德流芳》碑，记录了钱氏先祖的汗马功劳及后世贡献。重修宗祠，对于古保委来说是修复遗产，但对于宗族来说则是重耀门楣。

除祭祖和展示功绩外，祠堂也是村民日常活动的公共空间。平日里村民们喜欢到钱氏宗祠下棋、聊天。李氏宗祠旁更挂有一块牌匾"云南驿社区老年娱乐场所"，供大家活动。其实，云南驿村也有专门的活动广场，但是数量少，位置偏高。当祠堂以公共空间的形式存在时，其神圣性已经减弱，变得更具有日常性。云南驿的白马寺也出现了这种情况，目前寺内并无僧侣等神职人员，却有村民下棋，也是将神圣空间日常化为公共空间。因此，对祠堂的修复，一方面是对古建遗产本身的保护，另一方面也是对两个文化空间的扩展。

2. 浸入式体验：马帮文化博物馆

目前，云南驿保存有完整的古驿站建筑群，包括驿站（岑公祠）、古驿道、大马店（马帮文化博物馆）、高级客栈、钱家大院、钱家二院、郭家大院、李家大院、商铺、关圣宫、白马寺等。重点修缮的马帮文化博物馆原为"大马店"，如前文所述，大马店是一进三院四天井式两层土木结构走马转角楼，衰落于民国。不同于一般现代化的博物馆，马帮文化博物馆本身就是一件文物，加上其内置较为完好地保留了原本风貌。博物馆内保存了马帮时期的账房、茶室、维修部、祭坛、器具、服饰、普洱茶等，并且各式展品都归于原位，如马院中的马厩、草料，客房中的睡柜等。相比于传统博物馆的文字和多媒体展示，实物开放展示可以使参观者近距离地感受马帮运输时代的生活方式（但不可接触、破坏），使得参观者有更多想象的空间。参观者走进博物馆，恍如进入另一个时空。这是只有古迹原址才能做到的，就如故宫博物院，人是置身文物之中，而不仅仅是一名旁观者。

这种以原址原物作为展示空间的方法，为游客营造了一种浸入式的体验。"浸入式"这个词较早为艺术家使用，参观者不再是"他者"，而是身处艺术作品当中，成为艺术的一部分。当今，浸入式的体验方式被各种场所使用，尤其是"浸入式戏剧"受到了广泛的欢迎。对于云南驿来说，这种方式既保存了文化遗产，也激发了更多人去了解马帮文化、思考马帮历史的兴趣。

3. 修缮屋舍:融入生活的文化遗产

云南驿营造的浸入式体验不只是马帮文化博物馆,还有其整个村落,云南驿村落十分古朴,少有商业开发的痕迹。茶马古道的引马石清晰可见,小道两旁的红灯笼、二层民宅都较为完好地展现了昔日的面貌。这正是云南驿人民政府和古保委希望实现的。《祥云县云南驿古镇保护管理办法》规定:“古镇核心保护区内单位、组织和个人进行建设活动,应当采用传统建筑材料和传统工艺,保持原有建筑布局、传统风格和历史风貌。建筑外立面不得大面积使用瓷砖、不锈钢、玻璃等现代建筑材料;建筑层数不超过2层,面宽不超过9米。”“未经批准,不得在古镇核心保护区内进行房屋修缮……不得对房屋主体结构、房屋外立面、店铺招牌、门面、屋外光色等进行装修装饰……不得设置临时经营摊点。”

专人专修、修旧如旧,再加上严格的管理,云南驿古镇以及相关文化遗产的保护都产生了比较好的效果,后期的修缮和保护工作仍在继续。

三、结论与讨论:“一带一路”背景下文化遗产保护的机遇与困境

古代南方丝绸之路为“一带一路”倡议的实现奠定了坚实的经贸文化基础,积累了良好对外交流经验;而“一带一路”建设无疑也为发扬古代南方丝绸之路的文化传统、保护古代南方丝绸之路的文化遗产提供了新的契机。在“一带一路”的大背景下,抓住机遇,保护好、继承好、发展好古代南方丝绸之路遗留下来的文化遗产,唤起古老的历史记忆,重塑新的地区认同,既能服务“一带一路”建设,又可造福当地百姓。

(一) 发展的烦恼:经济发展与遗产保护

尽管旅游开发带来了经济的增长,当地居民也从中受益不少。但多年来,以诺邓为例,其管理和文化遗产的保护问题一直没有理顺,日常保护基本处于既无专门单位、也无专职人员负责的状态。由于责任主体不清,没有明确直接的具体负责人和管理者,导致“谁都可以管谁都可以不管”、抓几天

放几天、时紧时松等问题一再出现。虽然诺邓的保护与开发工作一直有领导组办公室协调处理，但其只是临时设置的权宜机构，既没有审批权，更没有执法权。也因为“临时”，工作没有连贯性，人员和机构都缺乏稳定性，无法建立根本性的保护机制。

缺乏统一规划、管理的诺邓，民宿越来越多，古建筑越来越少，千年白族村的原真性正在逐渐逝去。所剩不多的古建筑、古院落因不规范的开发、修缮逐渐失去原有的味道和风格。而争先恐后的客栈建设，正在进一步地消除诺邓民居的居住风俗与传统格调。出名的诺邓火腿也随着销量的增加，难再如《舌尖上的中国》中宣传的那样美味。

相比于城市的文化遗产保护工作，乡村的最大难题在于“贫困”的阻挠，和一群积贫积弱的村民谈古村保护的文化知识恐怕收效甚微。诺邓村最初发展旅游业是为了脱贫，因此对于居民来说，发展旅游就等于增加收入，这是一个纯经济活动。在这个过程中，经济和文化是分开的，脱贫是第一要务，保护遗产的重要性排在其后。然而，太过商业化的旅游业并非长久致富之道，它只不过是将低端经营模式引入一个原本文化底蕴、自然资源丰厚的地方，而后在破坏古建古迹原真性的同时，逐渐使这里的文化资本贬值。之所以会出现这样的情况，是因为只看到经济资本，而忽略文化作为资本的价值。我们虽然要强调旅游开发中的文化性，但更应在经济路径中加入文化的要素，而不是发掘文化的资本属性。因此，对文化遗产的资本性进行挖掘，让更多的人看到文化作为资本所产生出的类经济价值，似乎比宣传教育更切实有效。

（二）零和博弈：“美观性”与“烟火气”

不同于诺邓大规模的旅游开发，也不同于诺邓文化遗产保护的混乱，相隔几百里的祥云云南驿，则设置了专门负责云南驿古城保护和开发的机构，文化遗产的保护和修缮更为有序、规范和严格，却也产生了自己独有的新问题。

如果说云南驿建筑文物的保留保护让外来者产生一种浸入式体验，那么屋舍作为一种生活场所，则使得居民的生活融入文化遗产当中，也让遗产形成一种活态性。但是矛盾也暗含其中。政府为保护原有的古建筑，不允许居民进行任何的私自搭建，即使原来已经自建的房屋也被迫强制拆除，由此导致一些房屋面积减小，村民产生了不满情绪。《祥云县云南驿古镇保护管理办法》中规定，禁止“在古镇露天水体洗涤衣物、拖把等物品”以及其他一些不卫生、不文明的行为。显而易见，古镇的“美观性”与居民生活的“烟火气”似乎产生了零和博弈的关系。

2017 年 5 月 15 日，古保委组织了一场听证会，就《祥云县云南驿古镇保护管理办法》听取各方的意见和建议。参会人员包括：云南驿社区村组干部代表 18 人、云南驿村村民代表 9 人、县级相关部门 17 人。据古保委工作人员介绍，当时部分居民进行了提问，但更多的居民只是聆听，并没有提出可行性的建议和建设性的意见。从此次听证会来看，居民在古镇保护和发展中的作用是微小的，但他们又是实际承担者。在云南驿的文化遗产保护中，行政力量是主导，居民虽然有不满，但也并没有合适的解决方法。古镇文化遗产的保护与开发究竟应该以怎样的一种方式方法开展，是让美丽只存在于外观，还是应该融入生活、融入情感？文化遗产又该如何在保护中合理、有效开发，惠及当地？古保委和当地居民都没有答案，内心也都有纠结。至少目前，让当地居民完全赞同并甘心实施人民政府和古保委对“美丽”的打造，似乎还有些困难。

（三）“一带一路”倡议下文化遗产保护的建议对策

随着“一带一路”倡议实施和推进，古代南方丝绸之路上文化遗产的保护与开发显得必要而迫切。尽管不同的地区根据本地的实际情况采取了不同的措施，选择了不同的路径，也取得了不同程度的效果，但仍需要注意以下几点：

1. 加强宣传教育，增强文化遗产保护的意识，营造良好的文化遗产保护氛围。南方丝绸之路上的文化遗产历经百年、千年的洗礼，都弥足珍贵，是古代中外政治、经济、文化交流的见证，也是当地重建“一带一路”新认同的基础。需要当地政府、百姓和其他利益相关主体增强文化遗产保护的意识，杜绝乱保护、乱开发，避免对文化遗产的破坏和损毁。

2. 组建专门的团队，引入科学的管理与技术，让专业的人做专业的事。首先，应该提升文化遗产保护、开发队伍的人员素质，成立专门的机构，对文化遗产的保护、修缮和开发进行统一的协调、规划和管理。其次，要由专门的相关技术人员来对古建筑进行保护修缮，按照保护建筑物原真性、古典性和完整性要求，遵照最小干预原则，修旧如旧，妥善保护历史遗存的真实性、完整性和沧桑古朴的历史风貌，保持古建的原形制、原结构，优先使用原材料、原工艺，甚至做到“一户一方案”的认真合理修缮。

3. 依靠群众，搭建平台，平等对话。当地百姓才是南方丝绸之路上文化遗产保护开发的主体，只有依靠当地百姓，妥善处理公私利益纠葛，实现政府与百姓之间的平等对话，切实调动、发挥好当地居民的积极性和主动性，让居民由被动参与变为主动参与，才能使文化遗产的保护开发事半功倍。

4. 建立健全文化遗产保护、开发的工作机制和法律法规。将文化遗产的保护、开发纳入立法和司法日程，建立健全相关的法律法规，让文化遗产的保护和开发工作有章可循、有法可依、有序开展。

5. 增加对文化遗产保护、开发的资金投入。文化遗产的发掘、保护需要有力的经济保障，尤其在“一带一路”倡议的背景下，古代南方丝绸之路上的沿线地区，经济相对较为落后，需要探索、尝试多种方法，在保护文化遗产的基础上，提高资金利用率，广泛融资，实现多赢共赢。

6. 加强宣传力度，让文化遗产“走出去”，游客“走进来”。古代南方丝绸之路的文化遗产的发掘、保护和开发，应该惠及更广的范围，这样才能为“一带一路”倡议的实施凝聚更多的认同，促进构建我国与西南区域“一带一路”沿线国家的文化关联和人文纽带，为推动“一带一路”建设创造良好的软环境。

民营企业参与“一带一路”：东道国的制度不确定性与应对策略◆

孙　明*

一、“一带一路”倡议提出的背景和重要意义

2013年，习近平主席在哈萨克斯坦和印度尼西亚进行国事访问期间，分别提出共同建设“丝绸之路经济带”和“21世纪海上丝绸之路”的倡议，由此拉开了“一带一路”建设的序幕。2013年11月，中共第十八届中央委员会第三次全体会议通过的《中共中央关于全面深化改革若干重大问题的决定》，明确提出推进丝绸之路经济带、海上丝绸之路的建设。2015年，国家发改委、外交部、商务部联合发布《推动共建丝绸之路经济带和21世纪海上丝绸之路的愿景与行动》，这标志着“一带一路”倡议构想的形成，并进入全面推进的新阶段。2017年5月，习近平主席在“一带一路”国际合作高峰论坛上发表重要讲话，指出今后将围绕建设“和平之路、繁荣之路、开放之路、创新之路、文明之路”的重点积极部署各项工作。同年，党的十九大报告明确指出，要以“一带一路”建设为重点，推动形成全面开放的新格局，“一带一路”的建设被赋予重要的战略意义和历史地位。

◆　本文系国家社会科学基金项目“新时期政商关系的类型与生成逻辑研究”（项目编号：19BSH084）和同济大学中央高校基本科研业务费专项资金资助课题“国家引导民营企业参与‘一带一路’建设研究”的阶段性成果。

*　孙明，同济大学政治与国际关系学院副教授、中国战略研究院研究员。

“一带一路”涵盖东亚、东南亚、南亚、中亚、西亚、欧洲南部、非洲东部多个国家和地区。其中的71个国家2017年GDP之和约为14.5万亿美元，占全球GDP总和的18.4%；人口总数约为34.4亿人，占世界总人口的47.6%；对外贸易总额为9.3万亿美元，占全球贸易总额的27.8%。[1] 截至2020年1月底，中国已经同138个国家和30个国际组织签署200份共建“一带一路”合作文件。“一带一路”已经从亚欧拓展到拉丁美洲和南太平洋等地区。可以说，“一带一路”是世界上空间跨度最大、人口覆盖面最广的经济带，是最具发展潜力的经济走廊。

围绕“一带一路”建设的“走出去”战略将为中国经济的持续增长提供新的动能。 首先，改革开放四十多年来，中国创造了经济发展的奇迹，被誉为“世界工厂”，而自然资源尤其是能源的全球分布与经济发展的水平之间存在着明显的不匹配，为了让经济发展获得不竭的动能以及维护经济安全，海外的拓展与资源寻求是发展的必由之路。其次，中国超强的制造能力会产生国内市场难以消化的巨大产能，制造业累积的资本也在迫切寻求出口，海外市场的拓展、制造业的溢出、资本的出海是经济发展到一定阶段的必然现象。更为重要的是，“一带一路”建设还将促进国内产业结构的转型升级。未来中国经济持续发展的关键在于产业结构的转型升级，核心是技术的创新，中国需要由技术的模仿者向技术的引领者转变。国内企业“走出去”，通过海外并购与合作，获取更先进的技术与管理经验，逆向的技术溢出有利于国内母公司缩小与国际优秀企业之间的差距，实现跨越式的发展。国际市场的激烈竞争、国际规则的规范性压力对深度参与国际市场的中国企业而言，是有效的“试金石”与“磨刀石”，更为深入的开放将倒逼国内的深化改革，最终实现与国际的接轨，具备在国际市场竞争的实力。中国企业在欧洲、东南亚等第三方市场与日本企业的竞争都起到了很好的淬炼作用。

“一带一路”建设将通过产能合作助力沿线发展中国家的工业化，提供国家治理与市场建设的中国经验。 “一带一路”沿线国家大多是发展中国

[1] 《“一带一路”贸易合作大数据报告(2018)》，国家信息中心“一带一路”大数据中心、大连翰文资讯有限公司，第1页。详见：https://www.yidaiyilu.gov.cn/mydsjbg.htm#p=16。

家，基础设施落后、工业化水平低下，缺乏发展必需的技术、资本、管理经验以及高素质的劳动者；优势是丰富的自然资源、劳动力的数量以及未来的市场潜力。中国与这些发展中国家在产业结构、生产要素等多个方面具有很好的互补性，产能合作的空间广阔。中国经过多年发展形成了庞大的制造业产能、优良的制造业配套能力、适中的产业技术标准和相对过剩的产业资本，能够很好地满足“一带一路”沿线发展中国家推动工业化的需要。[1]

中国不仅在产能合作中提供资本、技术与先进的管理经验，更为广阔和深远意义是中国模式的制度扩散。中国经济奇迹的背后是改革开放进程中不断探索、调适、创新而日趋成熟、相互匹配的制度系统，一个落后的国家通过国家力量实现工业化、促进市场发育的宝贵经验，融合国家与市场力量实现发展的典范。对“一带一路”沿线具有强烈发展意愿的发展中国家而言，中国的崛起类似 20 世纪缔造东亚经济奇迹的国家和地区，它提供了落后国家实现工业化和国强民富的一条可选路径。

“一带一路”建设的推进为全球经济的复苏注入新的活力，有助于缓解全球经济增长的不平衡。“一带一路”倡议致力于构建政治互信、经济融合、文化包容的利益共同体、命运共同体和责任共同体。“一带一路”建设的经济走廊将联结最具经济活力的东亚地区与发达的欧亚经济圈，打通波斯湾和地中海，为亚欧大陆腹地各国提供广阔的发展空间；而中巴经济走廊、中国中南半岛经济走廊和孟中印缅经济走廊将极大地拓展欧亚经济走廊的经济辐射效应。此外，“一带一路”建设在非洲东部稳步推进。据乐观估计，到 2050 年，“一带一路”沿线区域将为全球带来 80%的 GDP 增量和 30 亿人口规模的中产阶层。“一带一路”所蕴含的巨大发展潜力，将有效应对全球经济下行趋势，提振未来经济发展的信心。[2]

自 2013 年习近平主席提出共同建设“丝绸之路经济带”和“21 世纪海上丝绸之路”的倡议，经过近 7 年的探索和建设，“一带一路”已经从概念变为现

[1] 蓝庆新：《应大力推进民营企业参与“一带一路”建设》，载《人民论坛·学术前沿》2017 年第 9 期，第 61—66 页；施展：《越南难以取代中国成为下一个世界工厂》，载《经济资料译丛》2019 年第 3 期，第 1—7 页。

[2] 郭敏、李晓峰、程健：《“一带一路”建设中中国企业“走出去”面临的风险与应对措施》，载《西北大学学报(哲学社会科学版)》2019 年第 6 期，第 88—93 页。

实,从蓝图变为实践,成为中国构建人类命运共同体、践行中国外交正确义利观、担负大国责任、推动中国经济转型升级的重要抓手。“一带一路”倡议提出后的5年时间内,我国与沿线国家的贸易总额超过5万亿美元,成为25个沿线国家最大贸易伙伴;我国对“一带一路”沿线国家直接投资超过700亿美元,年均增长7.2%,在沿线国家新签对外承包工程合同超过5 000亿美元,年均增长19.2%;中国企业在沿线国家建设境外经贸合作区82个,累计投资289亿美元,入区企业3 995家,为当地创造了24.4万个就业岗位。[1]

二、民营企业参与“一带一路”的意义

在“一带一路”的建设中,不同性质的中国企业开展的境外业务、发挥的功能、面对的风险有所差异。当前国有企业是基础设施建设、能源开发、国际产能合作的主力军,境外业务由能源和矿产逐渐拓展到技术和质量更高的高铁、核电、特高压等领域,承担了一系列重大项目和标志性工程。中国国有企业在“一带一路”建设中的发挥的经济、政治、文化功能引起了研究者的极大关注。

民营企业同样是“一带一路”建设不可或缺的组成部分,“一带一路”的推进需要民营企业这样的生力军。 随着我国市场经济体制改革的不断深化和经济的快速发展,民营经济在我国经济中的比重不断增大,贡献不断提升,领域不断拓展。广大民营企业是我国市场经济改革的重要参与者和推动者,是技术创新的活跃力量,更是创造市场活力和拉动经济增长的基本力量。在“一带一路”建设发展过程中,我国民营企业具有不可替代的作用;需要引导、支持和鼓励广大民营企业积极参与“一带一路”国际产能合作,使自身的盈利和发展与国家的战略目标相一致。[2] 美国传统基金会的中国全球投资追踪(CGIT)的数据显示,2008年至2016年,中国民营企业对其中22个国家有大型(投资额超过1亿美元)对外直接投资项目,占同期中国企业对

[1] 详见:中国一带一路网 https://www.yidaiyilu.gov.cn/ldzd/dejgfld/mbbm/gmrb/87363.htm。
[2] 蓝庆新:《应大力推进民营企业参与“一带一路”建设》,载《人民论坛·学术前沿》2017年第9期,第61—66页。

沿线大型投资额的20.58%与投资项目的30.43%。[1] 国家信息中心数据显示,2017年民营企业与"一带一路"相关国家的进出口总额达到6 000多亿美元,占与"一带一路"相关国家贸易总额的43%。根据2017年全国工商联发布的民营企业500强研究报告,500强民营企业中有274家参与了"一带一路"建设,实现海外收入7 900多亿美元(不含出口),比上年大幅增长5 400多亿美元。

民营企业参与"一带一路"建设,有利于缓解资金压力和风险。 如果"一带一路"建设的资金来源主要依靠中国国家开发银行、亚洲基础设施投资银行、丝路基金或者国有企业的自有资金,那么出资责任和风险的主要承担者就是中国政府。由于"一带一路"相关投资周期长、风险高、收益率低,将导致外汇储备投资的收益率和人民币单边升值预期的下降,消耗外汇储备存量。[2] 而一些标志性的项目和工程具有政治与社会目标,容易出现预算约束的放松,这将大大提高投资的风险。而民营企业对成本与收益的核算、项目的预期风险更加敏感,能够与国有企业形成优势互补。比如,引入政府与社会资本合作(PPP)模式,能够在原有资源的基础上引入民间社会资源,开拓融资的渠道、提高项目的运作效率、获得更为先进的技术、利用高效的成本控制方法和管理方式、优化资源的配置,充分发挥市场机制的作用,以促进基础设施的可持续发展。[3] 除了缓解资金压力和风险,民营企业的加入会使"一带一路"建设中的产业类型更加丰富,能够与沿线国家的国民经济需要实现更灵活和全方位的对接。当前国有企业在"一带一路"沿线国家的投资绝大多数是风险高、金额大、周期长的基础设施以及矿产、能源类的大型项目,目的是打下工业发展的基础。而民营企业涉及的产业门类涉及大量的轻工业部门,将为基础设施与重工业的发展提供充分的需求,同时满足东道国人民提升生活水平的需要。

---

[1] 方旖旎:《民营企业对"一带一路"沿线国家大型直接投资非经济风险与对策的研究》,载《晋中学院学报》2016年第5期,第35—37页。

[2] 张明:《直面"一带一路"的六大风险》,载《国际经济评论》2015年第4期,第38—41页。

[3] 赵蜀蓉、杨科科、龙林岸:《"一带一路"基础设施建设中PPP模式面临的风险与对策研究》,载《中国行政管理》2018年第11期,第73—78页。

民营企业参与“一带一路”建设与国有企业相比遭受的政治怀疑与阻挠相对更少一些。“一带一路”涉及的部分区域大国博弈激烈、地缘政治复杂，而且当前全球化处于退潮期，贸易保护主义、民粹主义抬头。国有企业的“国有”身份、对国家战略意图的实践更容易引起东道国政府等利益相关者的警惕与质疑。国有企业投资集中于矿产、能源、基础设施等领域，基础设施建设属于关乎“国家安全”的敏感领域，[1]矿产与能源的开发容易被诟病为“新殖民主义”。这导致国有企业在某些国家的项目面临更加严格的法律、法规审查或具有“双重标准”的外资审核，甚至是中止和制裁。例如“美国封杀中兴事件”，东道国政府等利益相关者以“国家安全威胁”为借口，使得中兴也曾在印度面临被迫止步的情形。[2] 一些敌视中国的国家，也以国有企业的身份大做文章，将其视作中国实现政治意图的经济工具。李亚波使用2001—2017年中国企业海外并购数研究了“一带一路”背景下企业所有制身份对海外并购成败的影响，发现国有企业的海外并购的成功率显著低于私营企业，受到东道国严格的安全审查以及对国有资本的歧视，中国国有企业海外并购举步维艰。[3] 相比国有企业，民营企业政治身份相对淡化，参与“一带一路”建设的制度障碍会小一些，更容易在东道国获得合法性。尤其在某些比较敏感的行业和投资领域，国有企业由于前述原因在进入受限时，民营企业进入则会更方便，华为、吉利等民企在“一带一路”相关国家的布局取得了较大成绩即为明证。[4]

中国民营企业也需要深度融入“一带一路”建设，把握机遇实现海外拓展和企业的优化升级。当前中国经济进入新常态，国内民营企业面临结构转型的压力。那些技术含量低、资源消耗大、环境污染重、用工成本高的

---

[1] 姜华欣：《国有企业对外直接投资面临的国际环境与主要风险》，载《调研世界》2013年第5期，第21—24页。

[2] 张宁宁、张宏、杨勃：《“一带一路”沿线国家制度风险与企业海外市场进入模式选择：基于中国装备制造业上市公司的实证分析》，载《世界经济研究》2019年第10期，第119—133页，第136页。

[3] 李亚波：《“一带一路”背景下企业所有制身份对海外并购的影响》，载《企业经济》2018第11期，第13—22页。

[4] 蓝庆新：《应大力推进民营企业参与“一带一路”建设》，载《人民论坛·学术前沿》2017年第9期，第61—66页。

企业将面临严峻挑战，而主要依赖海外代工的制造企业则需要向研发、设计、营销等价值链的上游移动，扭转在全球分工中的不利位置。民营企业深入参与“一带一路”建设，结合国家“走出去”战略的实施，积极寻求国际产能合作，将具有比较优势的富余产能向海外拓展，提高企业国际化经营能力，打造中国企业的品牌和标准。[1] 与国有企业相比，民营企业的海外拓展更多是一种市场行为，意味着没有背负过多的政治功能，同时也缺少国家力量作为后盾，那么它们更有可能在激烈的国际竞争中倒逼企业改革，实现与国际接轨。

综上所述，民营企业作为社会主义市场经济的重要组成部分和国民经济中最为活跃的增长点，也是“一带一路”建设不可或缺的重要力量，它们发挥独特优势，对“一带一路”国际产能合作的广泛参与，不仅能够服务国家建设的战略目标，而且能够实现自身更好的发展。但是，当前民营企业对“一带一路”的参与仍然比较有限，面对巨大的风险和阻碍。海外民族志的研究和田野调查的结果表明，多数民营企业在不发达地区的开拓还处于筚路蓝缕的状况，企业家海外冒险、拓展的豪情也伴随着辛酸的创业历程。民营企业参与“一带一路”的风险是多种多样的，且与国有企业面对的风险有共性。但民营企业在风险应对方面不具备国有企业的优势，国有企业作为中国“走出去”战略的主力军，由于自身与政府的天然联系能够获得资源获取、政策支持、融资能力等国家支持，这使国有企业不畏惧通过独资模式进入制度风险较高的国家进行对外直接投资。[2] 同时，民营企业的海外开拓就性质而言，更倾向于市场行为，因此对东道国的营商环境有更高的要求，其面对的风险主要是东道国国家能力偏弱、市场欠发育而导致的“制度风险”。

三、企业参与“一带一路”建设的风险

根据经济合作与发展组织(OECD)的定义，“风险”是指发生违背行为主

[1] 蓝庆新:《应大力推进民营企业参与“一带一路”建设》，载《人民论坛·学术前沿》2017年第9期，第61—66页。

[2] 张宁宁、张宏、杨勃:《“一带一路”沿线国家制度风险与企业海外市场进入模式选择:基于中国装备制造业上市公司的实证分析》，载《世界经济研究》2019年第10期，第119—133页。

体主观意愿事件结果发生的概率。而海外投资风险则可以界定为企业在东道国投资过程中因内部因素、外部因素导致投资收益低于预期水平的可能性。[1] “一带一路”涉及欧亚大陆的广大区域,并延伸至非洲、美洲、大洋洲。“一带一路”沿线国家和地区东西方文明交汇,各国政治体制、经济发展水平、宗教信仰、社会风俗差异较大。[2] 其中不乏大国博弈、地缘政治复杂的焦点区域,民族分裂主义、宗教极端主义、暴力恐怖主义混合交织,域外势力干预频繁,使“一带一路”的建设风险环伺。

各种风险交织重叠,组合风险高。 由于基础设施建设、大型项目的开展、资源和能源的开发等涉及国家安全、商业利益、生态与环境保护、收入分配、宗教信仰、地方风俗等诸多问题,使得政治风险、经济风险、社会风险、宗教风险、环境风险、传统和非传统的安全风险、法律风险、财务风险等交织重叠在一起,极大增加了风险的严重性和应对的难度。比如中东地区,宏观风险与微观风险交织在一起,既有战乱破坏、宗教冲突、恐怖主义等风险,在微观层面由于语言、宗教、文化、习惯等方面的差异,同时受东道国教育、市场发育等因素的限制,中资企业海外投资项目在公司治理模式、员工的管理等方面存在较大的磨合问题;项目运营风险、财务风险管理不善或处理失误,又可能诱发宗教、社会乃至政治风险,甚至演变成公共事件而造成难以挽回的后果。[3]

“一带一路”沿线国家具有较高的“风险”,短期内难以扭转,未来很长一段时间属于“常态”。 根据中国出口信用保险公司发布的《国家风险分析报告(2016)》显示,2016 年,65 个“一带一路”沿线国家中,国家风险评级为 5 至 9 级(风险水平从中等到很高)的国家一共有 50 个,占比约为 76.9%;2017 年,“一带一路”沿线 63 个主要国家的国家风险评级平均为 5 级,高于或等于 5 级的国家有 48 个,占比近 76.2%;2018 年,该平均值上升

[1] 金仁淑、孙玥:《我国企业对“一带一路”沿线投资面临的法律风险及对策研究》,载《国际贸易》2019 年第 9 期,第 70—79 页。

[2] 王亚军:《“一带一路”国际公共产品的潜在风险及其韧性治理策略》,载《管理世界》2018 年第 9 期,第 58—66 页。

[3] 尹晨、周薪吉、王祎馨:《“一带一路”海外投资风险及其管理——兼论在上海自贸区设立国家级风险管理中心》,载《复旦学报(社会科学版)》2018 年第 2 期,第 139—147 页。

至6级，属于中等偏高风险水平，高于（或等于）5级的国家有47个，占比74.6%。[1] 中国社会科学院世界经济与政治研究所发布了《中国海外投资国家风险评价报告（2019）》，其中涉及35个"一带一路"沿线国家，这些国家占中国对所有"一带一路"沿线国家海外直接投资规模的99.89%。其中低风险级别（AAA-AA）仅有新加坡一个国家，中等风险级别（A-BBB）包括27个国家，占35个国家的绝大多数；高风险级别（BB-B）包括7个国家。[2] 2005—2017年，中国在"一带一路"沿线国家投资失败的大型项目共计66项，项目失败的投资金额共计798.9亿美元。[3] 美国企业研究所（AEI）的数据显示，2005—2018年，中国海外投资受阻或失败的案例超过200例，合计金额超过3 200亿美元；其中"一带一路"沿线国家投资失败案例56起，损失共计734亿美元，占全部投资损失金额的23%。[4]

对"一带一路"建设的风险及防范已经引起国家领导人和学界的高度重视。 习近平主席在2017年"一带一路"国际合作高峰论坛的讲话中指出："古丝绸之路沿线地区曾经是'流淌着牛奶与蜂蜜的地方'，如今很多地方却成了冲突动荡和危机挑战的代名词。"[5]在谈到忧患意识和风险应对时，习近平主席强调，"经济运行稳中有变、变中有忧，我们既要保持战略定力，推动我国经济发展沿着正确方向前进；又要增强忧患意识，未雨绸缪，精准研判、妥善应对经济领域可能出现的重大风险"。[6] 国内研究者对"一带一路"建设的风险开展了比较全面的研究，尝试对各种风险进行分类并提出有针对性的对策建议。

---

[1] 郭周明、田云华、周燕萍：《逆全球化下企业海外投资风险防控的中国方案——基于"一带一路"视角》，载《南开学报（哲学社会科学版）》2019年第6期，第17—27页。

[2] http://www.eeo.com.cn/2018/0116/320870.shtml。

[3] 张晓涛、刘亿、王鑫：《我国"一带一路"沿线大型项目投资风险——东南亚地区的证据》，载《国际贸易》2019年第8期，第60—71页。

[4] 冯雷鸣、李丛珊、李青原：《中国对外基础设施建设投资风险评价研究——以"一带一路"沿线10国为例》，载《国际经济合作》2018年第3期，第56—59页。

[5] 习近平：《携手推进"一带一路"建设——在"一带一路"国际合作高峰论坛开幕式上的演讲》，载于2017年5月15日《人民日报》第1版。

[6] 《习近平在省部级主要领导干部坚持底线思维着力防范化解重大风险专题研讨班开班式上发表重要讲话》，详见 http://www.gov.cn/xinwen/2019—01/21/content_5359898.htm。

(一) 政治动荡与政府违约风险

政治风险是我国企业参与"一带一路"建设、"走出去"面临的首要和主要风险。 企业对外投资收益能否实现最大化,主要由被投资国国内的政局是否稳定,政治风险发生的概率大小所决定。[1] 所谓政治风险指的是,由于政治因素导致国际投资的资产和利润损失,政治因素包括任何类型的政治事件,例如战争、恐怖袭击、政府变化、政策变动、第三国干预、交易控制和投资限制、政府征收等。[2] 政治风险具有突发性、破坏性和全局性特点,企业难以预测和控制,时常给投资项目带来非常惨重甚至致命的后果。[3] 一些"一带一路"沿线区域和国家由于大国博弈、地缘政治、恐怖主义活动以及国内政治、宗教、种族的冲突,使得政治风险成为中国企业参与"一带一路"建设的最大风险,是中国企业进行海外拓展的最大顾虑。根据《中国企业国际化报告(2014)》的数据,2005 年至 2014 年间,中资企业"走出去"的 120 个失败案例中,政治风险导致失败的占 25%,政治风险已成为导致对外投资夭折的主要风险。[4] 政治风险给我国企业造成损失的案例也是不断涌现,比如缅甸的密松大坝工程和莱比塘铜矿、斯里兰卡的科伦坡港口项目、马来西亚东海岸铁路项目、希腊比雷埃夫斯港项目、中墨铁路项目、中泰铁路项目等,要么夭折,要么一波三折。[5]

政治风险的首要类型是战争动乱和非传统安全风险。 企业进行海外投资的首要条件是东道国有一个和平、安全的环境,而"一带一路"沿线的中东、东南亚、非洲都存在着严重的战争风险和非传统安全风险。战争或内乱

---

[1] 孙彦波:《中国投资在"一带一路"沿线国家的区位分布及政治风险实证分析》,载《云南财经大学学报》2017 年第 6 期,第 123—131 页。

[2] 黄河、Starostin Nikita:《中国企业海外投资的政治风险及其管控——以"一带一路"沿线国家为例》,载《深圳大学学报(人文社会科学版)》2016 年第 1 期,第 93—100 页;阴医文、王宏新、张文杰:《"一带一路"背景下我国对中东直接投资:战略意义、政治风险与对策》,载《国际贸易》2017 年第 4 期,第 26—29 页。

[3] 唐礼智、刘玉:《"一带一路"中我国企业海外投资政治风险的邻国效应》,载《经济管理》2017 年第 11 期,第 6—20 页。

[4] 齐晓凡、丁新举:《"一带一路"战略下中国企业海外投资风险应对》,载《企业管理》2017 年第 1 期,第 85—87 页。

[5] 付韶军、张璐超:《国家政治风险因素对中国 OFDI 影响研究——基于"一带一路"沿线 54 国数据的实证分析》,载《经济问题探索》2019 年第 9 期,第 112—124 页。

风险最常见的后果是造成国外投资项目遭受破坏、损失、被夺取或留置，这一风险时常具有突发性，所带来的破坏会涉及所在区域的多家甚至全部企业，而且企业因为战事所蒙受的经济损失通常都无法得到补偿。[1] 例如，中国企业在中东地区深受战争与战乱的影响。该地区民族、宗教、社会等矛盾尖锐，是战争、暴力冲突最为频发的高风险区域，也是极端恐怖主义和“反全球化”运动的温床，给参与“一带一路”投资的企业带来传统的战争和武装威胁，以及非传统的恐怖主义、疾病蔓延、跨国犯罪等风险。[2] 其中，叙利亚、伊拉克、利比亚、也门等是严重动荡和冲突的国家，存在教派冲突、族群冲突、部族冲突、政府与反政府力量对抗、外部干预、极端恐怖势力猖獗，安全环境十分险恶。[3] 再比如非洲的尼日利亚，因为国家动荡，缺乏安全，民众流离失所，使其优越的自然条件和丰富的油气资源无法转化为发展的动力，被称为“捧着金饭碗的乞丐”。[4] 在非传统安全风险中，恐怖活动的危害日益严重，导致显著的“贸易隔离效应”和恶性循环。美国国家恐怖主义及反恐研究会(START)统计数据显示，2000 年至 2014 年全球总共发生恐怖活动约 7.2 万次，其中约 84%发生在“一带一路”沿线国家；全球总计约 17 万人在恐怖活动中丧生，其中“一带一路”沿线国家占比约为 79%，可以说“一带一路”沿线地区是当今世界上最危险的地区。[5]

政党轮替与政治内斗，政策变动不居与政府违约风险。“一带一路”沿线许多发展中国家政权更迭频繁，在劣质的民主体制下国内政治斗争激烈，国家陷入一种非常脆弱的治理环境之中。政权频繁更替对中国企业的投资产生了三种风险：首先，政策的朝令夕改，使市场充满不确定性。政权更迭

[1] 阴医文、王宏新、张文杰：《“一带一路”背景下我国对中东直接投资：战略意义、政治风险与对策》，载《国际贸易》2017 年第 4 期，第 26—29 页。

[2] 郭周明、田云华、周燕萍：《逆全球化下企业海外投资风险防控的中国方案——基于“一带一路”视角》，载《南开学报(哲学社会科学版)》2019 年第 6 期，第 17—27 页。

[3] 刘中明：《在中东推进“一带一路”建设的政治和安全风险及应对》，载《国际观察》2018 年第 2 期，第 36—50 页。

[4] 李文刚：《“一带一路”背景下尼日利亚宗教格局及宗教风险分析》，载《世界宗教文化》2019 年第 2 期，第 31—39 页。

[5] 刘作奎、陈思杨：《“一带一路”欧亚经济走廊建设面临的风险与应对》，载《国际经济评论》2017 年第 2 期，第 28—35 页。

频繁使国家难以确立长远的规划，执政党或政府部门倾向于采取符合本党利益的短期行为，政党轮替后造成某些政策的失效或不连贯。这非常不利于“一带一路”建设中投资大、周期长的大项目的开展，而且也无法给大量中小投资者稳定的政策预期。例如，近些年泰国政局动荡不安，各派政治势力斗争激烈，频繁的政权更迭使“中泰铁路项目”一波三折。当初英拉政府与我国签署的“大米换高铁”协议由于军事政变得不到有效的履行，而巴育军政府希望借助中泰铁路和我国签署橡胶协议、水果协议等更多的附加协议。[1] 其次，政党轮替时常产生政府违约行为，新政府会推翻前政府与我国企业签署的合同，使企业蒙受巨大的损失。[2] 例如，中电投集团耗资36亿美元兴建的密松大坝项目被冻结，首要原因就是缅甸军政府更迭与内部政治斗争。2018年，我国在马来西亚总价值220亿美元的东海岸铁路项目与两个石油管道项目因政权更迭被叫停，这其中包含现任总理马哈蒂尔与前总理纳吉布政治斗争因素。[3] 除了东南亚，中国企业在非洲投资铁路等基础设施一般采取“交钥匙”工程模式，所有违约性风险都由作为承包商的中国企业承担，而违约行为在中国企业投资非洲铁路建设中时有发生。[4] 由于海外投资企业与主权国家之间的地位不对等，面对东道国的政策变动与违约，中资企业往往无力与东道国政府抗衡，也很难通过法律手段获得赔偿，造成巨大的投资损失。[5] 第三，政权更迭时常导致东道国政治动荡和武装冲突。2014年，泰国反独裁民主联合阵线同泰国政府发生冲突，政治动荡导致长城汽车在泰国打造汽车生产基地的项目无限期推迟。[6]

经济民族主义兴起，政府强制征收风险。 伴随全球化的退潮是经济民

---

[1] 邹春萌:《“一带一路”背景下的中泰铁路合作:积极影响与潜在风险》,载《深圳大学学报(人文社会科学版)》2018年第1期,第87—94页。

[2] 弓联兵、王晓青:《“一带一路”沿线东南亚国家的政党轮替风险及中国应对》,载《当代世界与社会主义》2018年第5期,第150—157页。

[3] 郭周明、田云华、周燕萍:《逆全球化下企业海外投资风险防控的中国方案——基于“一带一路”视角》,载《南开学报(哲学社会科学版)》2019年第6期,第17—27页。

[4] 王战、张秦:《“一带一路”倡议下中国企业投资非洲铁路建设的违约性风险与规避研究》,载《理论月刊》2018年第4期,第174—180页。

[5] 张晓涛、刘亿、王鑫:《我国“一带一路”沿线大型项目投资风险——东南亚地区的证据》,载《国际贸易》2019年第8期,第60—71页。

[6] 同上。

族主义的兴起，一些“一带一路”沿线国家投资壁垒高筑，对能源、矿产等敏感的投资领域和涉及国家安全的基础设施建设实行严苛的审核，甚至通过国有化的法律和法规，强制外资企业将一定比例的股份转让给本国的企业或将资产化为本国政府所有。例如，印度尼西亚政府运用强制剥离等手段增强本国对资源类外资的控制力，导致投资企业无利可图。[1] 2016 年 3 月 22 日，津巴布韦内阁宣布，还没有达到本土化要求的外国投资企业必须在当月 31 日前上交实施计划，即外资企业需将 51%的股份转给津巴布韦公民，若不遵循则吊销外企营业执照。

（二）宏观经济形势与汇兑风险

中国企业参与“一带一路”建设还要面对宏观经济风险和金融风险。经济风险主要是指由东道国宏观经济基本指标的变化导致国外投资者或债权人的资产面临损失的可能性，表现为经济增长率、就业、通胀、物价以及经济可持续性；而金融风险主要是指金融体系和金融市场的稳定性、外债质量、国际收支状况以及外汇变动等。[2] 例如，我国企业在“一带一路”沿线的发展中国家投资，普遍存在通货膨胀和汇率波动幅度较大的风险。我国企业在海外投资过程中，需要把东道国货币先汇兑成美元，再结汇成人民币，由此形成了双重汇率风险。2017 年，埃塞俄比亚的货币贬值 15%，导致我国企业在当地的公共部门与私人企业合作模式(PPP，Public-Private Partnership)项目的利益损失率增加10.2%。[3]又比如，在非洲开拓市场的中国手机生产商，汇率波动的风险是与政治不稳定并列的两大风险，因为持有当地的货币可能一天之内缩水三分之一。[4]

（三）宗教冲突与文化差异的风险

“一带一路”沿线国家众多，穿越多个文明区域，文化差异巨大。“一带

[1] 廖萌：《21 世纪海上丝绸之路背景下中国企业投资印尼研究》，载《亚太经济》2018 年第 1 期，第 126—132，第 148 页。

[2] 王海军、齐兰：《国家经济风险与 FDI——基于中国的经验研究》，载《财经研究》2011 年第 10 期，第 70—80 页。

[3] 郭周明、田云华、周燕萍：《逆全球化下企业海外投资风险防控的中国方案——基于“一带一路”视角》，载《南开学报(哲学社会科学版)》2019 年第 6 期，第 17—27 页。

[4] 李亚东、卢朵宝：《后发机遇：中国企业在非洲》，清华大学出版社 2019 年版，第 13 页。

一路”沿线不仅宗教文化历史悠久，而且纷繁复杂，宗教对沿线国家政治经济以及社会生活有着深远的影响，部分国家还是政教合一。[1] 不同宗教之间的冲突或者同一宗教内部不同教派之间意识形态的差异和冲突，时常对当地市场及周边国家市场产生剧烈的负面效应，使我国企业面对不必要的文化矛盾与冲突。例如，在非洲传统宗教、伊斯兰教和基督教这三大宗教对非洲国家的政治、经济和社会诸多方面有着深刻而复杂的影响，是非洲大多数国家最大的国情之一。在非洲最大经济体、人口第一大国尼日利亚，宗教极端主义泛滥、穆斯林和基督徒之间的矛盾、伊斯兰教派纷争、境外宗教风险的影响和渗透等，使尼日利亚的宗教风险具有多重性和复杂性。[2] 除了宗教风险，“一带一路”沿线国家社会风俗多样，与我国有明显差异，对从事海外投资和建设的中国企业和人员而言，将面对陌生而复杂的社会文化环境，处理不善将会产生矛盾与冲突。[3]

（四）小结

首先，研究对“一带一路”的宏观风险与微观风险、政治风险与经济社会风险都进行了比较全面的分析，提出了相应的对策，希望对我国推进“一带一路”的建设，尤其是成为中国企业“走出去”提供警示作用和参考价值，也为学界进一步研究打下一定的基础。同时，研究存在不足之处，由于风险形式众多，原因多样，彼此交叉重叠，缺乏在一个统一的政治经济框架中进行理论分析。“一带一路”沿线国家尤其是发展中国家、不发达国家存在较高政治、经济、社会风险的原因是什么。其次，各种类型企业参与“一带一路”建设面对的风险具有共性，但不可忽视的是风险依据企业的性质和类型会有所差异，民营企业参与“一带一路”主要是一种市场行为，对东道国的营商

[1] 郑筱筠：《“一带一路”战略与宗教风险研究——基于可能性和必要性视角》，载《世界宗教研究》2016 年第 6 期，第 21—25 页；涂华忠、聂姣、王垚、汤世萍：《“一带一路”倡议实施过程中的宗教风险探析——以巴基斯坦为例》，载《世界宗教文化》2018 年第 4 期，第 13—19 页；赵蜀蓉、杨科科、龙林岸：《“一带一路”基础设施建设中 PPP 模式面临的风险与对策研究》，载《中国行政管理》2018 年第 11 期，第 73—78 页。

[2] 李文刚：《“一带一路”背景下尼日利亚宗教格局及宗教风险分析》，载《世界宗教文化》2019 年第 2 期，第 31—39 页。

[3] 赵蜀蓉、杨科科、龙林岸：《“一带一路”基础设施建设中 PPP 模式面临的风险与对策研究》，载《中国行政管理》2018 年第 11 期，第 73—78 页。

环境极为敏感,应对风险的能力相对脆弱,他们"走出去"有哪些独特而有效的应对措施。第三,中国提出"一带一路"的倡议并积极推动,它的战略意义除了促进国内产业转型升级、以产能合作推动沿线不发达国家的发展、成为构建人类命运共同体的重要举措。中国的建设、改革开放的重要经验才是真正的比较优势,对"一带一路"沿线国家而言具有重要借鉴意义的"资产"。大量研究"中国奇迹"的成果,为思考"一带一路"高风险国家和地区提供了思想资源。

因此,本文采用比较制度分析的视角来思考民营企业参与"一带一路"建设的风险,认为政治风险和经济社会风险都可以统合为"制度风险",风险产生的主要原因是国家治理和市场建设不佳,使得走出去的"民营企业"陷入极其恶劣的营商环境之中。当正式制度无法发挥增进和维护市场的作用时,非市场协调和社会协调的方式将被调动起来,弥补维护产权、执行契约、配置资源、沟通信息、约束机会主义行为的作用。

四、比较制度主义视角与制度风险

(一) 比较制度主义的视角

本文的理论来自彼得·A. 霍尔等人在《资本主义的多样性》一书中提出的比较制度主义。霍尔将企业作为分析的中心,把企业看成建立和开发核心竞争力或动态能力的参与者。企业的能力也可以理解为开发、生产以及配送盈利商品和服务的能力。而企业能力的关键是企业建立的关系的质量。内部的关系是企业与自己的雇员的关系。外部的关系是企业与其他一些参与者的关系,包括供应商、客户、合作者、利益相关者、工会、行业协会以及政府。由于企业的能力最终是关系性的,因此企业会遇到很多协调问题。[1]

协调与制度密切相关。合适的制度就是那些能够协调均衡战略、可以

[1] 彼得·A. 霍尔、戴维·索斯凯斯,王新荣译:《资本主义的多样性:比较优势的制度基础》,北京:中国人民大学出版社 2018 年版,第 8 页。

给所有相关者带来更高回报的制度。这些制度能够降低参与者有关他人行为的不确定性，并且使得彼此可以做出可置信的承诺。[1] 比较资本主义制度的观点强调的是，必须存在能够交换信息的制度，以及能够监督、制裁那些破坏企业有其他参与者之间合作行为的制度。[2] 正式制度通常是在协调背景下实现相应均衡的必要前提条件，但是正式制度有时很难充分保障均衡。[3] 在政治经济体系中，不同领域的制度之间的互补性也尤其重要。[4]

霍尔等人区分了两种政治经济类型，即自由市场经济(LMEs)和协调市场经济(CMEs)。[5] 市场是一种支持特定关系的制度，具有公平和高度竞争的特征，伴随它们而来的是法律制度。在自由市场经济中，企业通过科层制和竞争性的市场安排来协调它们的行为。市场关系的特征是，在竞争和正式缔约的背景下，商品和服务公平交易。参与者对这种市场所产生的价格信号作出反应，调整他们对商品或服务的供给和需求。[6]

在协调市场经济中，企业更多地依靠非市场的关系来协调它们与其他参与者的行为，构建企业的核心竞争力。这种非市场化的协调模式通常需要更广泛的关系契约或不完全契约，需要根据网络内私人信息的交换进行网络监控，需要更多的合作关系而不是竞争关系。与自由市场经济(其中企业行为的均衡结果通常是由竞争性市场中的需求与供给决定的)相反，企业在协调市场经济中的均衡通常是企业与其他参与者策略互动的结果。[7]

---

[1] 彼得·A. 霍尔、戴维·索斯凯斯，王新荣译：《资本主义的多样性：比较优势的制度基础》，北京：中国人民大学出版社2018年版，第11页。

[2] 彼得·A. 霍尔、戴维·索斯凯斯，王新荣译：《资本主义的多样性：比较优势的制度基础》，北京：中国人民大学出版社2018年版，第12页。

[3] 彼得·A. 霍尔、戴维·索斯凯斯，王新荣译：《资本主义的多样性：比较优势的制度基础》，北京：中国人民大学出版社2018年版，第13页。

[4] 彼得·A. 霍尔、戴维·索斯凯斯，王新荣译：《资本主义的多样性：比较优势的制度基础》，北京：中国人民大学出版社2018年版，第18页。

[5] 彼得·A. 霍尔、戴维·索斯凯斯，王新荣译：《资本主义的多样性：比较优势的制度基础》，北京：中国人民大学出版社2018年版，第9页。

[6] 彼得·A. 霍尔、戴维·索斯凯斯，王新荣译：《资本主义的多样性：比较优势的制度基础》，北京：中国人民大学出版社2018年版，第10页。

[7] 同上。

霍尔等人的比较制度分析的视角对研究民营企业参与“一带一路”建设的风险与对策具有重要的指导意义。企业的能力是关系性的，能力取决于关系的质量，因而必须解决大量的协调问题，协调需要具有互补性的制度来支撑。因此民营企业参与“一带一路”的风险很多是由制度不健全尤其是市场制度的不健全导致的，无法得到正式制度的保障或者制度之间的互补性差。在“一带一路”风险研究中引入制度分析，关注“制度风险”显得尤为必要。

霍尔等人提出了自由市场经济和协调市场经济两种理想类型作为分析的工具也具有启发意义。换言之，为了解决协调问题，可以通过市场协调和非市场协调的方式，在众多非市场协调的方式中有行政协调、社会协调等等。推动民营企业参与“一带一路”风险研究成为一个经济学、政治学、社会学跨学科研究的领域。也为更好地应对风险打开了广阔的视域。

（二）制度的功能与制度风险

制度对长期经济发展具有重要作用，契合良好营商环境对普遍性、公平性的要求。 制度是一个社会的博弈规则，是一些人为设计的、形塑人们互动关系的约束。[1] 由于人的理性是有限的，而外在环境充满风险和不确定性，因而个人需要正式制度和非正式的制度来促进与他人的合作以满足安全与经济的需要，通过建立一个人们互动的稳定结构来减少不确定性。[2] 制度对长期经济发展的作用已经得到许多研究的支持，诺斯曾对制度的作用给予极高的评价，认为它是影响生产成本的关键因素，决定长期经济绩效的根本因素。[3] 而且，制度更具普遍性，它作为一种公共品契合了营商环境建设对普惠性、公平性的内在要求。如林毅夫所言，制度安排一旦被创始

[1] 道格拉斯·诺斯，杭行译：《制度、制度变迁与经济绩效》，上海：格致出版社2008年版，第3页。
[2] 林毅夫：《关于制度变迁的经济学理论：诱致性变迁与强制变迁》，载刘守英等编译《财产权利与制度变迁——产权学派与新制度学派译文集》，上海：上海人民出版社1994年版，第376—378页；道格拉斯·诺斯，杭行译：《制度、制度变迁与经济绩效》，上海：格致出版社2008年版，第7、34页。
[3] 道格拉斯·诺斯，杭行译：《制度、制度变迁与经济绩效》，上海：格致出版社2008年版，第86、147页。

就会成为公共品,[1]制度作为一种公共品具有公共性。[2] 法律制度、政府提供的政治制度、经济制度以及公共政策等都是如此。因此,制度建设是良好营商环境的核心,制度作为公共品使不同的类型的市场主体公平地享有市场机会。在"一带一路"建设中,东道国拥有良好的制度环境会降低外国企业投资经营活动的转移成本和交易成本,使投资者建立长期稳定的预期。

民营企业参与"一带一路"建设应重点关注东道国的营商环境,选择具有"制度比较优势"的沿线国家进行"制度套利"。 当前中国企业参与"一带一路"建设的激励主要看中沿线发展中国家工业发展水平低下、技术落后,与之相比我国企业具有技术与管理上的比较优势,可以向落后国家进行技术投资和技术转移获利。简言之,是在不完全竞争的条件下发挥垄断优势(基于技术、资本、管理等);或者看中沿线发展中国家丰富的自然资源以及大量廉价的劳动力,通过产业的转移来降低生产成本;或者认为人口众多、市场不发达,未来具有较大的消费潜力。总之,我国企业在发展中国家的投资主要是资源寻求型和市场寻求型,东道国的要素成本、资源禀赋和市场潜力时常成为企业对外投资的决定性因素。然而,拥有得天独厚的资源禀赋与劳动力成本优势却处于不发达的状态,往往反映出东道国的国家治理、市场建设、社会系统存在着比较突出的问题,这意味着非常高的"制度"风险。反之,选择制度健全的国家进行投资是"制度套利",根据国际调研机构 Mergermarket 的数据显示,2014 年以来中国民企针对中东地区投资减少,2008 年至 2016 年,36.25%对欧投资进入德国。[3] 而中国企业对东南亚的投资中,居于首位的是营商环境最好的新加坡,从海外投资的激励看是"制度寻求型"。

---

[1] 林毅夫:《关于制度变迁的经济学理论:诱致性变迁与强制变迁》,载刘守英等编译《财产权利与制度变迁——产权学派与新制度学派译文集》,上海:上海人民出版社 1994 年版,第 374 页。

[2] Carlin, W.and P. Seabright, 2007. "Bring Me Sunshine: Which Parts of the Business Climate Should Public Policy Try to Fix?" In Annual Bank Conference on Development Economics, Bled Slovenia.

[3] 方旖旎:《民营企业对"一带一路"沿线国家大型直接投资非经济风险与对策的研究》,载《晋中学院学报》2016 年第 5 期,第 35—37 页。

民营企业参与“一带一路”建设进行海外拓展遵循的是市场化原则，除了关注东道国的资源、劳动力、消费潜力等因素，更应该对制度环境进行评估。民营企业参与“一带一路”建设不等于参与国际援助，“一带一路”的共建原则指出：“坚持市场运作，遵循市场规律和国际通行规则，充分发挥市场在资源配置中的决定性作用和各类企业的主体作用。”[1]民营企业海外投资目标是利润最大化，产权安排、利益约束和激励机制明确，更接近市场经济的要求。在“一带一路”沿线国家进行投资和发展，民营企业往往会遵循市场原则，应该选择那些市场规则较好的区域和行业投资，自动规避高风险区域，才能获得更好的回报。[2] 为获取在东道国投资经营的合法性，跨国公司需要得到来自东道国制度上的支持，[3]良好的制度环境会极大降低企业的交易成本（transaction cost），反之民营企业会面对严峻的制度风险。

制度风险(institutional risk)是一个国家由于政治体制、法律体系以及社会结构的不完善和缺陷而产生的系统性风险，包括政治动荡、政权更迭、法律或商业规则不健全等，比如因政府不可靠承诺、监管机构的不断变化以及因政府等利益相关者的限制、歧视或不公平对待而产生的较高成本与风险。上述定义是比较宽泛的，几乎涵盖了一切除企业自身原因导致的系统性风险。

对民营企业而言，所谓的制度风险更具体地讲是“市场制度风险”或者“营商环境风险”。市场，简单的理解是自给自足以外的各类交换方式以及交易场所，更进一步，市场是一个体系。[4] 市场制度包括市场运行的功能

---

[1] 详见：中国一带一路网 https://www.yidaiyilu.gov.cn/sy/zlbw/86670.htm。

[2] 蓝庆新：《应大力推进民营企业参与“一带一路”建设》，载《人民论坛·学术前沿》2017 年第 9 期，第 61—66 页；施展：《越南难以取代中国成为下一个世界工厂》，载《经济资料译丛》2019 年第 3 期，第 1—7 页。

[3] 张宁宁、张宏、杨勃：《“一带一路”沿线国家制度风险与企业海外市场进入模式选择：基于中国装备制造业上市公司的实证分析》，载《世界经济研究》2019 年第 10 期，第 119—133 页，第 136 页。

[4] 布罗代尔：《为市场定位》，载许宝强、渠敬东选编《反市场的资本主义》，中央编译出版社 2000 年版，第 64 页。

性制度(functional rules)和保证市场运行的生成性制度(generative rules)。[1] 前者包括私有产权制度、价格体系、自由的贸易和投资等,追求利益最大化的理性行动者在这些制度的约束下进行交易和竞争。“生成性制度”主要是指保证市场运行的政治制度、法律制度,时常是一种政治建构,是国家建设的一部分。因为市场并非在真空中运行,价格扭曲、恶性竞争、产权残缺、对贸易和投资准入的行政性干预等在现实中屡见不鲜,因此需要生成性制度为市场的运行创造良好的环境或条件。正如布莱德曼和雷卡纳蒂尼(Broadman & Recanatini)所说,一个完善的市场制度体系具有明确透明的规则、充分发挥作用的监督和制衡机制、强有力的执行机制(strong enforcement mechanisms)、强大的竞争环境(robust competitive environment)等特征。[2]

民营企业在“一带一路”沿线的发展中国家进行市场的开拓,由于国家治理的不佳和市场发育不良,民营企业面对比较高的制度风险。前文所述的战争与政治动荡、政策变动不居与政府违约等各种类型的政治风险表明,这些东道国无法为市场提供良好的生成性制度,功能性制度无法有效发挥,私有产权得不到有效保护,合约不能坚决执行,自由贸易受到阻碍。某些东道国内部,缺乏法律、会计、投资、信息咨询、物流等专业机构,中介服务体系极不发达,信息不对称问题突出,造成很高的交易成本。同时,民营企业在融入“一带一路”时还面临着金融市场不成熟、融资支持力度低、信用体系不充分等滞后的软商务环境的挑战。[3] 如果说国有企业在某些沿线发展中国家是帮助建造基础设施和工业体系,那么某种程度上民营企业是要去构造市场。

[1] Akos Rona-Tas, Alya Guseva, *Plastic Money: Constructing Markets for Credit Cards in Eight Post-communist Countries*, Stanford, CA: Stanford University Press, 2014, pp.4-8.

[2] Broadman, Harry G. & Francesca Recanatini, “Seeds of Corruption-Do Market Institutions Matter?”, *Most Economic Policy in Transitional Economies*, Vol. 11, No. 4, 2001, pp. 359-392.

[3] 薄文广、周燕愉、李晓曼:《促进民营企业融入“一带一路”的思考》,载《中国国情国力》2018 年第 4 期,第 62—65 页。

(三) 基于全球治理指数(WGI)的制度风险分析

更全面地反映“一带一路”涉及国家的制度风险是使用世界银行发布的全球治理指数(World Governance Indicators,WGI) 来进行衡量[1],该指标涵盖世界 214 个国家和地区,包括话语权和问责制(Voice and Accountability)、政治稳定和安全(Political Stability and Absence of Violence)、政府效率(Government Efficiency)、监管质量(Regulatory Quality)、法制(Rule of Law)、腐败控制(Control of Corruption)六个分指标,分值越高说明东道国的制度质量越好,即制度风险越低。本文将上述六个二级指标取均值作为综合指标。然后在 2018 年的数据中筛选了 138 个同中国签署共建“一带一路”合作文件的国家进行分析,去掉数据存在缺失的罗马尼亚和巴林,共计 136 个国家。[2]

所有与我国签署共建“一带一路”合作文件的国家,全球治理指数(WGI)综合指标的平均得分是－0.213(表 1),其中得分最高的是新西兰(1.811),得分最低的是索马里(－2.115)。在 136 个国家中综合指标得分超过 0 分的有 52 个,占比 38.2%;超过 1 分有 9 个国家,占比 6.6%。六个指标的平均分都低于 0 分,具体来看,“控制腐败”的平均得分是－0.257,腐败控制得最好的国家是新加坡和新西兰(2.175),腐败最严重的国家是索马里(－1.800);“政府效率”的平均分数是－0.207,效率最高的国家是新加坡(2.231),效率最低的国家是南苏丹,二者差距非常大;“政治稳定和安全”的平均分是－0.186,最稳定安全的国家是新西兰(1.541),最不安全的是也门(－3.002);“监管质量”最好的国家也是新加坡(2.132),最差的是委内瑞拉(－2.334);“法治”状况最好的是新西兰和奥地利(1.876),最糟糕的是委内瑞拉(－2.339);“话语权和问责”得分最高的是新西兰(1.624),最差的是南苏丹(－1.978)。对六个指标的平均分进行比较,“一带一路”沿线国家制度质量不佳的首要表现是腐败的蔓延和法治环境差,正式的政治制度和法律

---

[1] 详见:https://databank.worldbank.org/reports.aspx?source=worldwide-governance-indicators#。

[2] 详见:https://www.yidaiyilu.gov.cn/gbjg/gbgk/77073.htm。

制度质量低下,根本无法作为市场的生成性制度来保障市场功能性制度的发挥,无法保障私有产权、执行契约。这些都会极大地阻碍国外投资和经贸合作,我国企业在这些国家将面对非常高的风险和不确定,稍有不慎将造成巨大的损失。

表 1 "一带一路"国家全球治理指数(WGI)得分总体情况

	控制腐败	政府效率	政治稳定和安全	监管质量	法治	话语权和问责	指标综合
平均分	−0.257	−0.207	−0.186	−0.199	−0.230	−0.200	−0.213
最大值	2.175	2.231	1.541	2.132	1.876	1.624	1.811
	新加坡 新西兰	新加坡	新西兰	新加坡	新西兰 奥地利	新西兰	新西兰
最小值	−1.800	−2.449	−3.002	−2.334	−2.339	−1.978	−2.115
	索马里	南苏丹	也门	委内瑞拉	委内瑞拉	南苏丹	索马里

在所有 136 个"一带一路"国家中,全球治理指数综合得分排名最低的十个国家分别是索马里、南苏丹、也门、利比亚、委内瑞拉、阿富汗、苏丹、伊拉克、布隆迪、乍得(表 2)。索马里是世界最不发达国家之一,内战不断,因为毗邻海上交通要道,海盗盛行。2011 年,南苏丹共和国从苏丹独立,国内复杂的部族政治导致持续不断的武装冲突,社会极为动荡,国外商旅的安全都很难得到保证。而在也门,近年来政府军与胡塞武装持续交战。利比亚自 2011 年卡扎菲政权被推翻后就陷入了内战,民族团结政府与武装力量"国民军"两大势力在复杂的地缘政治背景下战火不断升级。其他七个国家的政治也极其动荡,基本的人身安全都受到威胁,更遑论社会秩序和营商环境。

"一带一路"国家中全球治理指数(WGI)平均得分最高的十个国家分别是:新西兰、卢森堡、新加坡、奥地利、爱沙尼亚、法属圭亚那、葡萄牙、马耳他、智利、捷克(表 3)。位于欧洲的国家有 6 个,南美洲 2 个,以及大洋洲的新西兰和亚洲的新加坡。东南亚、南亚、西亚、中亚和非洲的"一带一路"国家的整体全球治理指数的得分不是很高,制度环境不是非常理想。

表 2 "一带一路"国家全球治理指数(WGI)平均得分倒数 10 国

	平均得分	控制腐败	政府效率	政治稳定和安全	监管质量	法治	话语权和问责
1 索马里	−2.115	−1.800	−2.191	−2.220	−2.315	−2.333	−1.833
2 南苏丹	−2.103	−1.728	−2.449	−2.439	−2.064	−1.958	−1.978
3 也门	−1.994	−1.638	−2.244	−3.002	−1.536	−1.790	−1.751
4 利比亚	−1.904	−1.553	−1.847	−2.441	−2.279	−1.786	−1.521
5 委内瑞拉	−1.747	−1.468	−1.582	−1.344	−2.334	−2.339	−1.414
6 阿富汗	−1.583	−1.497	−1.457	−2.747	−1.133	−1.668	−0.995
7 苏丹	−1.579	−1.427	−1.620	−1.836	−1.630	−1.120	−1.841
8 伊拉克	−1.540	−1.399	−1.321	−2.556	−1.219	−1.759	−0.987
9 布隆迪	−1.433	−1.451	−1.420	−1.598	−0.983	−1.497	−1.652
10 乍得	−1.382	−1.410	−1.529	−1.479	−1.112	−1.305	−1.454

表 3 "一带一路"国家全球治理指数(WGI)平均得分前 10 国

	平均得分	控制腐败	政府效率	政治稳定和安全	监管质量	法治	话语权和问责
1 新西兰	1.811	2.175	1.670	1.541	1.979	1.876	1.624
2 卢森堡	1.729	2.088	1.778	1.373	1.757	1.811	1.567
3 新加坡	1.639	2.175	2.231	1.510	2.132	1.845	−0.059
4 奥地利	1.461	1.596	1.453	0.918	1.545	1.876	1.381
5 爱沙尼亚	1.219	1.506	1.192	0.600	1.563	1.241	1.213
6 法属圭亚那	1.117	0.953	1.398	0.530	1.304	1.210	1.306
7 葡萄牙	1.072	0.850	1.209	1.140	0.890	1.141	1.205
8 马耳他	1.059	0.580	0.969	1.294	1.337	1.054	1.123
9 智利	1.006	1.012	1.084	0.425	1.344	1.115	1.055
10 捷克	0.951	0.504	0.922	1.040	1.262	1.050	0.930

我国企业大量投资的东南亚地区(表 4),除了新加坡的得分较高,文莱和马来西亚的分数在所有国家中排名分别为 56 和 68,属于中等偏上;其他 8

个国家的排名都是中等偏后。当前投资的热点国家——越南，政治稳定和安全程度较好(0.203)，但其他各项指标的得分都低于0分，有待提升。在东南亚“一带一路”国家中排名垫底的是缅甸，突出的问题是国内武装冲突导致“政治稳定和安全”的得分比较低，营商环境不佳。

表4 “一带一路”东南亚国家全球治理指数(WGI)

	控制腐败	政府效率	政治稳定和安全	监管质量	法治	话语权和问责	平均分	全球排名
新加坡	2.175	2.231	1.51	2.132	1.845	−0.059	1.639	9
文莱	0.795	1.253	1.201	0.685	0.629	−0.843	0.62	56
马来西亚	0.314	1.075	0.237	0.682	0.623	−0.084	0.475	68
印度尼西亚	−0.252	0.18	−0.533	−0.071	−0.315	0.18	−0.135	114
泰国	−0.399	0.35	−0.733	0.112	0.023	−1.006	−0.275	126
菲律宾	−0.545	0.05	−1.122	0.046	−0.478	0.038	−0.335	133
越南	−0.485	−0.003	0.203	−0.386	−0.003	−1.446	−0.353	137
东帝汶	−0.474	−0.983	0.298	−0.786	−1.128	0.34	−0.455	145
老挝	−0.983	−0.673	0.415	−0.792	−0.843	−1.739	−0.769	172
柬埔寨	−1.326	−0.569	0.108	−0.505	−1.115	−1.221	−0.771	173
缅甸	−0.588	−1.069	−1.309	−0.753	−1.033	−0.887	−0.94	187

五、国家与市场：制度风险的成因分析

（一）国家治理失效与市场残缺：正式制度的失败

“一带一路”沿线国家众多，制度风险较高的原因多种多样，但基于市场建设、国家与市场的关系尤其是中国的经验而言，本文认为其原因是国家建设的失败或者国家能力低下，导致市场的生成性制度和功能性制度无法确

立,难以形成有利的营商环境。

对于国家的作用,根据新制度主义的观点,国家作为垄断合法暴力、拥有强制力量的第三方能够供给正式的制度,通过财产保护制度(Property rights institution)和契约维护制度 (Contracting institution),防止强势政治团体对私有财产的侵占,规范市场主体间的行为以防止违约。[1] 而且,国家(政府)是"规模地"提供保护,大大节约了经济体中的个体自我提供保护的成本。[2] 换言之,国家(政府)作为第三方、动用强制力量来监管和实施合约存在巨大的规模经济效应,在制度确立之后,实施契约的边际成本是很低的。[3]

新国家主义的代表人物维斯和霍布森认为经济上更具活力的国家都是强国家。现代国家与前工业国家不同,国家力量主要取决于建制性权力的发展程度而不是专制性的权力。国家的建制性权力除了"渗透"力量和汲取力量,第三个重要的维度是协商(协调),当前主要表现为协调工业经济的能力、驾驭市场的能力(governing the market),在政治和工业从事者之间形成高度战略性和制度化的合作形式。[4] 成功的要诀不是专制统治而是透过国家积极推动经济发展,从而在国家与各主要经济团体之间形成一个"复杂的协同效应"。[5] 从新国家主义的政商关系出发,东亚发展的最重要的特征就是"国家和市场的协同作用"或"被引导的市场"(guided market)。

另一个强调国家作用的是青木昌彦等人的市场增进论,虽然与上述的

---

[1] Acemoglu, D. & Simon J., 2005. "Unbundling Institutions", *Journal of Political Economy*, Vol. 113, No.5, pp.949-995.

[2] 郭艳茹:《经济史中的国家组织结构变迁:以明清王朝为例》,北京:中国财政经济出版社 2008 年版,第 20 页。

[3] 道格拉斯·诺斯,杭行译:《制度、制度变迁与经济绩效》,上海:格致出版社 2008 年版,第 37、81 页;Li, Shaomin, Seung Ho Park & Shuhe Li, 2004. "The Great Leap Forward: The Transition from Relation-Based Governance To Rule-Based Governance", *Organizational Dynamics*, Vol.3, No.1, pp. 63-78.

[4] 琳达·维斯、约翰·M.霍布森:《国家与经济发展:一个比较及历史性的分析》,吉林出版集团有限责任公司 2009 年版,第 8—9 页。

[5] 琳达·维斯、约翰·M.霍布森:《国家与经济发展:一个比较及历史性的分析》,第 101、219 页。

“国家推动发展论”相比有所不同。青木昌彦等人认为由于市场不完备、信息不对称、有限理性以及有限知识等方面的原因，协调失灵的情况是广泛存在的。民间部门具有可以协调一大部分经济活动的能力，同时政府具有促进民间部门发展的潜力，利用各种政策工具，引导民间部门的协调与合作。政府政策并非旨在直接引入一种解决市场失灵的替代机制，而是以增强民间部门解决市场失灵的能力为目标。政府政策应尽可能地倾向利用非政府机构来解决协调问题，使民间部门的机构比集权化的机构更有能力对当地信息作出反应。[1] 因此，根据市场增进论，政府政策的职能在于促进或补充民间部门的协调能力，改善民间部门解决协调问题及克服其他市场缺陷的能力。[2]

而“一带一路”沿线制度风险较高的国家，或者国家建设失败或者国家治理效能低下。国家治理效能低下的表现就包括法律不彰。“一带一路”沿线国家在法律法规体系的内容以及健全程度方面差异较大，大多数发展中国家普遍存在法律体系不完备、不透明或法律制度变动频繁的情况。[3] 以东盟国家为例，《制造业限制投资法》涉及国计民生行业、通讯、电力、交通等公共事业，对外国投资者行政审批较为严格，通过歧视性的政府干预政策和行政处罚措施来保护本国民族工业，对外资实行更加严厉的市场管制或商业管制。[4]

“一带一路”沿线发展中国家治理效能低下的另一重要表现就是政治腐败，腐败是“滥用公共权力牟取私利”[5]。大量研究表明腐败阻碍投资、扭

[1] 青木昌彦、金滢基、奥野-藤原正宽：《政府在东亚经济发展中的作用：比较制度分析》，北京：中国经济出版社 1997 年版，第 26 页。

[2] 同青木昌彦、金滢基、奥野-藤原正宽：《政府在东亚经济发展中的作用：比较制度分析》，第 2 页。

[3] 王抒：《“一带一路”战略下民营企业对外直接投资探析——基于全球价值链的视角》，载《生产力研究》2018 年第 7 期，第 18—24 页。

[4] 金仁淑、孙玥：《我国企业对“一带一路”沿线投资面临的法律风险及对策研究》，载《国际贸易》2019 年第 9 期，第 70—79 页。

[5] World Bank. 1997. *World Development Report*. Washington, DC: Oxford University Press.

曲价格、增加交易成本、削弱创新、扰乱市场竞争、破坏了市场化改革的目标。[1] 弓联兵等人利用透明国际(Transparency International,TI) 发布的清廉指数(Corruption Perceptions Index,CPI),对 2016 年 CPI 报告中 61 个涉及“一带一路”沿线国家进行分析发现,“一带一路”沿线国家总体的腐败风险偏高、腐败分布面广、腐败治理水平较低。腐败加大了投资与合作的不确定性,同时腐败行为明显增加了企业和公民的投资成本,并且这种成本随着政府官员的贪欲膨胀而无限制增长。[2] 赵蜀蓉等人使用同样数据发现,64 个“一带一路”沿线国家中比较清廉的国家仅 1 个;严重腐败的国家高达 42 个,占“一带一路”沿线国家的 68.9%,占全球严重腐败国家的 42.86%;极端腐败的国家有 7 个,占沿线国家 10.94%,占全球极端腐败国家的 29.17%,近三分之一[3]。2019 年由全国工商联牵头、各省市区工商联联动,零点有数公司对 917 家参与了“一带一路”建设的中资民营企业进行了问卷调查,调查结果显示企业面临的政务环境问题最为紧迫,特别是东道国行政效能、效率低下。其中 41.9%中资企业反映在当地国家经营过程中经常遇到政府审批手续流程长、效率低及后续事项繁杂的问题;另有 14.5%认为当地公务人员存在消极怠工、遇事推诿和故意刁难等;16.6%的受访企业提及当地国家政府对市场监管不力、政治腐败。

---

[1] Klitgaard, Robert. 1988. *Controlling Corruption*. Berkeley, CA: University of California Press; Kaufmann, Daniel. 1997. “Corruption: The Facts.” *Foreign Policy*, Vol.107, pp.114-131; Mauro, Paolo. 1997. “The Effects of Corruption On Growth, Investment and Government Expenditure: A Cross Country Analysis.” in Kimberly A. Elliott (eds.), *Corruption and the Global Economy*. Washington, DC: Institute for International Economics; Friedman, Eric, Simon Johnson, Daniel Kaufmann & Pablo Zoido-Lobaton. 2000. “Dodging the Grabbing Hand: The Determinants of Unofficial Activity in 69 Countries.” *Journal of Public Economics*, Vol.76, No.3, pp.459-493; Yu, Olivia. 2008. “Corruption in China's Economic Reform: A Review of Recent Observations and Explanations.” *Crime, Law and Social Change*, Vol.50, No.3, pp.161-176; Choi, Eunjung and Jongseok Woo. 2011. “Liberal Reform, Political Corruption, and Socio-Economic Impacts in Asia and Eastern Europe.” *International Journal of Comparative Sociology*, Vol.52, No.3, pp.181-196.

[2] 弓联兵、王晓青、戚成增:《“一带一路”沿线国家腐败风险及应对》,载《行政管理改革》2019 年第 5 期,第 74—80 页。

[3] 赵蜀蓉、杨科科、龙林岸:《“一带一路”基础设施建设中 PPP 模式面临的风险与对策研究》,载《中国行政管理》2018 年第 11 期,第 73—78 页。

(二)传统社会文化与市场建设的冲突:非正式制度的阻碍

“一带一路”沿线的发展中国家制度风险较高、营商环境不佳的另一个原因是市场缺乏非正式制度的支持,乃至与一些东道国的宗教、文化、风俗相互冲突。市场经济的确立和运行会产生与之相应的市场文化,“市场制度的产生都是一种文化工程”[1]。所谓市场文化就是一系列涉及自由市场经济的目标、基本前提以及运行规则的理念和认知,与涂尔干所说的集体意识或共同意识相近。[2] 罗勒(Roller)曾系统地提出了自由市场原则的四个方面:分配的成就原则(achievement principle)、私营企业和私有财产的权利、自由竞争以及政府在纠正市场不良后果时应扮演的角色。[3] 在开放的背景下,市场文化也会从成熟的市场社会中被借鉴和移植。无论来源如何,类似社会认知结构、社会规范会对行动者的行动、利益、偏好形成约束,[4]市场文化作为一种非正式制度也会慢慢约束人们的市场行为,即科尔奈所谓的“改进公共道德”。[5]

在已有研究的田野调查及媒体报道中,我们时常看到现代经济行为与东道国本土社会习俗之间的冲突。比如埃塞俄比亚的阿法尔土地肥沃、气温较高,非常适宜农作物的种植,然而阿法尔人世代游牧,即使政府开凿灌溉运河并补贴农用机械,大量土地依然闲置荒废。而且,在阿尔法部落中,土地长出来的作物是公有的,部落里的其他人可以无偿采摘。这与市场经济中尊重和保护产权的制度是冲突的,在当地投资农业建立农场的中国商人,不得不依靠自己的力量来保护自己的私有财产(农业收成)。[6]

---

[1] 符平:《迈向市场社会学的综合范式——评弗雷格斯坦〈市场的结构〉兼议其范式修正》,载《社会学研究》2010年第2期,第211—225页,第246页。

[2] 埃米尔·涂尔干,渠东译:《社会分工论》,生活·读书·新知三联书店2000版,第42页。

[3] Roller, Edeltraud, “Ideological Basis of the Market Economy: Attitudes toward Distribution Principles and the Role of Government in Western and Eastern Germany”, *European Sociological Review*, Vol.10, No.2, 1994, pp. 105-117.

[4] Dimaggio, Paul, “The New Institutionalisms: Avenues of Collaboration”, *Journal of Institutional & Theoretical Economics*, Vol.154, No.4, 1998, pp. 696-705.

[5] 雅诺什·科尔奈,肖梦译:《后社会主义转轨的思索》,吉林人民出版社2011年版,第48页。

[6] 李亚东、卢朵宝:《后发机遇:中国企业在非洲》,清华大学出版社2019年版,第120页。

六、行政协调与社会协调：制度风险的应对

由于“一带一路”沿线发展中国家治理效能的低下，无法提供良好的政治与法律制度，导致市场发育迟滞。进入这些国家的民营企业将面对东道国政府、当地企业、社会组织、民众等众多主体，以及迥然不同的商业规则、社会风俗等，存在大量的关系急需协调。根据霍尔等人的观点，当市场协调无法解决的时候，非市场的协调方式提供了可行的选择。

（一）行政协调：加强双边关系与政策扶持力度

首先，良好的双边关系能够降低中国企业在东道国的制度风险和制度不确定性。双边政治外交关系本质上是两国政府之间构建的一种正式制度安排，[1]在制度风险大的国家进行投资，双边政治关系良好作为一种替代性的制度安排，可以降低企业在东道国经营的不确定性。[2] 比如，建立双边外交关系、高层领导人互访、签署经贸合作协议、加深两国社会文化交流等。

良好的双边关系能够释放出积极的信号，营造两国政治合作、互利互信、理念相和的形象。东道国民众对中国的认同以及好感，会增进对中国企业的认同，使我国企业能够更顺利地进入东道国市场，被更加广泛地接纳，从而提升中国民营企业在东道国的合法性。[3] 例如在中国外交中被频繁使用的“首脑外交”，首脑出访在某种程度上反映出两国的亲密程度和两国关系的重要程度，[4]是展示两国友谊的一种极具象征性行为。其次，良好的双边关系对中国企业而言可以起到额外的保护作用。母国是企业开展海

---

[1] 弓联兵、王晓青、戚成增：《“一带一路”沿线国家腐败风险及应对》，载《行政管理改革》2019年第5期，第74—80页。

[2] 潘镇、金中坤：《双边政治关系、东道国制度风险与中国对外直接投资》，载《财贸经济》2015年第6期，第85—97页。

[3] 张宁宁、张宏、杨勃：《“一带一路”沿线国家制度风险与企业海外市场进入模式选择：基于中国装备制造业上市公司的实证分析》，载《世界经济研究》2019年第10期，第119—133页。

[4] 王金波：《双边政治关系、东道国制度质量与中国对外直接投资的区位选择——基于2005—2017年中国企业对外直接投资的定量研究》，载《当代亚太》2019年第3期，第4—28页。

外投资的重要组织和支持力量，母国政府可以利用其大国地位和国际政治影响力，进行政治协调甚至施加一定的政治压力，为本国企业提供安全保障，帮助本国企业解决一些协调问题。[1] 第三，良好的双边关系时常以两国之间的双边合作协议作为载体，积极建立两国之间合作框架机制，来解决投资争议、提供调解仲裁等。[2] 这种合作框架的建立有利于两国之间各种投资规则、规范和决策程序的创造与完善，有助于塑造投资者的信念、预期和利益偏好，还有助于改善信息质量和减少信息的不对称，从而降低交易成本和由信息不完全或不对称造成的不确定性。[3] 总之，双边关系作为两国之间的战略协调，有利于政治、经贸、人文等多个领域的深入合作，从而使我国企业在东道国更容易获得合法性和安全保障，使企业在东道国能够更好地经营和发展。

建立由政府牵头、企业的参与的海外投资服务机构，加强对海外投资风险的管控，在信息交流、资讯服务、风险提示、应对投资纠纷、抵御海外风险等方面发挥积极的作用，为企业保驾护航。[4] 同时，建立财政支持的大灾风险分散机制。中国民营企业在“一带一路”沿线发展中国家遭受的损失时常是难以承受的，尤其是战争、恐怖主义袭击、政府征收、政府违约等造成的损失，因此政府应该发挥杠杆作用，引导保险机构和其他金融机构不仅为中国民营企业“走出去”提供更多的资金支持，更为重要的是发挥风险分散作用。

（二）社会网络与社会协调

当市场协调难以展开的时候，作为非市场协调方式的社会协调可以发挥降低制度风险的作用。稠密社会网络中的社会奖励和惩戒机制——非正

[1] 蓝庆新：《应大力推进民营企业参与“一带一路”建设》，载《人民论坛·学术前沿》2017 年第 9 期，第 61—66 页。

[2] 王抒：《“一带一路”战略下民营企业对外直接投资探析——基于全球价值链的视角》，载《生产力研究》2018 年第 7 期，第 18—24 页。

[3] 王金波：《双边政治关系、东道国制度质量与中国对外直接投资的区位选择——基于 2005—2017 年中国企业对外直接投资的定量研究》，载《当代亚太》2019 年第 3 期，第 4—28 页。

[4] 郭敏、李晓峰、程健：《“一带一路”建设中中国企业“走出去”面临的风险与应对措施》，载《西北大学学报（哲学社会科学版）》2019 年第 6 期，第 88—93 页。

式制度，对机会主义行为进行监督和惩罚，去促成合同的执行。正如倪志伟(Victor Nee)认为的，市场经济活动的参与者也是制度创新的主体，当市场主体无法依赖现有法律体系来解决产权与合同纠纷时，促进经济活动的非正式规则就会应运而生。[1] 因此，当我国的民营企业在东道国处于弱制度环境时，正式的制度无法发挥保护产权和执行合同的作用，交易成本高、风险巨大，非正式制度就会替代正式制度起到监督的作用，努力降低交易成本。我国民营企业在海外选择商业合作伙伴时，时常基于已有的社会关系或是先交朋友、再做生意，这是利用社会机制来降低可能存在的风险。

社会网络除了提供非正式制度的支撑，在风险高企的环境中，还蕴含着丰富的信息交换和社会支持，帮助我国民营企业应对东道国的制度风险。郭周明等人建议，在政局动荡、营商环境恶劣的国家和地区中，当政府无法有效保护企业投资安全的时候，应该编织结实广阔的"社会关系网"，有效利用那些活跃在"一带一路"沿线国家商界、政界、军界的企业家、社会活动家、国际组织外交领导者，充分发挥他们在东道国的人际网络关系、社会影响力以及重要话语权等优势。[2] 此外，我国海外华人、华侨遍布世界各地，所从事的行业多种多样，他们在东道国生活多年，熟悉东道国的政治、法律法规、商业规则、语言文化、社会风俗等。甚至有研究者认为华人华侨在"一带一路"建设中具有双重政治合作优势、深度资源整合优势、跨国信息流动优势、全球网络效应优势和多重文化融合优势，能够扮演参与者、建设者、推动者、实践者和联络者等多重重要角色。[3] 因此海外华人华侨作为移民群体，可以为双边国家的经贸活动搭建信息的桥梁，缓解信息不完全导致的风险和不确定性，增加双边贸易的机会；而且嵌入在移民网络中的非正式的社会担保机制，通过社会奖惩的方式为契约的执行提供一种隐性的担保，降低违约的风险，尤其是在制度环境不佳、制度风险高的国家，海外华人的移民网络

---

[1] 倪志伟、欧索菲：《自下而上的变革——中国的市场化转型》，北京：北京大学出版社 2016 年版，第 7、12 页。

[2] 郭周明、田云华、周燕萍：《逆全球化下企业海外投资风险防控的中国方案——基于"一带一路"视角》，载《南开学报(哲学社会科学版)》2019 年第 6 期，第 17—27 页。

[3] 同上。

起到了一种制度替代作用。[1] 因此,利用"地缘""亲缘""侨缘"等,与东道国的华人华侨建立紧密的社会联系,与已经在当地经营多年的先期"走出去"的企业进行合作,重视海外华人华侨商会、社团组织的桥接作用,都是降低风险的有效方式。[2]

另一种典型的利用社会网络和社会资本的方式是"抱团出海"。"抱团"的第一种形式是在东道国的经贸合作区或者产业园,形成企业的集群。根据经济学的观点,"抱团出海"的优点是形成规模经济效益、实现不同企业之间的资源共享,尤其是上下游企业一起"走出去",会极大地增强产业之间的协同能力,实现优势互补,极大降低生产和运输的成本。比如在泰国的泰中罗勇工业区,我国民营企业已经形成汽车汽配、印刷、金属制造、化工等产业集群,通过联合行动、联手出击、错位经营,充分发挥了企业各自的管理、技术、资金优势,实现优势互补,增强了企业的市场竞争力。[3] 倪志伟更加凝练地指出,在空间上聚集的集群可通过三种方式来实现外部经济性:与上下游市场距离相近而节约运输成本;大规模专业的人力资本集合;从信息溢出中受益。在这三者之外产业集群具有的收益是源自人际交往带来的竞争优势。空间上的地理相近性,可以产生更加频繁的社会交往。在关系密集的商业社群内部,企业家们可以获取信息、彼此监督,促成企业之间的合作以及交易的达成。人际交往和商业关系提供了社会黏合剂,强化了集群内部对商业规范的遵从,在稳定的社会网络中以合作的方式来处理矛盾和冲突。[4] 可以想象,在充满风险和不确定性的异国他乡,抱团出海的中国企业家形成产业集群,内部频繁的人际交往产生关于东道国政治、经济等方面活跃的信息交换,极大地降低信息不完全带来的市场风险。群体内部紧密

---

[1] 陶锋、杨雨清、邱洋冬:《跨国网络、制度质量与贸易强国建设——兼谈"一带一路"倡议》,载《国际经贸探索》2019 年第 5 期,第 22—39 页。

[2] 郭敏、李晓峰、程健:《"一带一路"建设中中国企业"走出去"面临的风险与应对措施》,载《西北大学学报(哲学社会科学版)》2019 年第 6 期,第 88—93 页。

[3] 蓝庆新:《应大力推进民营企业参与"一带一路"建设》,载《人民论坛·学术前沿》2017 年第 9 期,第 61—66 页;施展:《越南难以取代中国成为下一个世界工厂》,载《经济资料译丛》2019 年第 3 期,第 1—7 页。

[4] 倪志伟、欧索菲:《自下而上的变革—中国的市场化转型》,北京:北京大学出版社 2016 年版,第 146 页。

的社会关系衍生出丰厚的社会资本，不仅能够加强协作带来经济上的收益，而且在面临风险与难题的时候，能够提供社会支持。除了前述的浙江华立集团在泰国建设的泰中罗勇工业园，还有江苏红豆集团在柬埔寨建设的西哈努克港经济特区，越南的龙江工业园、埃塞俄比亚东方工业园、赞比亚中国经济贸易合作区等多个工业园和经贸合作区。

“抱团出海”的第二种形式，是建立和加入针对企业的社会组织。推动“一带一路”建设，帮助民营企业走出去，离不开商会等社会组织发挥积极的作用。社会组织可以在法律、会计、税务、谈判等方面提供重要的专业支持，可以根据企业在东道国的需要，协调一批精通东道国政治国情、宗教文化、风俗习惯的专业人士为企业提供精准的咨询，可以与商务部驻外机构、海外侨商联等组织保持密切的联系，共同构建一个风险信息共享、评估、规避的服务网络，编织一张社会组织的关系网络，帮助中国的民营企业解决在东道国遇到的各种协调问题。[1] 更为重要的是，通过社会组织使单枪匹马走出去的民营企业不再是游离于组织之外，让单个企业和企业家通过社会组织团结起来，形成彼此紧密的社会网络，从而提升民营企业家在东道国的风险认知和抗风险能力。

[1] 阴医文、王宏新、张文杰：《“一带一路”背景下我国对中东直接投资：战略意义、政治风险与对策》，载《国际贸易》2017年第4期，第26—29页；蓝庆新：《应大力推进民营企业参与“一带一路”建设》，载《人民论坛·学术前沿》2017年第9期，第61—66页；施展：《越南难以取代中国成为下一个世界工厂》，载《经济资料译丛》2019年第3期，第1—7页；薄文广、周燕愉、李晓曼：《促进民营企业融入“一带一路”的思考》，载《中国国情国力》2018年第4期，第62—65页。

以高学历为主的中国民众对"一带一路"倡议的认知◆

——基于网络民众调查的实证分析

王甫勤　贺　琦*

自2013年"一带一路"倡议提出以来，中国坚持共商、共建、共享原则不断扩大与沿线国家的合作共识，逐渐将其从理念转化为行动，从愿景转化为现实，取得了令人瞩目的成就。数据显示，2013—2018年间，我国与"一带一路"沿线国家货物贸易总额年均增长4%，高于同期中国对外贸易增速，占我国货物贸易总额的比重达到27.4%[1]。就国内发展而言，智联招聘《2017年"一带一路"下的区域大数据就业报告》显示，在"一带一路"的影响下，国内18个重点省区市职位需求同比增长显著。基础设施互通互联相关行业职位增量迅猛；115个港口城市，贸易/进出口行业职位快速增长[2]。"一带一路"建设对于拉动内需、增加就业机会、提升民众的消费能力发挥了显著的效用，民众的利益获得感明显加强，社会心态得以改善。与此同时，民众对"一带一路"倡议的认知度、支持度和期望也不断加强。但以往研究，更多聚焦于国际舆论、各国政府、学界和沿线国家民众对中国"一带一路"倡议的态

◆　本文系2019年度同济大学文科智库研究项目"'一带一路'建设背景下中国民众的社会心态研究"课题的研究成果。

*　王甫勤，同济大学政治与国际关系学院副教授、中国战略研究院研究员；
贺琦，同济大学政治与国际关系学院硕士研究生。

[1]　数据来源：中国新闻网 http://www.chinanews.com/sh/2019/04-24/8818649.shtml。

[2]　智联招聘.2017年"一带一路"下的区域大数据就业报告[EB/OL].(2017-05-17)[2002-06-30].http://marketwatch.hroot.com/company/Detail-14828—cn.cis

度，对于中国民众的社会认知和态度缺乏系统和深入的观察与研究，基于此，本文在以往研究的基础上，通过大样本调查数据分析中国民众对于"一带一路"倡议的认知。

一、导　言

截至2019年11月底，中国已与五大洲137个国家和30个国际组织签署了共建"一带一路"文件199份，涵盖亚洲、非洲、欧洲、拉丁美洲、南太平洋地区国家。共建"一带一路"倡议及其核心理念被纳入联合国、二十国集团、亚太经合组织、上合组织等重要国际机制成果文件之中，彰显了"中国理念"和"中国方案"对全球治理的重要贡献。"一带一路"建设成果表明，"一带一路"符合各国实现联动和共同发展的普遍愿望，"一带一路"倡议的国际影响力正在不断显现，在国际舞台上发挥着越来越重要的作用。

根据《"一带一路"大数据报告(2018)》显示，[1]近年来，国外媒体和网民对中国"一带一路"倡议保持高度关注。同时国际舆论对"一带一路"倡议的态度经历了"观望—质疑—支持—合作"的转变，特别是党的十九大以来，"一带一路"沿线国家的合作信心大幅提升，积极情绪明显攀升。具体而言，从热议话题看，"一带一路"国家媒体和网民对"一带一路"充满期待，认为"一带一路"写入党章表明中国推动建设的决心和承诺，能够为"一带一路"国家带来更多的发展机会，希望本国能抓住合作机遇，吸引更多中国的投资和项目，以促进本国基础设施的改善和经济发展。

但是，各国舆论的关注点各有不同，美国媒体和网民更关心"一带一路"倡议对全球影响情况，英国媒体和网民则重点关注中英之间在"一带一路"框架下的经贸合作，俄罗斯媒体和网民的关注点在"国家关系"，欧美方面整体较为关心"一带一路"第三方市场的合作机遇。

国内媒体作为"一带一路"相关互动和信息的主要传播渠道，对国内舆

[1] 国家信息中心"一带一路"大数据中心：《"一带一路"大数据报告(2018)》，北京：商务印书馆2018年版。

论和民众认知具有重要引领作用。“一带一路”提出之初，国内媒体的关注重点主要是丝绸之路经济带的意义、丝绸之路相关考古和文化旅游等内容；2014年，对21世纪海上丝绸之路的讨论研究开始增多，比较关注福建等东南沿海省份和地区的参与以及与东盟国家的合作；2015年，《推动共建丝绸之路经济带和21世纪海上丝绸之路的愿景与行动》发布，顶层设计明朗，自贸区建设、跨境电商、亚投行成为主要讨论话题；2016年以来，对加强金融创新和资金支持、继续增强民心相通、“一带一路”评估和风险研究等话题的讨论声量逐渐增多，特别是加强金融创新和资金支持等话题受到媒体和相关专家的普遍关注。

这些信息传播对国内民众的“一带一路”认知具有促进作用，但是民众作为信息传播的接收方，是否主动积极去搜寻相关信息，或者说民众在接受相关信息之后，是否产生共鸣？他们是否关心“一带一路”倡议，不同群体存在怎样的差异？与国外民众相比有何异同？这些问题在以往研究中均没有得到普遍关注。

基于此，本文立足于中国民众，尤其是高学历人士，分析他们对于“一带一路”倡议的认知情况[1]。包括：(1)民众对于“一带一路”倡议一般常识的了解程度，例如“一带一路”倡议的全称及提出时间，以及提出的倡议背景；(2)民众对“一带一路”倡议的关注程度与关注内容，例如民众是否经常与周围人群讨论“一带一路”的相关话题，通过什么渠道了解“一带一路”的相关信息，以及关注哪些方面的内容；(3)民众对“一带一路”的感知与满意度，例如在“一带一路”倡议提出以来，中国老百姓的生活水平有无提高，中国的国际地位有无提升，对“一带一路”沿线国家的经济发展有无促进作用，对“一带一路”所取得的成就是否满意等方面；(4)民众对“一带一路”倡议的未来风险和展望，主要是民众对“一带一路”倡议在未来一段时间内的发展所面临的困难和风险的评估。

[1] 由于本调查主要通过问卷星样本库发放问卷，受到样本库自身特点的影响。例如，受访民众需要具备一定的网络基础条件，同时受访样本的受教育程度普遍较高。这对于本调查而言，可能有一定偏差。但由于高学历人士在各行各业中均具有较高的地位，能够反映社会中上群体对“一带一路”认知的程度。

本文通过问卷调查法收集相关数据。问卷调整与问卷星网站合作,对问卷星网站样本用户(总体约 260 万人)进行随机访问。样本用户主要以高学历群体(大学专科及以上)为主,覆盖行业较为广泛,对中国高学历群体有较强的代表性。问卷于 2019 年 11 月 23 日在问卷星网站投放,12 月 30 日截止。累计回收问卷 1 191 份。样本在性别、年龄、身份、教育、职业和收入等方面的特征见表 1。

表 1　中国民众对"一带一路"倡议的认知调研样本描述(N=1 191)

样本特征	取值	频次(人)	百分比
性别	男	523	43.9%
	女	668	56.1%
年龄	18～23 岁	257	21.6%
	24～29 岁	297	24.9%
	30～35 岁	364	30.6%
	36～41 岁	156	13.1%
	42～47 岁	61	5.1%
	48～53 岁	37	3.1%
	54～59 岁	12	1.0%
	60～65 岁	7	0.6%
是否党员	中共党员(含预备党员)	368	30.9%
	民主党派	27	2.3%
	共青团员	369	31.0%
	群众	427	35.9%
教育程度	高中及以下	89	7.5%
	大学专科	309	25.9%
	大学本科	556	46.7%
	研究生及以上	237	19.9%

（续表）

样本特征	取值	频次（人）	百分比
职业状况	退休、无业、待业、全职家务人员	118	9.9%
	学生	207	17.4%
	技术与体力工人	144	12.1%
	销售与服务人员	162	13.6%
	小业与个体户主	112	9.4%
	非体力人员（企事业职员）	127	10.7%
	专业技术人员	130	10.9%
	企事业单位的中高层管理人员	191	16.0%
收入（过去一年总收入）	3万元以下	226	19.0%
	3万～5万元	113	9.5%
	5万～10万元	267	22.4%
	10万～15万元	209	17.5%
	15万～20万元	146	12.3%
	20万～30万元	123	10.3%
	30万元及以上	107	9.0%

二、民众对“一带一路”倡议的背景认知

本部分重点分析中国民众对“一带一路”倡议的概念认知（即知晓度）、提出时间和提出背景等的普遍认知情况，以及不同社会群体（包括不同性别、年龄、政治面貌、教育程度、职业地位、收入水平等群体）对“一带一路”倡议认知的群际差异。分别从以下三个方面，分析国内民众对这些问题的认知，以及不同群体的认知差异。

1. 民众对“一带一路”倡议的概念认知与群体差异

大部分民众大体上知道“一带一路”倡议的基本含义，但所认知的全称并不准确。调查数据显示（图 1），仅有 38.5％的民众知道并正确回答出了“一带一路”倡议的全称，即“丝绸之路经济带”和“21 世纪海上丝绸之路”，另外48.7％的民众大体了解“一带一路”倡议的基本含义，但并不能准确回答。12.8％的民众直接回答“不知道”。这些数据表明，当前中国民众对“一带一路”倡议的概念认知较为尚不明确，或存在一定的模糊认知。

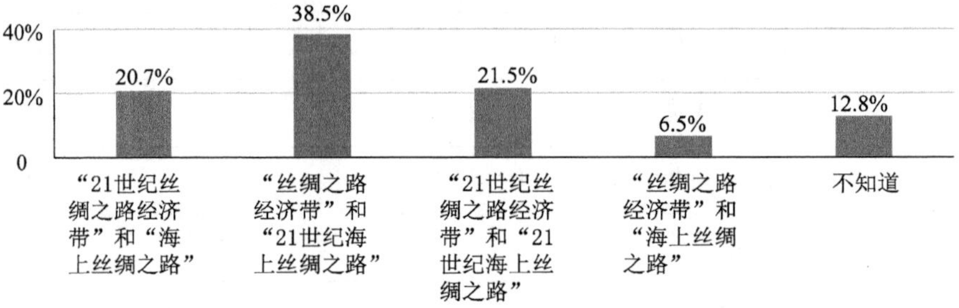

图 1　民众对“一带一路”倡议的概念认知

除了性别之外，不同群体（如年龄、政治面貌、教育程度、职业、收入等）“一带一路”的概念认知也存在明显差异。

不同年龄群体对概念认知的差异主要表现在，低年龄组群体对“一带一路”倡议的概念认知更加模糊，高年龄组群体的认知相对比较准确（图 2）。具体而言，年龄在 30 岁及以下的受访者，对“一带一路”倡议的概念认知相对模糊，在该年龄组中，不知道“一带一路”倡议全称的比例在 14.0％左右，尤

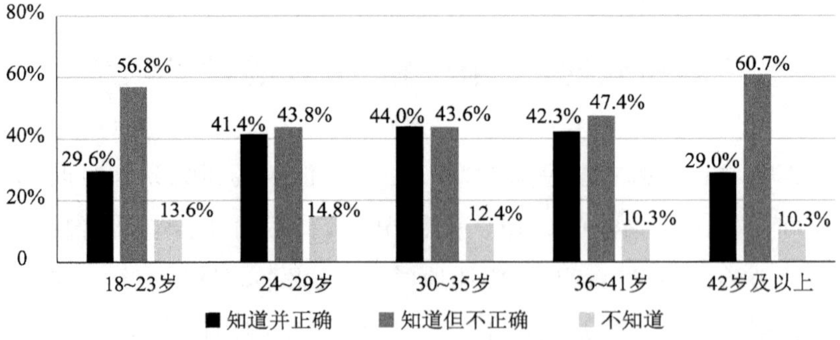

图 2　不同年龄群体对“一带一路”倡议的概念认知

其是 18～23 岁群体“知道并正确”回答的比例只有 29.6％。30 岁及以上的受访者对“一带一路”倡议全称的知晓度相对较高，“不知道”的比例最低，只有10.3％；知道并回答正确的比例高达 44.0％。

党员（含部分民主党派，下同）对“一带一路”倡议全称的知晓度显著高于普通群众。数据显示（图 3），党员受访者回答“不知道”的比例只有 7.3％，知道并回答正确的比例达 46.8％。而普通群众回答“不知道”的比例达到了 15.5％，超过党员比例的 2 倍；知道并回答正确的比例也只有34.4％。

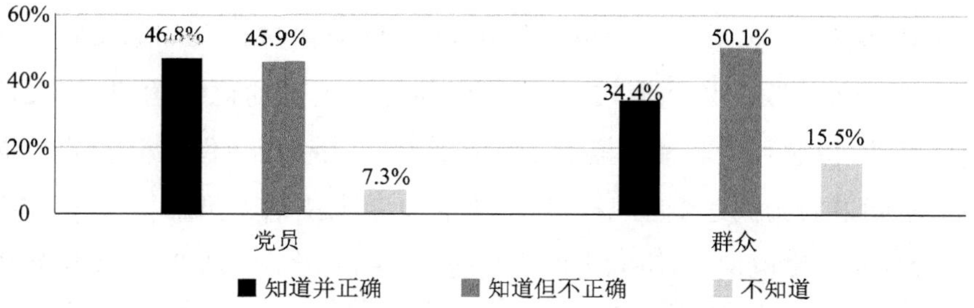

图 3　不同身份群体对“一带一路”倡议的概念认知

高教育群体对“一带一路”倡议的全称认知程度更高，低教育群体对“一带一路”全称的知晓程度较低。数据显示（图 4），教育程度为高中及以下者，不知道“一带一路”全称的比例达到了 27.0％，几乎是接受过高等教育群体的两倍。大学专科、本科及研究生群体回答“不知道”的比例依次为 15.2％、9.4％和 12.2％，知道并回答正确的比例依次为 37.2％、39.9％和 39.2％，高等教育群体内部的分布并不明显。

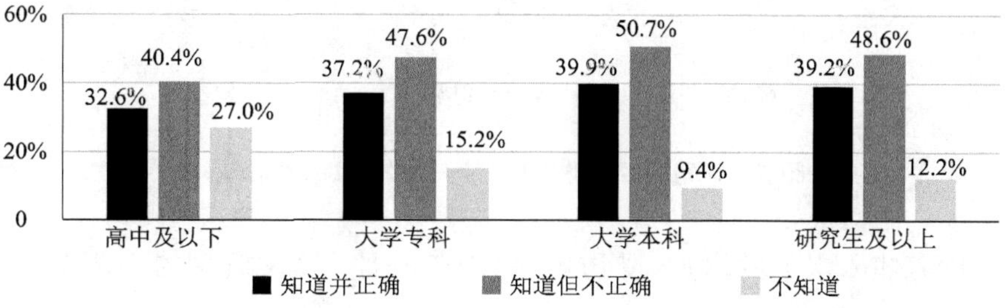

图 4　不同受教育程度群体对“一带一路”倡议的概念认知

不同职业群体对“一带一路”倡议全称的知晓程度有着显著差异。体制内工作人员，如党政机关及企事业单位的管理人员对“一带一路”全称的知晓度较高；小业主/个体户、技术与体力工人对“一带一路”的知晓度也较高，这主要与“一带一路”倡议包括大量基础设施建设有关。而其他群体，包括不在业人群、学生、销售与服务人员、专业技术人员等群体对“一带一路”倡议全称的知晓度较低。数据显示（图 5），党政机关、企事业单位中的管理人员，总体认知水平最高，不知道的比例只有 6.8%，知道并回答正确的比例达到了 46.1%。其次是技术与体力工人，不知道的比例为 9.7%，知道并回答正确的比例达到了 46.5%。第三是小业主与个体户，不知道的比例只有 8.9%，但回答错误的比例也较高，知道但回答不正确的比例达到了 57.1%。退休、无业、待业和全职家务等不在业人员对“一带一路”倡议概念的知晓度最低，不知道的比例达到了 18.6%。学生和专业技术人员对“一带一路”倡议概念的知晓度也偏低，不知道的比例分别为 14.0%和 16.2%，这两个群体是当前中国中产阶层群体的（准）成员，他们对“一带一路”的认知和态度，对“一带一路”倡议在民众中的支持度至关重要。

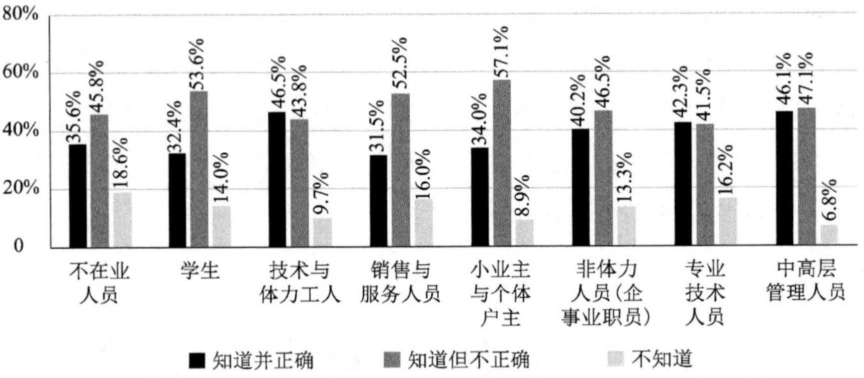

图 5　不同职业群体对“一带一路”倡议的概念认知

随着收入水平的增加，受访者对“一带一路”倡议概念的知晓度越高。数据显示（图 6），过去一年年总收入在 3 万元以下者，回答“不知道”的比例高达 16.4%，知道并回答正确的比例为 32.7%；而过去一年收入达 30 万元及以上者，回答“不知道”的比例只有4.7%，远低于其他收入组，但他们的认知度并不准确，有57.0%的受访者的回答并不正确。

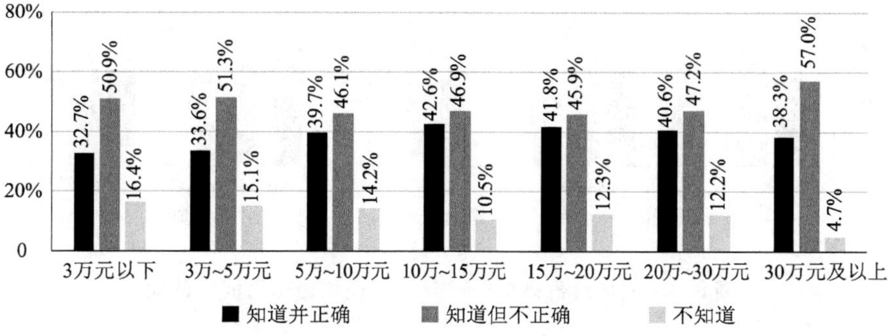

图6　不同收入群体对“一带一路”倡议的概念认知

2. 民众对“一带一路”倡议的提出时间认知及群体差异

与对概念知晓度相比，民众对“一带一路”倡议提出时间的认知度更低（图7）。民众不知道“一带一路”倡议提出时间的比例达到了27.8%，超过了总人数的四分之一，同比概念知晓度，高出15个百分点。知道并回答正确的比例为32.6%，同比概念知晓度，低了6个百分点。

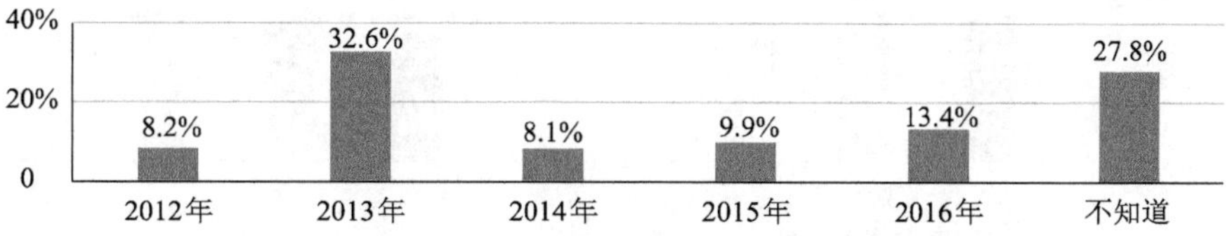

图7　民众对“一带一路”倡议提出时间的认知

与概念知晓度类似，不同性别群体的认知程度没有显著差异，但是不同年龄组、政治面貌、教育水平、职业地位和收入水平的群体对“一带一路”倡议提出时间的认知存在差异。低年龄组对“一带一路”倡议的提出时间认知明显低于高年龄组。具体而言，30岁及以下的受访者回答“不知道”的比例较高，均超过30.0%；知道并回答正确的比例也只有30.0%上下。而30岁及以上年龄组，回答“不知道”的比例相对较低，均低于25%，而知道并回答正确的比例均超过30.0%，其中36～41岁之间的受访者知道并正确回答的比例达38.5%(图8)。

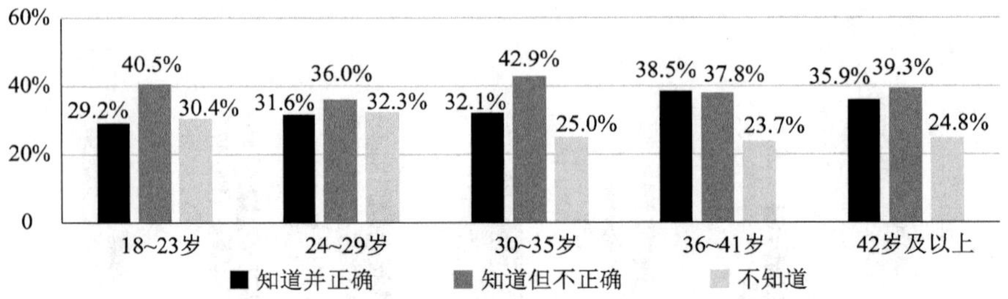

图8　不同年龄群体对“一带一路”倡议提出时间的认知

党员对“一带一路”倡议提出的时间认知比普通群众更清楚。数据显示(图9),党员受访者不知道“一带一路”倡议提出时间的比例只有20.3%,知道准确提出时间的比例达到了35.4%。普通群众回答“不知道”的比例达到了31.5%,超过党员11.2个百分点,知道并回答正确的比例为31.2%,比党员低4.2%。

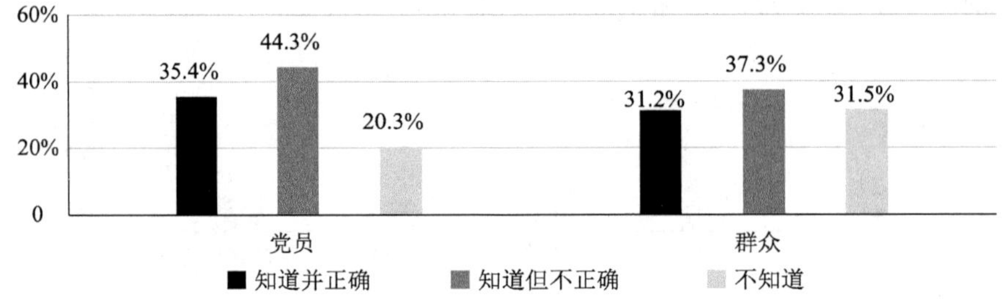

图9　不同身份群体对“一带一路”倡议提出时间的认知

接受过高等教育(大学专科及以上)的受访者比低教育程度者(高中及以下)对“一带一路”倡议提出时间的认知程度更高。数据显示(图10),高中及以下文化程度的受访者,回答“不知道”的比例高达37.1%,知道并回答正确的比例只有25.8%。大学专科及以上文化程度者,回答“不知道”的比例在27%左右,比低教育程度者少10个百分点左右;而知道并回答正确的比例平均在33%左右,比低教育程度者约8个百分点。

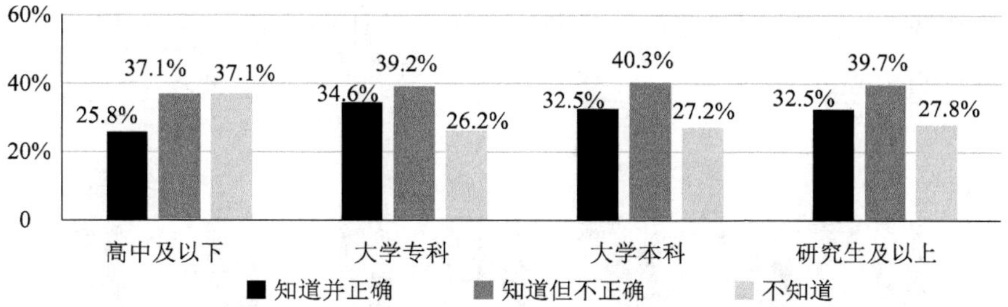

图 10　不同受教育程度群体对“一带一路”倡议提出时间的认知

与概念认知类似，党政机关、企事业单位的中高层管理人员，个体户与小业主，技术与体力工人等群体对“一带一路”倡议提出时间的知晓度较高，而退休、无业、待业、全职家务人员等不在业人群、学生、销售与服务人员等群体的知晓度较低。数据显示（图 11），党政机关、企事业单位的中高层管理人员回答“不知道”的比例只有 15.2%，比退休、无业、待业和全职家务人员等不在业人员回答“不知道”的比例低 20 个百分点。但对于中高层管理人员而言，他们对“一带一路”提出时间的认知也存在一定的偏差，这反映在他们回答错误的比例超过 50%。

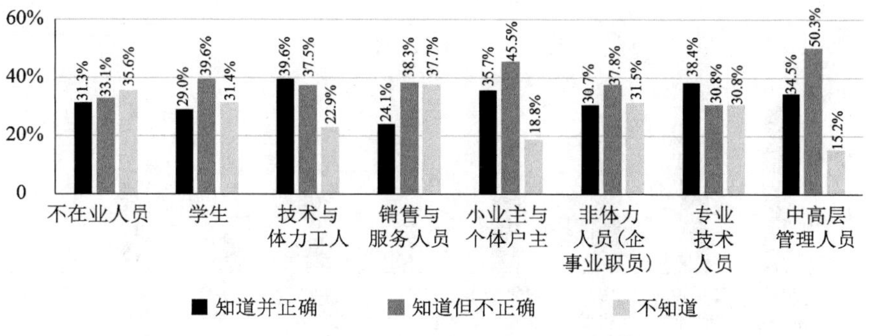

图 11　不同职业群体对“一带一路”倡议提出时间的认知

随着收入水平的增加，人们对“一带一路”倡议提出时间的知晓度有逐渐增加的趋势。数据显示（图 12），年收入在 5 万元以下的受访者，回答“不知道”的比例都超过了 30.0%，知道并回答正确的比例相仿，也在 30.0%上下。年收入水平在30万元及以上者，回答“不知道”的比例只有16.8%，比低收入组少15个百分点左右，知道并回答正确的比例达到37.4%，比低收入组高5个百分点左右。

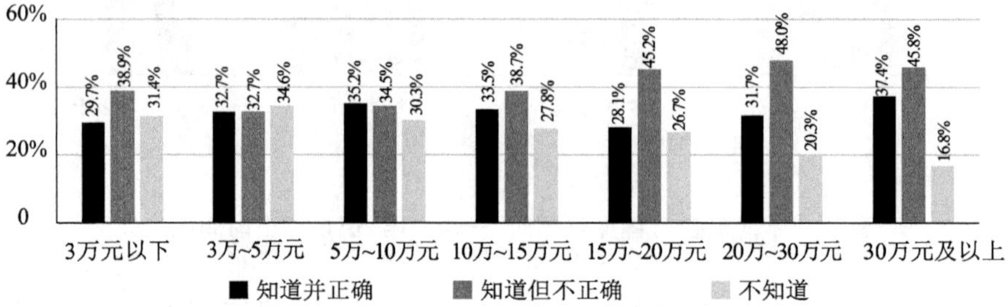

图12　不同收入群体对“一带一路”倡议提出时间的认知

3. 民众对“一带一路”倡议的背景/动机认知及群体差异

“一带一路”倡议是在多重国际、国内背景下提出的，符合世界政治经济发展的趋势和潮流。民众对“一带一路”倡议背景的认知，比概念认知和时间认知更能反映对当前国际、国内发展形势的关心。大部分民众对“一带一路”倡议提出的国际、国内背景都有一定程度的知晓。具体数据显示（图13），超过70.0%的民众认为“一带一路”的提出，是为了加强与他国的合作，

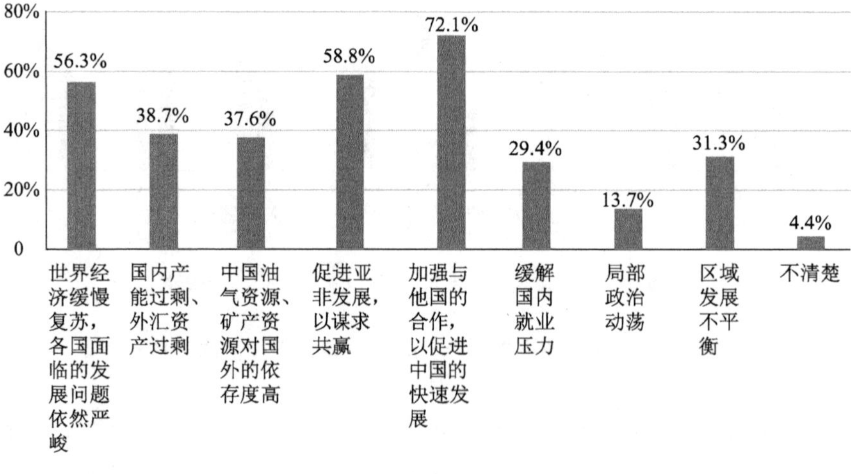

图13　民众对“一带一路”倡议提出背景认知

以促进中国的快速发展；另外，分别有 58.8％和 56.3％的民众认为“一带一路”的提出，是为了“促进亚非发展，以谋求共赢”，以及“世界经济缓慢复苏，各国面临的发展问题依然严峻”。还有接近 30％～40％的民众认为，中国“国内产能过剩、外汇资产过剩”，“中国油气资源、矿产资源等对国外的依存性高”，“缓解国内就业压力”，“区域发展不平衡”等原因。较少数受访者对“一带一路”的提出背景或动机表示“不清楚”。

除个别维度之外，男性和女性受访者对于“一带一路”提出的背景与动机认知没有明显差异。具体而言，在“国内产能过剩、外汇资产过剩”和“中国油气资源、矿产资源对国外依存度高”两个方面，男性认知度比女性认知度分别高约 12 个百分点和 9 个百分点。在其他维度方面，两者没有明显差异(图 14)。

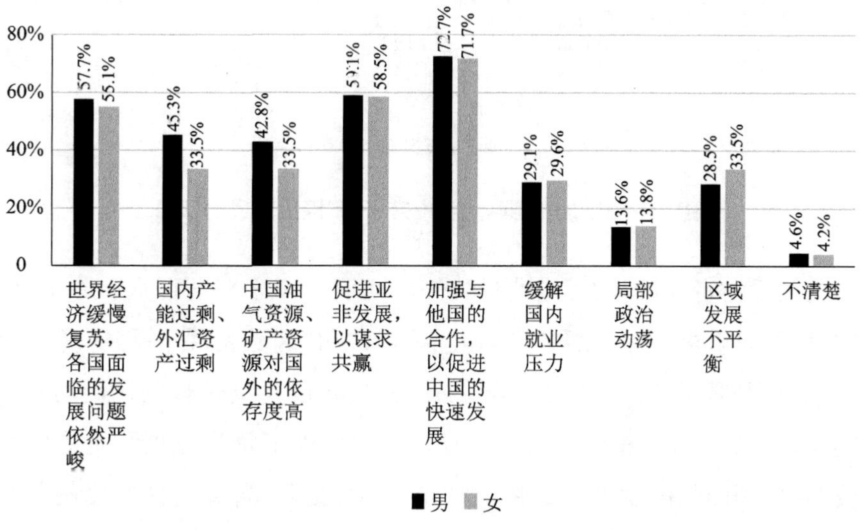

图 14　不同性别对“一带一路”倡议提出背景的认知

不同年龄群体对“一带一路”提出的背景或动机认知有明显分化，不同年龄段群体各有侧重。具体而言(图 15)，18～23 岁之间的受访者选择“局部政治动荡”的比例明显高于其他年龄组，达到 18.3％；30～35 岁及 36～41 岁之间的受访者选择“世界经济缓慢复苏、各国面临发展问题依然严峻”的比例明显高于其他组，均为 57.7％；42 岁及以上的受访者选择“加强与他国合作,以促进中国的快速发展”最高,达到了78.6%。总体来说,不同年龄的受访者对国际国内局势的理解和认知有所差异,因而对“一带一路”倡议的提出背景的理解也存在一定不同。

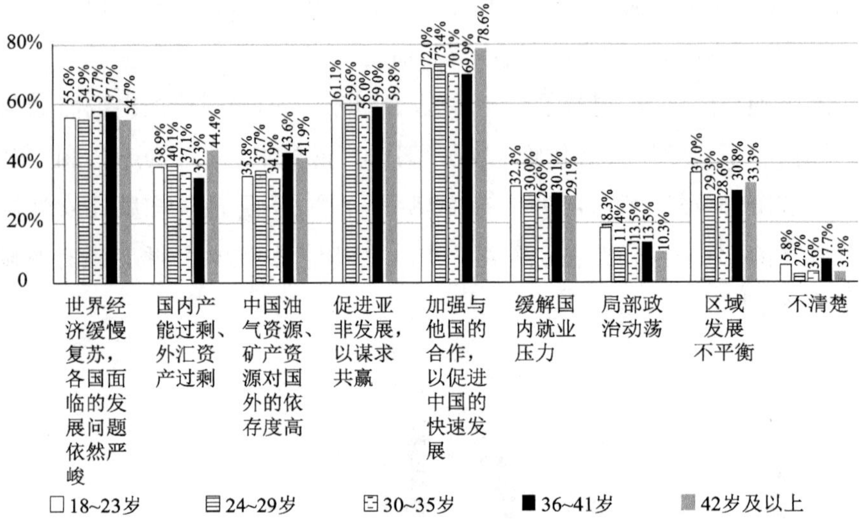

图15　不同年龄群体对“一带一路”提出背景的认知

党员受访者在国际、国内背景认知方面明显高于普通群众。除了“促进亚非发展、以谋求共赢”“缓解国内就业压力”和“区域发展不平衡”等三个维度,党员和普通群众没有显著差异之外,其他维度党员选择的比例均高于普通群众。数据显示(图16),在“国内产能过剩、外汇资产过剩”“世界经济缓慢复苏,各国面临的发展问题依然严重”等维度上,党员选择的比例分别比普通群众高出8.4%和6.0%。

高教育程度者(尤其是大学本科及以上)对“一带一路”倡议提出的背景/动机更加了解,并更倾向于国际化原因。数据显示(图17),高中及以下文化程度者,选择“不清楚”“一带一路”倡议提出背景的比例高达19.1%,其他群体则明显较低,其中大学专科教育程度者回答“不清楚”的比例为6.1%,大学本科和研究生及以上群体的分别仅有1.6%和3.0%。在本科和研究生及以上群体中,认为“一带一路”的提出是由于国际化因素的比例也相对较

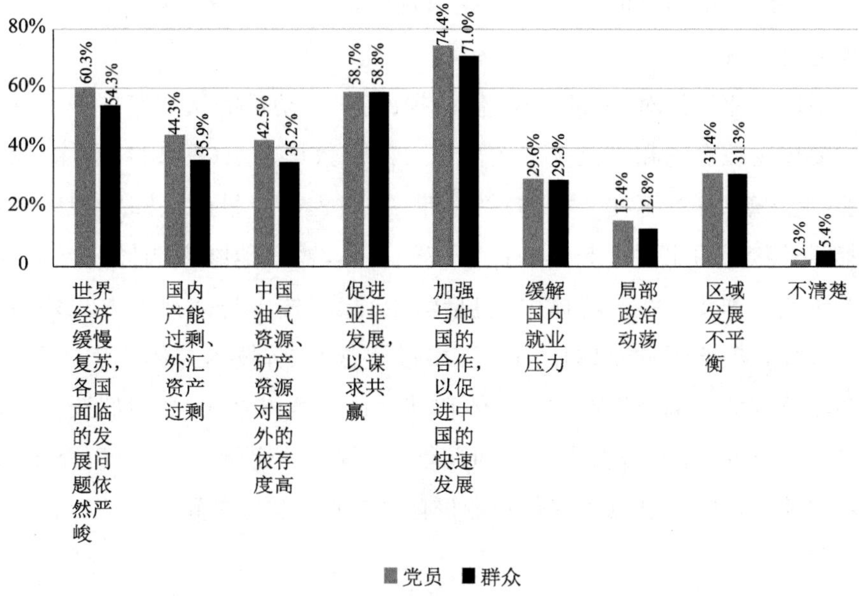

图 16　不同身份群体对“一带一路”提出背景的认知

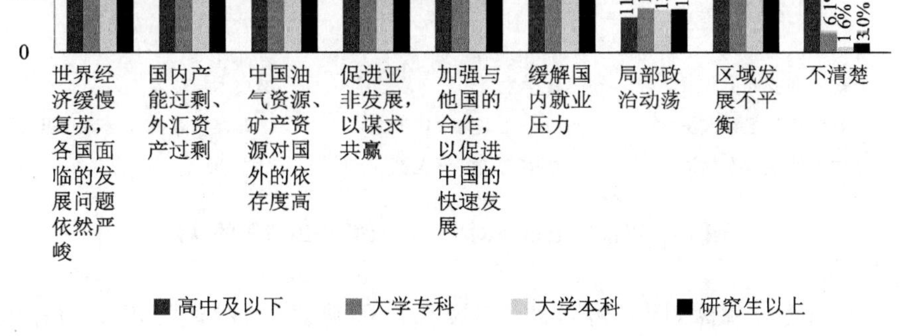

图 17　不同受教育程度群体对“一带一路”提出背景的认知

高，如“加强与他国合作，以促进中国的发展”，“世界经济缓慢复苏，各国面临的发展问题依然严峻”和“促进亚非发展，以谋求共赢”等方面，选择的比例均超过六成。

不同职业群体对“一带一路”倡议提出背景/动机的认知存在一定分化，但主要体现在在业和非在业两大群体之间。数据显示（图 18），退休、无业、待业和全职家务等不在业群体对“一带一路”提出背景的认知度相对较低，选择“不清楚”的比例为 5.9%，高于其他群体，对其他维度选择的比例则显著低于其他群体。在业群体中（包括学生）除了技术与体力工人之外，其他群体选择各项原因的总体比例较为接近。总体上，技术与体力工人群体选择各项原因的比例介于不在业群体和其他在业群体之间，如他们选择“世界经济缓慢复苏，各国面临的发展问题依然严峻”的比例为 54.2%，介于退休等不在业人群的 47.5%和其他在业群体（60.0%左右）之间。

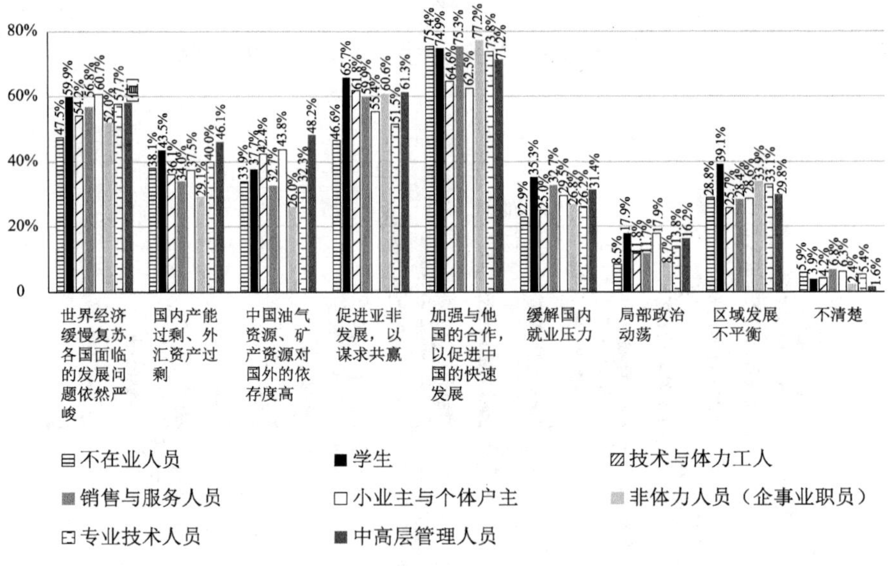

图 18　不同职业群体对“一带一路”提出背景的认知

不同收入群体对“一带一路”倡议提出的背景/动机认知没有明显的一致规律性，不同收入水平的群体各有侧重。数据显示（图 19），除了在“缓解国内就业压力”方面，各个收入水平组的比例较为接近之外，其他各个维度上，每个收入水平群体都有各自的侧重。例如，年收入水平在3万元以下的群体，选择“区域发展不平衡”的比例明显高于其他组，达到37.6%，而年收入在3万～5万元之间的群体，选择“促进亚非发展，以谋求共赢”的比例最低，只有48.7%。

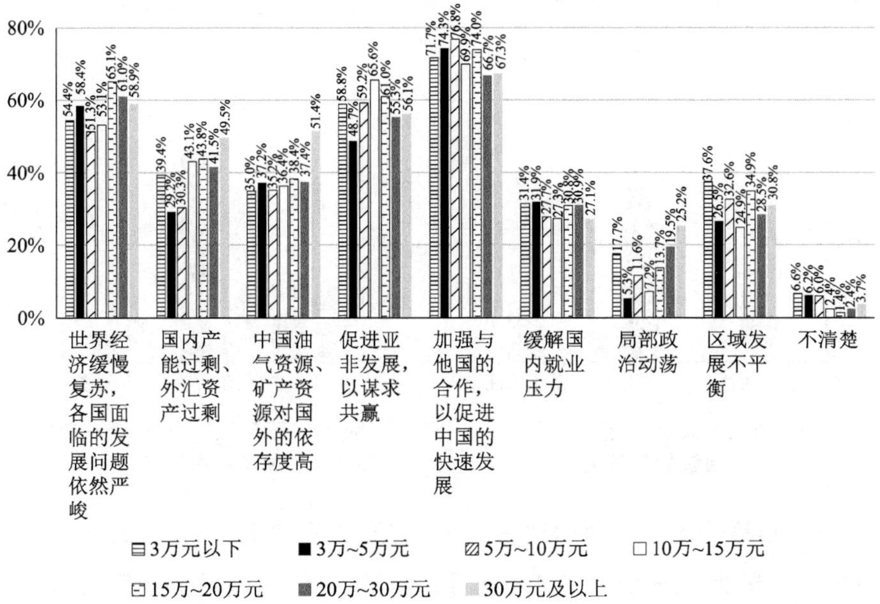

图19 不同收入群体对“一带一路”提出背景的认知

三、民众对“一带一路”倡议关注的程度与内容

“一带一路”倡议提出以来，开展了大量的（诸如“‘一带一路’国际合作高峰论坛”为代表）国际合作活动，各项活动吸引了国际国内大量专业人士的参与、讨论和媒体报道。但中国国内普通民众参与的情况如何？

1. 民众对“一带一路”活动/新闻的关注程度及群体差异

“一带一路”作为国家倡议，受到广大民众的普遍关注。调查数据显示（图20），有23.6%的受访者表示经常关注“一带一路”有关的活动或新闻报道，有67.3%的受访者表示偶尔关注，两者累计达到90.9%。只有9.1%的民众表示从未关注过“一带一路”相关活动与报道。

但是，不同群体对“一带一路”的关注度，存在明显差异。男性相对于女性而言，更加关注“一带一路”相关的活动与报道。数据显示(图 21)，男性受访者经常关注“一带一路”相关活动与报道的比例为 30.2%，比女性(18.4%)高出 12 个百分点。同时，男性表示从未关注的比例为 8.4%，比女性低 1.3%。

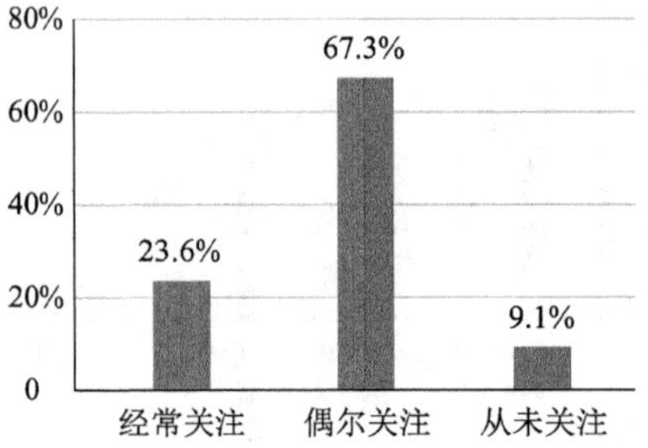

图 20　民众对“一带一路”倡议的关注度

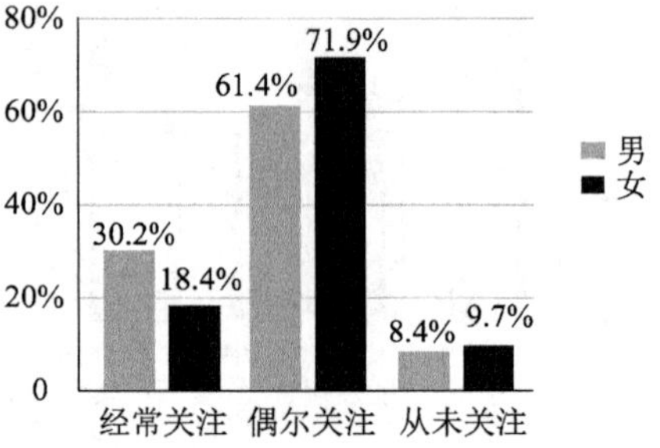

图 21　不同性别对“一带一路”倡议的关注度

随着年龄的增加，人们对“一带一路”的关注度也逐渐增加。数据显示(图 22)，年龄为 18～23 岁之间的受访者对“一带一路”的关注度最低，从未关注“一带一路”相关互动或报道的比例达到 12.8%，经常关注的比例只有 14.8%；年龄在 24～29 岁之间的受访者，关注“一带一路”的比例略高于 18～23 岁者，从未关注的比例为 10.8%，经常关注的比例为 17.8%。年龄在 36 岁及以上的群体，经常关注“一带一路”的比例均超过三分之一。

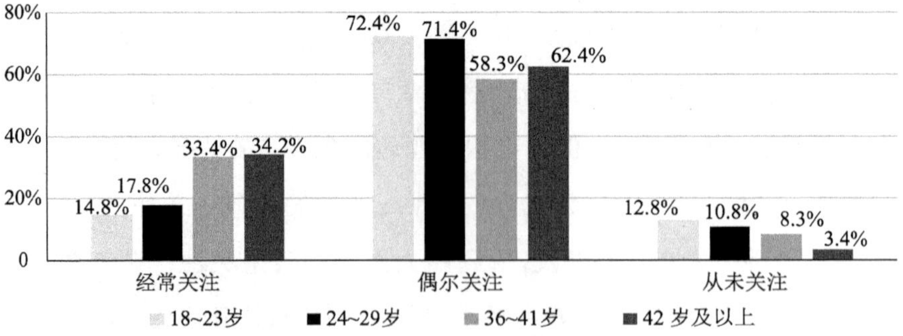

图 22　不同年龄群体对“一带一路”倡议的关注度

党员比普通群众更加关注"一带一路"。数据显示(图 23),党员受访者经常关注"一带一路"相关活动或报道的比例达到 37.5%,是普通群众的两倍多。而党员受访者表示从未关注的比例也只有 6.3%,比普通群众低 4.3%。

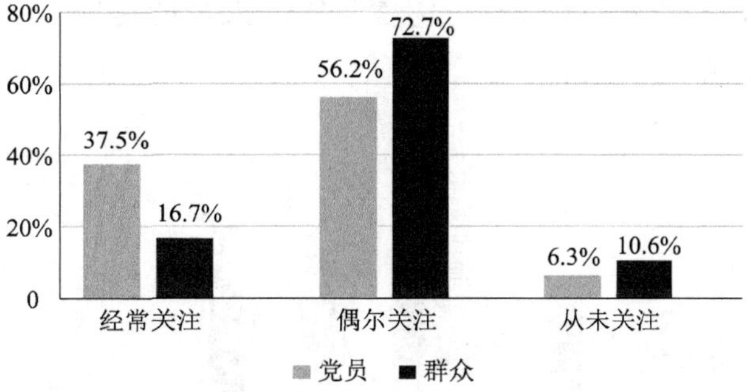

图 23　不同身份群体对"一带一路"倡议的关注度

高教育程度者(大学专科及以上)对"一带一路"的关注度显著高于高中及以下文化程度者。数据显示(图 24),高中及以下文化程度的受访者,经常关注"一带一路"相关活动或报道的比例为 22.5%,尽管这一比例与其他组相比,差别不大,但他们选择"从未关注"的比例达到了 18.0%,远高于其他教育组。大学专科及上各组选择"从未关注"的比例在 7.6%～9.4%之间,经常关注的比例在 21.0%～25.7%之间。

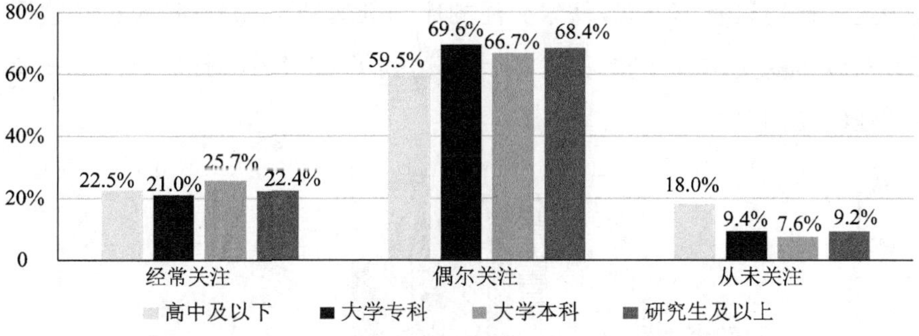

图 24　不同受教育程度群体对"一带一路"倡议的关注度

党政机关、企事业单位的中高层管理人员,小业主及个体户等群体对"一带一路"的关注度高,而学生、非体力人员、销售与服务人员等群体对"一带一路"的关注度较低。数据显示(图 25),党政机关、企事业单位的中高层管理人员经常关注"一带一路"相关活动或报道的比例达到35.1%,从未关注的比例只有4.2%。其次是小业主及个体户,经常关注的比例也达到了33.0%,从未关注的比例为8.0%。学生群体经常关注的比例只有14.0%,而从未关注的比例达到了13.0%。销售与服务人员的情况与学生群体接近,但略好于学生群体的状况。

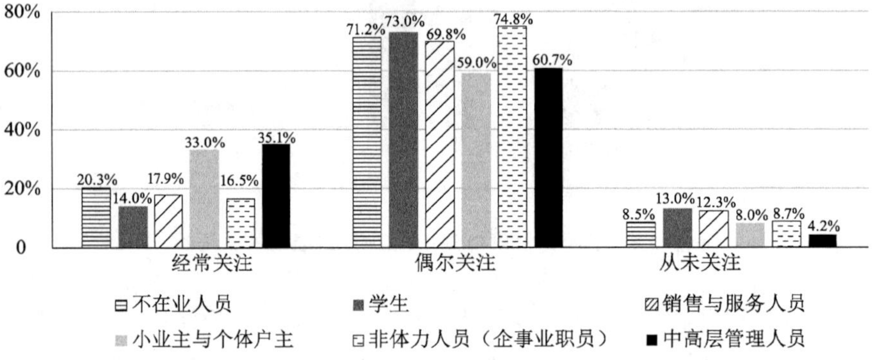

图25　不同职业群体对"一带一路"倡议的关注度

收入水平同"一带一路"关注度之间有明显的单调递增趋势,即随着人们收入水平的增加,对"一带一路"的关注度也在逐渐增加。数据显示(图26),年收入水平在3万元以下的受访者经常关注"一带一路"相关活动或报道的比例只有12.8%,从未关注的比例则达到14.2%;收入水平达到30万元及以上的受访者,经常关注的比例达到了34.6%,超过三分之一,而从未关注的比例只有4.7%。

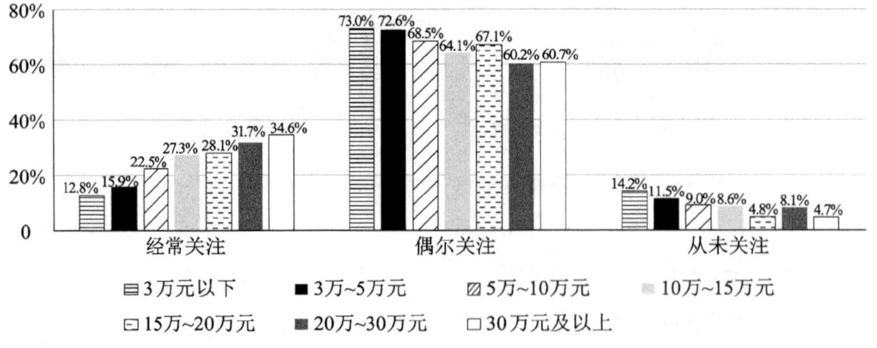

图26　不同收入群体对"一带一路"倡议的关注度

2. 民众关心“一带一路”的途径及群体差异

随着信息传播技术的不断发展，人们获取信息的渠道也越来越多样化。但是，“一带一路”相关活动，在传统媒体中被报道的频次更高，仍然是人们获取相关信息的重要渠道。传统媒体（电视台、报纸）对人们的信息获取呈现两极分化趋势，网络和新媒体在信息传播中，作用将越来越大。调查数据显示（图 27），通过电视台新闻获取“一带一路”相关信息的比例具有绝对优势，达到 80.8%，但是通过报纸获得相关信息的比例只有 28.1%。门户网站在“一带一路”信息传播中，也具有重要地位，人们通过门户网站获取相关信息的比例也达到 53.3%。值得一提的是，中国“一带一路”网，作为“一带一路”倡议的官方网站，也承担着信息传播的重要责任，通过“一带一路”网获取相关信息的比例达到 18.7%。新媒体的快速发展，在人们日常生活中的作用越来越大，信息传播效率高，但目前通过新浪微博、微信等渠道获取信息的比例还有待提高，两者的比例分别是 44.7%和 39.0%。网络论坛和贴吧也占有一定比例。

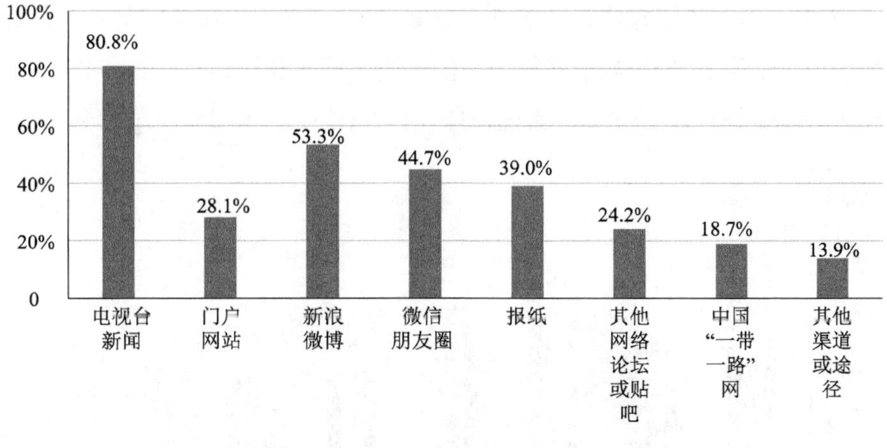

图 27　民众关注“一带一路”倡议的途径

男性和女性受访者既有共性的信息获取渠道，又各有偏好。数据显示（图 28），在电视台新闻、微信、中国“一带一路”网等渠道方面，男性和女性受访者的选择比例没有明显差异。但是，男性通过报纸、门户网站、网络论坛等渠道获取“一带一路”相关信息与新闻报道的比例明显高于女性，其比例分别是 31.7%、61.2%和 27.9%，比女性分别高出 6.4%、14.0%和 6.6%。而女性通过新浪微博获得相关信息的比例(48.5%)则明显高于男性(39.8%)。

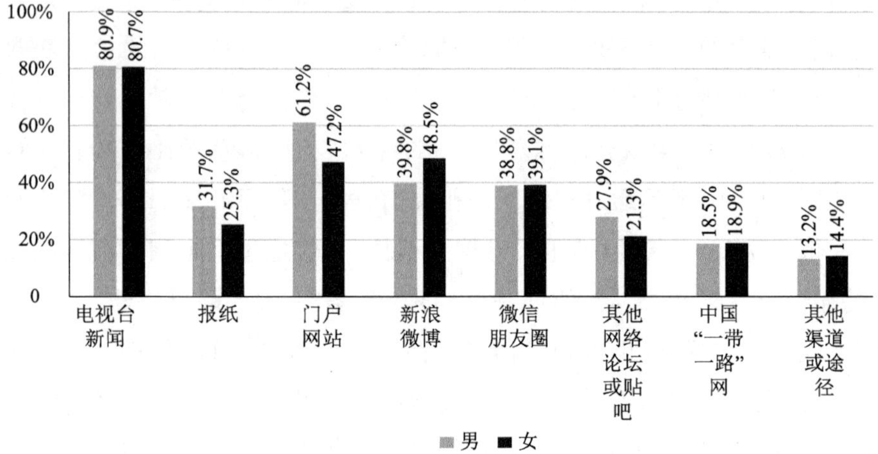

图 28　不同性别对“一带一路”的关注途径

越年轻的群体越偏好网络或新媒体渠道获得“一带一路”相关信息，越年长群体更多通过传统媒体获得信息。数据显示(图 29)，年龄在 18～23 岁之间的群体，通过新浪微博、微信获得相关信息的比例分别达到 60.3%和42.0%，通过电视台新闻和报纸获得相关信息的比例只有 77.8%和 25.3%；而 42 岁及以

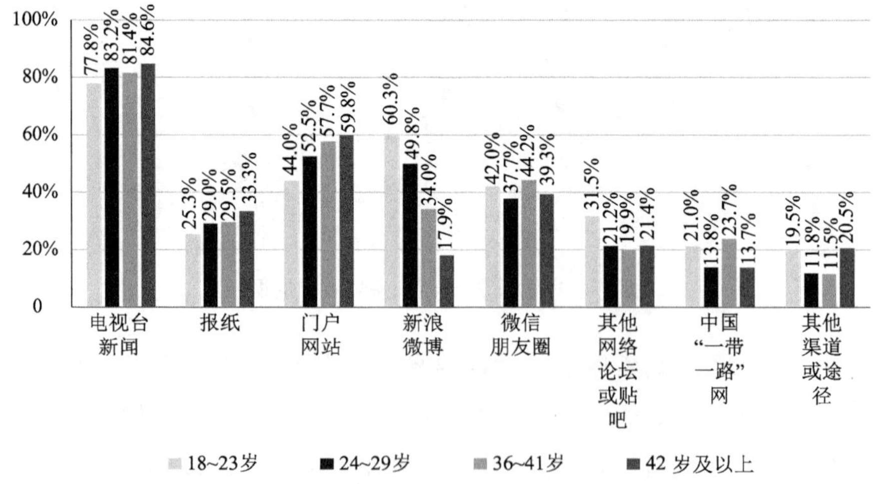

图 29　不同年龄群体对“一带一路”的关注途径

上年龄的群体，通过这两者获得相关信息的比例只有17.9%和39.3%，他们通过电视台新闻和报纸获得相关信息的比例则达到了84.6%和33.3%。

党员获得“一带一路”信息的渠道比普通群众更加多元化。数据显示(图30)，党员通过报纸、门户网站、中国“一带一路”网等渠道获取相关信息的比例明显高于普通群众，分别达到33.2%、59.2%和25.6%，比普通群众分别高7.6%、8.8%和10.3%。在电视台新闻、新浪微博、微信和网络论坛等方面，党员和普通群众相比，没有明显差异。

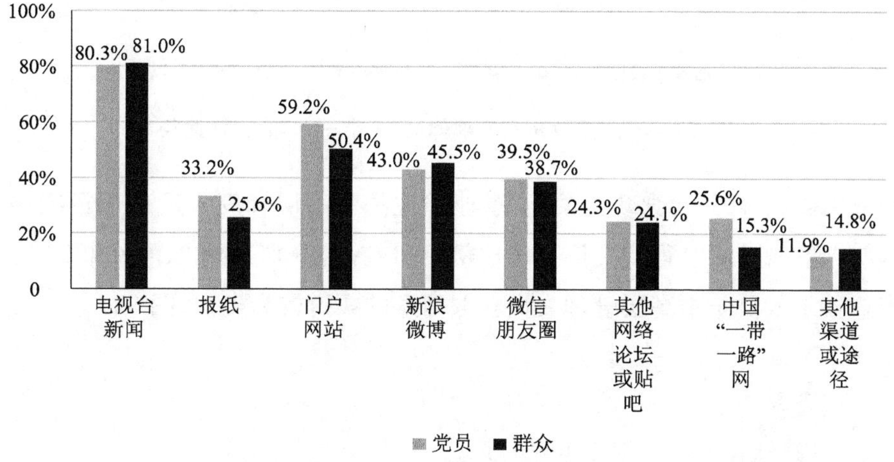

图30　不同身份群体对“一带一路”的关注途径

随着教育程度的增加，人们关注“一带一路”的渠道更加多样化。调查数据显示(图31)，在各种途径中，基本上都呈现了随教育程度递增的趋势。高中及以下文化程度的群体，在各方面的比例都相对偏低，如通过电视台新闻的比例只有70.8%，而研究生及以上文化程度者通过电视台新闻获得相关信息的比例则达到了80.2%；在新媒体方面，高中及以下文化程度者通过新浪微博和微信获取“一带一路”相关信息的比例分别只有21.3%和31.5%，而研究生及以上文化程度群体的比例则分别达到了44.7%和43.0%。

不同职业地位群体获取“一带一路”相关信息的渠道也具有明显的职业特征。具体来说，学生群体通过门户网站、新浪微博、微信、网络论坛和贴吧等渠道获取“一带一路”相关信息的比例相对较高，分别达到45.4%、62.8%、

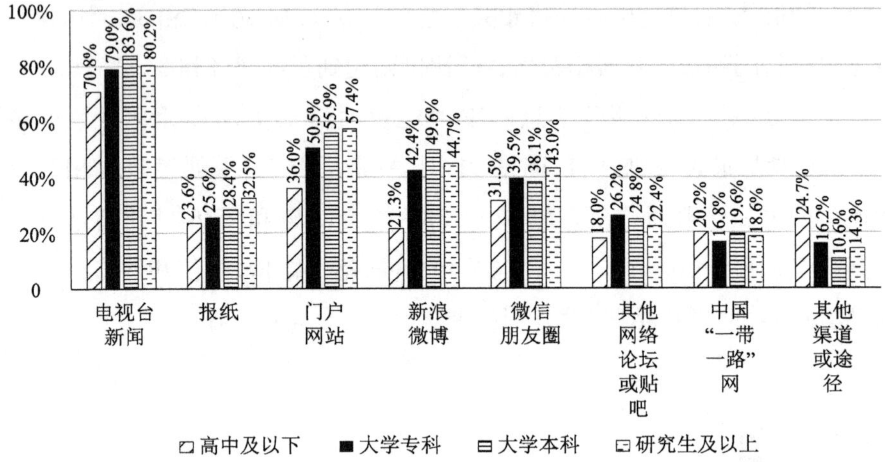

图 31　不同受教育程度群体对“一带一路”的关注途径

43.0%和 32.4%；而党政机关、企事业单位的中高层管理人员通过报纸和中国“一带一路”网获得相关信息的比例相对较高，分别达到 34.0%和 26.2%。专业技术人员与中高层管理人员获取信息的渠道较为类似(图 32)。

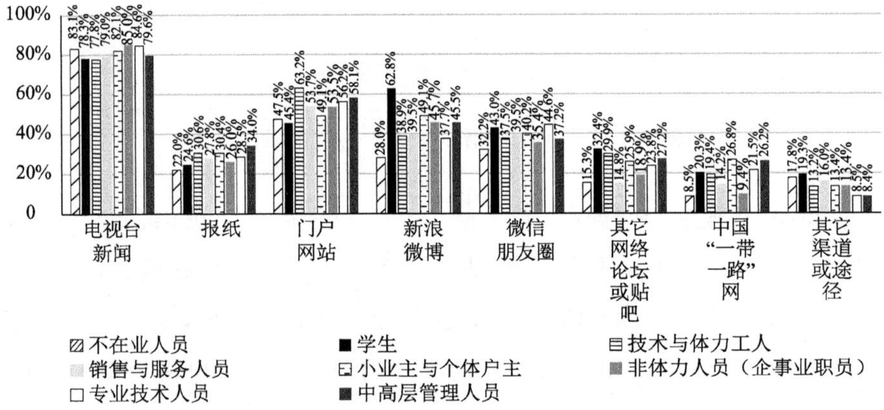

图 32　不同职业群体对“一带一路”的关注途径

不同收入水平组对于各种渠道的关注度呈现出多样化的趋势(图 33)，年收入在 5 万～20 万元的中等收入群体获取“一带一路”相关系的渠道较有典型性。具体而言，通过电视台新闻、报纸等传统媒体渠道获取信息的比例中等收入群体相对偏高，低收入群体和高收入群体则相对偏低；而中等收入群体在门户网站、新浪微博、微信、网络论坛或贴吧、中国“一带一路”网等多媒体渠道获取信息的比例则相对较低，低收入群体和高收入群体相对较高。

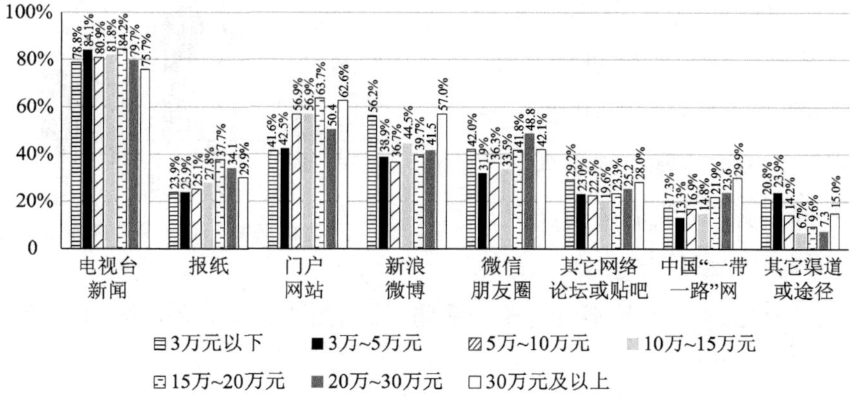

图 33　不同收入群体对“一带一路”的关注途径

3. 民众对“一带一路”话题的讨论程度及群体差异

上文简要分析了不同社会群体对“一带一路”相关活动和新闻的关注程度，个体在关注之后，是否与周围人群（如同事、朋友、亲戚等）讨论相关话题，更能够反映他们对“一带一路”倡议的关注程度。接下来重点分析不同群体在日常生活中与其他人群的互动情况。

尽管人们经常关注“一带一路”相关的活动或新闻报道，但人们与周围人群讨论相关话题的比例则相对偏低。调查数据显示（图 34），民众经常与周围人群讨论“一带一路”话题的比例较低，只有12.4%，而从未与周围人群讨论相关话题的比例则达到了19.5%，偶尔讨论相关的比例为 68.1%。不同群体与周围人群讨论“一带一路”相关话题的比例有一定差异。

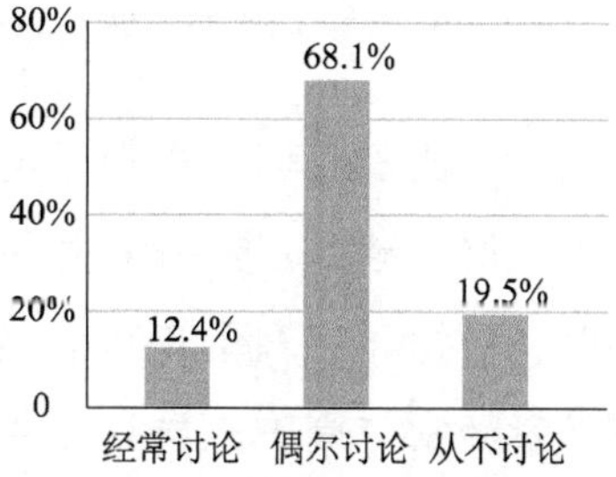

图 34　民众与周围人群讨论“一带一路”的程度

男性比女性更愿意同周围人群讨论“一带一路”相关话题。数据显示（图 35），男性经常与周围人群讨论“一带一路”相关话题的比例达到16.6%，比女性高 7.5%；而女性从不与周围人群讨论“一带一路”相关话题的比例达到23.7%，比男性高 9.6%。

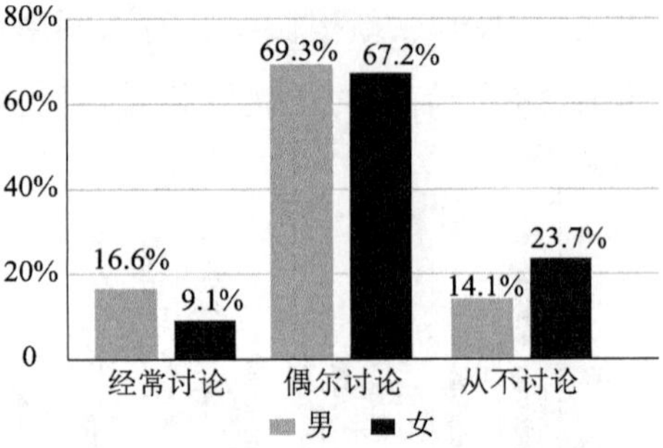

图 35　不同性别对"一带一路"的讨论程度

低年龄群体讨论"一带一路"相关话题的可能性较小，高年龄群体与周围人群的讨论更加频繁。调查数据显示(图 36)，年龄在 18～23 岁的受访者经常与周围人群讨论"一带一路"相关话题的比例只有 7.4%，相比不足"30 岁及以上人群"的二分之一。而"从不讨论相关话题"的比例达到 28.8%，几乎是"30 岁及以上群体"的 2 倍。

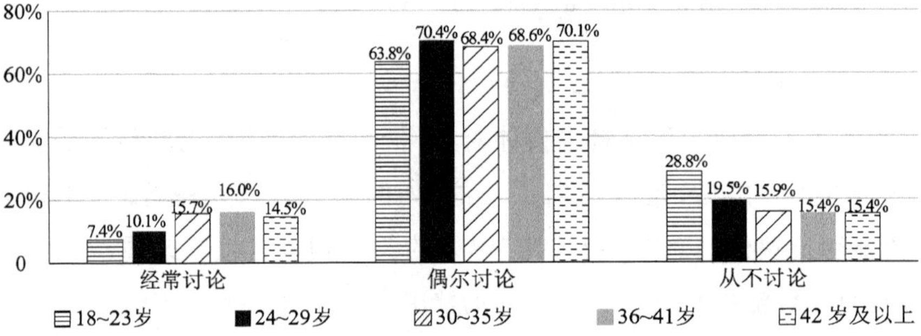

图 36　不同年龄群体对"一带一路"的讨论程度

党员比普通群众更经常与周围人群讨论"一带一路"相关话题。数据显示(图 37)，党员受访者经常与周围人群讨论相关话题的比例达到 21.3%，是普通群体的近三倍。党员受访者从未与周围人群讨论相关话题的比例只有 11.6%，是普通群众的一半不到。

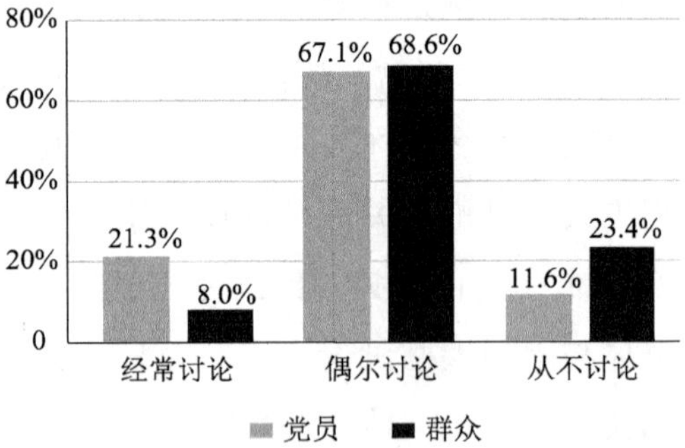

图 37　不同身份群体对"一带一路"的讨论程度

高教育程度者(大学专科及以上)比低教育程度者更经常与周围人群讨

论"一带一路"相关话题。数据显示(图 38),高中及以下文化程度者经常与周围人群讨论相关话题的比例只有 14.6%,从不讨论的比例达到 30.3%。受过高等教育的受访者,与周围人群讨论的比例相对较高,虽然大学专科学历的受访者经常讨论的比例低于高中及以下者,但他们选择从不讨论的比例只有 17.5%,远低于高中及以下者。

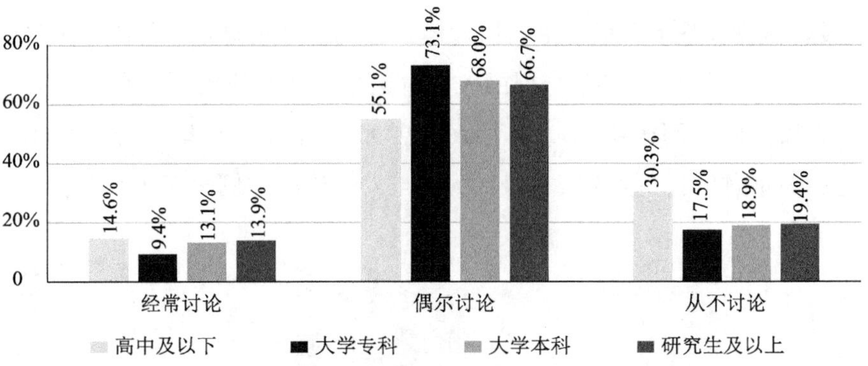

图 38　不同受教育程度群体对"一带一路"的讨论程度

不同职业群体讨论"一带一路"相关话题的比例有明显分化。调出数据显示(图 39),党政机关、企事业单位的中高层管理人员经常与周围人群讨论"一带一路"相关话题的比例较高,达到 20.4%,从未与人讨论的比例只有

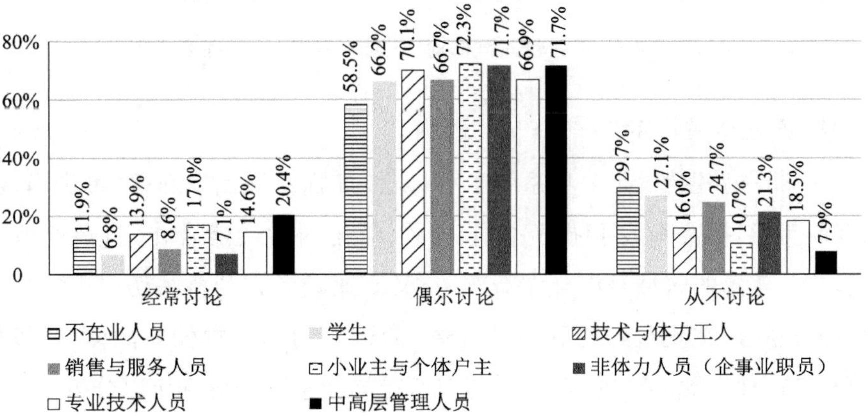

图 39　不同职业群体对"一带一路"的讨论程度

7.9%；而退休、无业、待业和全职家务等不在业人群和学生群体与周围人群讨论“一带一路”相关话题的比例较低，他们经常与人讨论的比例分别只有 11.9%和 6.8%，而从未与人讨论的比例达到 29.7%和 27.1%。此外，销售与服务人员、小业主与个体户等群体与周围人群讨论相关话题的比例也较低。

随着收入水平的增加，人们与周围人群讨论“一带一路”相关话题的比例也越来越高，基本上呈现单向递增模式。调查数据显示(图 40)，年收入在 3 万元以下的受访者，经常与周围人群讨论相关话题的比例只有 5.3%，而从未与人讨论的比例达到 31.0%，年收入在 30 万元及以上者，经常与周围人群讨论相关话题的比例达到 21.5%，从未与人讨论的比例只有 10.3%。

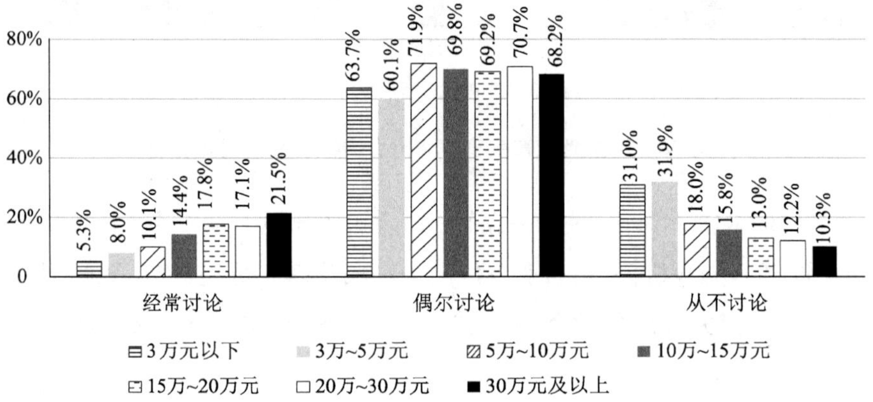

图 40　不同收入群体对“一带一路”的讨论程度

4. 民众所关心的“一带一路”的内容

“一带一路”建设是一项系统工程，既要加强发展倡议对接，推进沿线国家互联互通，提高贸易和投资合作水平，深化国际产能合作，打造开放、包容、均衡、普惠的区域经济合作新架构，又要兼顾各方利益关切，打造政治互信、经济融合、文化包容的利益共同体、命运共同体和责任共同体。但对于民众而言，他们关心的内容，则可能有所差异。接下来分别予以分析。

与民众生活越相关的内容，越被民众关注。调查数据显示(图 41)，民众最为关注“一带一路”建设的内容是“与沿线国家的经贸往来”，选择这一项的比例达到 62.7%，其次是基础设施建设与文化旅游与合作，比例分别是 58.4%和 55.2%；对“与其他国家的倡议对接”[1]以及“金融服务”的关注相对不高，比例分别是46.5%和 36.9%。不同民众对“一带一路”的关注内容有所差异。

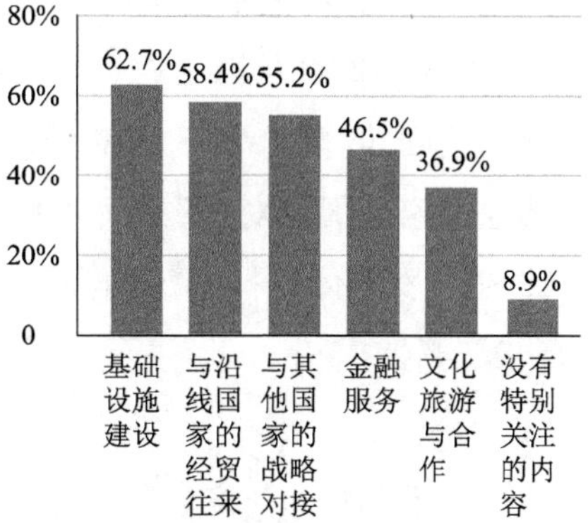

图 41　民众所关心的“一带一路”建设的内容

男性比女性更关注“一带一路”建设。数据显示(图 42)，男性在大多数内容方面关注的比例都超过女性。例如，男性关注“与沿线国家的经贸往来”的比例为 66.0%，比女性高5.8%；男性选择“基础设施建设”的比例为 64.6%，比女性高出 11.2%。在与其他国家的倡议对接方面，男性也比女性高 6.4%。女性在“文化旅游与合作”方面，关注度超过男性。而在“金融服务”方面，两者则没有明显差异。

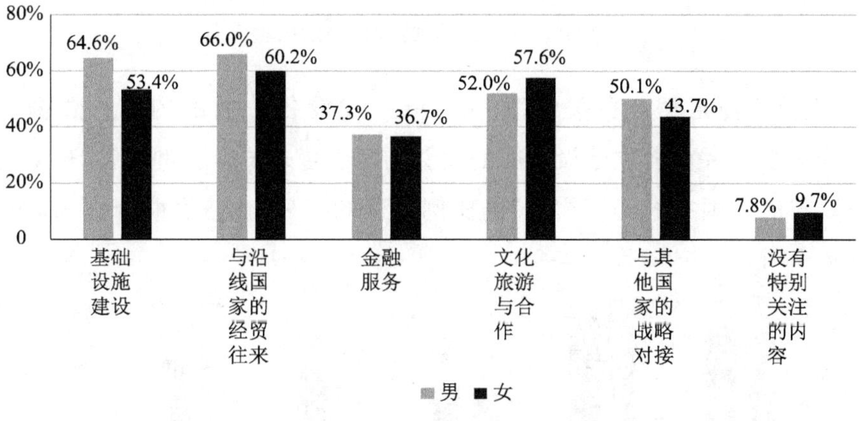

图 42　不同性别关心的内容

不同年龄群体关心“一带一路”建设的内容有所差异，各项目上均有一定梯度，但没有明显趋势。数据显示(图 43)，年龄在 18～23 岁以及 36～41 岁之间的受访者，选择“基础设施建设”的比例最高，分别达到 60.7%和

[1] 如“欧亚经济联盟”“发展之路”“琥珀之路”“容克计划”“光明之路”等。

60.3%，在其他各方面，这两个年龄群体也较为接近。年龄在24～29岁、30～35岁和42岁及以上的群体，选择“与沿线国家的经贸往来”的比例最高，分别达到65.3%、66.8%和65.0%，他们在其他各方面也较为接近。在“与其他国家的倡议对接”方面，随着年龄的增加，关注的程度有所下降。其中，18～23岁群体选择的比例高达49.0%，而42岁及以上群体关注的比例只有38.5%。

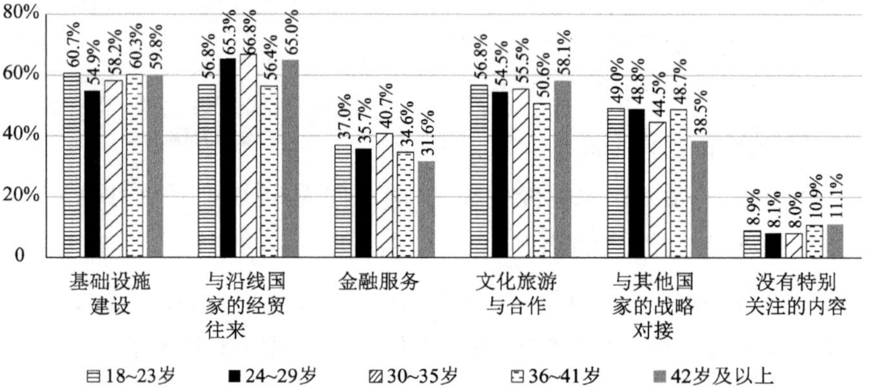

图43　不同年龄群体关心的内容

党员比普通群众更关注“一带一路”建设各方面的内容。数据显示(图44)，党员关注各项建设内容的比例均高于普通群众。例如，党员受访者选择“与沿线国家的经贸往来”的比例高达68.1%，比普通群众高8.0%；选

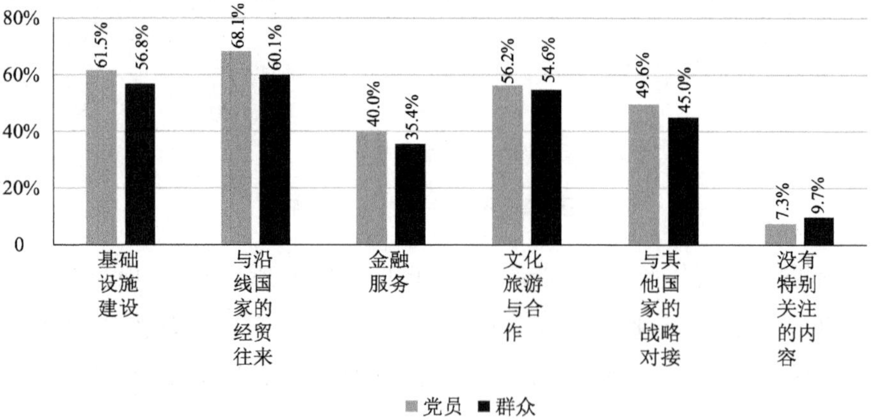

图44　不同身份群体关心的内容

择"文化旅游与合作"的比例，党员比普通群众高1.6%。在其他各项建设内容方面，党员比普通群众均高出4.5%左右。

随着教育程度的增加，民众对"一带一路"建设的关心程度有所增加，但研究生及以上教育群体的关注程度有所下降，呈倒U形趋势。数据显示(图45)，高中及以下教育程度者对"一带一路"建设各方面的内容，关注比例都最低。他们选择基础设施建设的比例最高，为57.3%，但比大学本科者仍然低了2.1%。随着教育的增加，人们对各方面内容的关注程度都有所增加，大学本科文化程度者对各项内容的关注程度都超过其他群体，研究生群体相对于大学本科程度者略有下降。

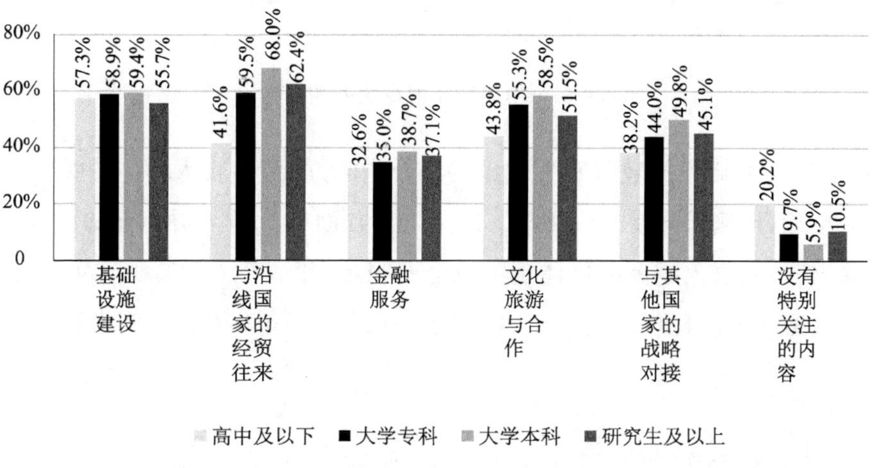

图45 不同受教育程度群体关心的内容

党政机关、企事业单位的中高层管理人员对"一带一路"建设各项内容的关注程度最高，其他职业群体的关注程度差别较大。数据显示(图46)，党政机关、企事业单位的中高层管理人员关注各项内容的比例分别达到62.3%(基础设施建设)、74.3%(与沿线国家的经贸往来)、43.5%(金融服务)、56.0%(文化旅游与合作)和54.5%(与其他国家的倡议对接)，均明显高于其他职业群体。其他职业群体中，退休、无业、待业及全职家务等不在业人员的关注程度相对偏低。

高收入群体对"一带一路"建设各项内容的关注程度较高。数据显示

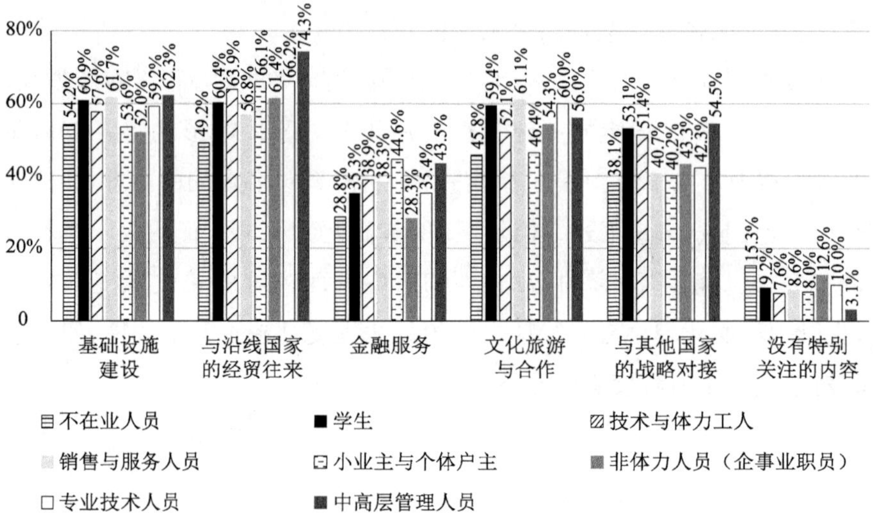

图 46　不同职业群体关心的内容

(图 47)，在基础设施建设和文化旅游与合作两方面，各收入群体的关注程度较为接近，比例差异在 7%以内。其他三个方面的比例差异都超过了 15%，这些内容中，收入越高的群体越关注金融服务，年收入在 30 万元及以上者，关注金融服务的比例达到 49.5%，比年收入在 3 万～5 万元之间者高 20%。

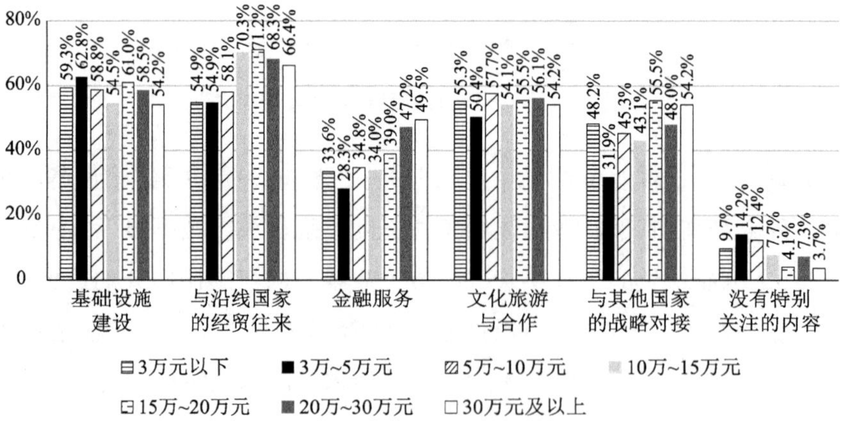

图 47　不同收入群体关心的内容

四、民众对“一带一路”倡议的感知与满意度

民众是否关注“一带一路”倡议，以及关心什么内容，关注到什么程度，这些都与“一带一路”建设对人们生活的实际影响有关。

1. 民众对生活水平变化的感知

大部分受访者认为自“一带一路”倡议提出以来，普通民众的生活水平都有较大改善。调查数据显示(图 48)，认为普通老百姓生活有明显改善或较大改善的比例分别为 13.4%和 35.7%，两者合计达到 49.1%。认为老百姓生活没什么变化的受访者也占有相当比例，接近 20.0%。极少有受访者认为普通民众的生活水平下降了。除了性别、年龄之外，其他不同群体的生活水平感知有显著差异。

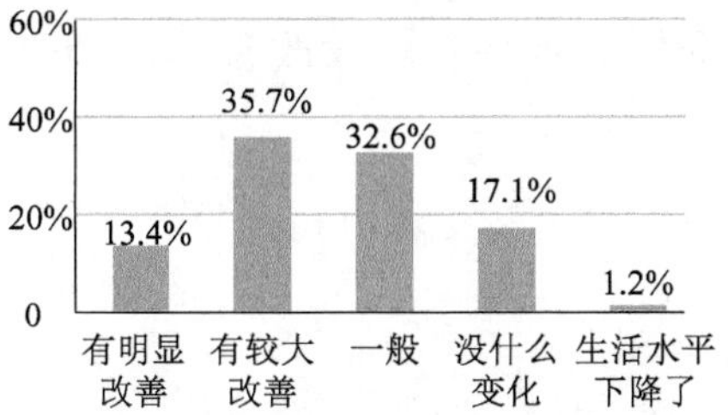

图 48　民众对生活水平变化的感知

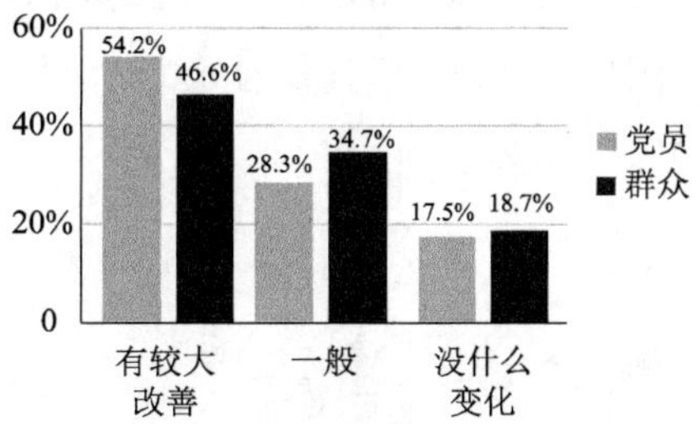

图 49　不同身份群体对生活水平变化的感知

党员相比于普通民众，更认为老百姓的生活水平在“一带一路”倡议提出以来，有较大改善。数据显示(图 49)，党员受访者认为民众的生活水平有较大改善的比例达到 54.2%，高出普通群众 7.6%，在认为民众的生活水平没什么变化方面，党员和普通群众没有显著不同。

教育程度者越高者，越认为民众的生活水平改善程度越低。数据显示(图 50)，高中及以下程度者和大学专科文化程度者对民众生活水平感知程度最强，认为民众生活自“一带一路”倡议提出以来，“有较大改善”的比例较高，分别达到 51.7%和 54.0%；但本科文化程度者和研究生及以上文化程度者认为民众生活有较大改善的比例却较低，分别只有 49.3%和 41.4%。

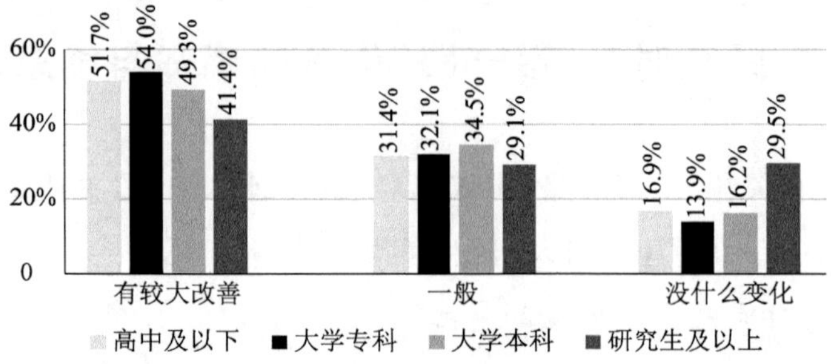

图 50　不同受教育程度群体对生活水平的感知

不同职业群体对民众生活水平变化的感知差异显著(图 51)。具体而言,小业主及个体户群体对民众生活水平变化的感知最为强烈,认为民众生活水平有较大改善的比例达到 65.2%;其次是党政机关、企事业单位的中高层管理人员,认为民众生活水平有较大改善的比例也达到了 60.7%。非体力人员对民众生活水平变化的感知最弱,认为民众生活水平有明显改善的比例只有 38.6%,其他社会群体认为民众生活水平有较大改善的比例介于 40%~50%之间。

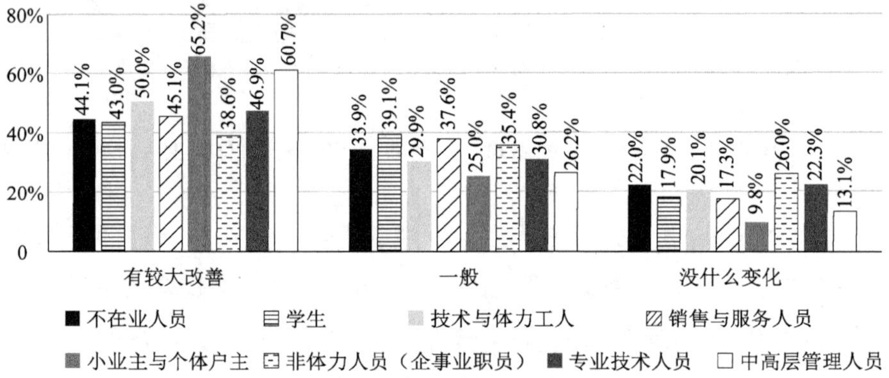

图 51　不同职业群体对生活水平的感知

收入水平越高者,对民众生活水平变化的感知越明显(图 52)。具体而言,年收入水平在 5 万元及以下者,认为民众生活水平有较大改善的比例只有 41.6%,年收入水平在 5 万~15 万元之间者的比例为 49.0%左右,年收入水平在 15 万元以上者,认为民众生活水平有较大改善的比例都超高 50.0%,

其中年收入在20万～30万元之间者接近60.0%。

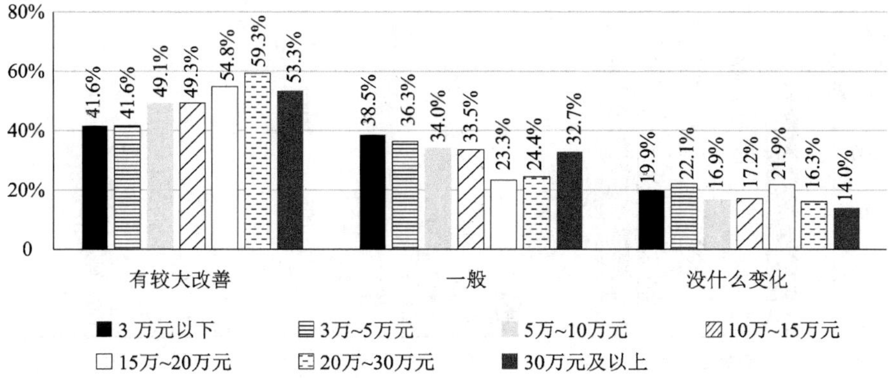

图52　不同收入群体对生活水平变化的感知

2. 民众对中国国际地位的感知

“一带一路”倡议提出以来，中国综合国力不断提升，肩负国际责任的能力不断增强，在国际事务中发挥越来越重要的作用，中国国际地位显著提升。绝大部分民众都认为，自“一带一路”倡议提出以来，中国的国际地位有较大提升。调查数据显示（图53），认为中国国际地位有很大提升或较大提升的比例分别达到22.2%和54.7%，两者累计为76.9%，超过四分之三。认为中国国际地位没什么提升或不清楚的比例累计为7%不到。除了性别和收入因素之外，其他不同社会群体对中国国际地位变化的感知均有所差异。

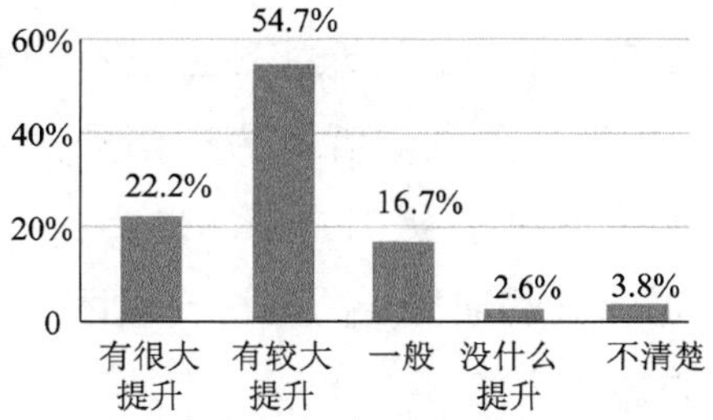

图53　民众对中国国际地位变化的感知

低年龄组和高年龄组群体对中国国际地位提升有明显感知，中间年龄组群体的感知相对较弱。调查数据显示（图54），年龄在18～23岁之间和年龄在42岁及以上的群体，他们对认为在“一带一路”倡议提出以来，中国国际地位有较大提升，比例分别达到80.5%和84.6%。年龄在30～35岁之间的民众，对中国国际地位提升的感知较弱，只有72.8%的人认为中国国际地位有较大提升。

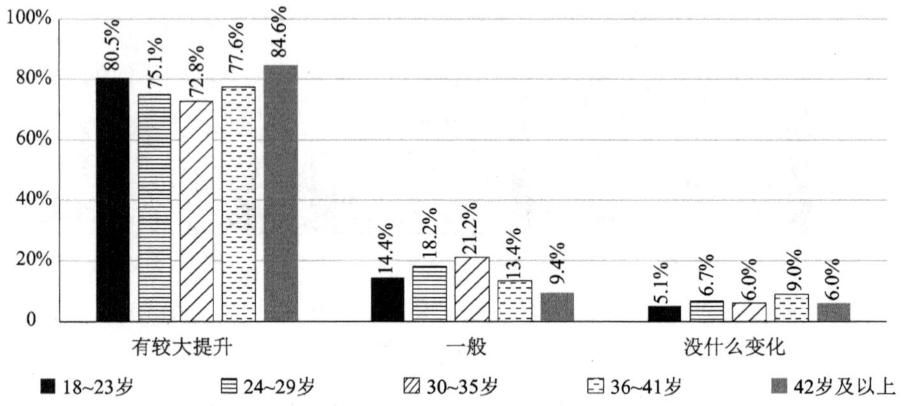

图 54　不同年龄群体对中国国际地位变化的感知

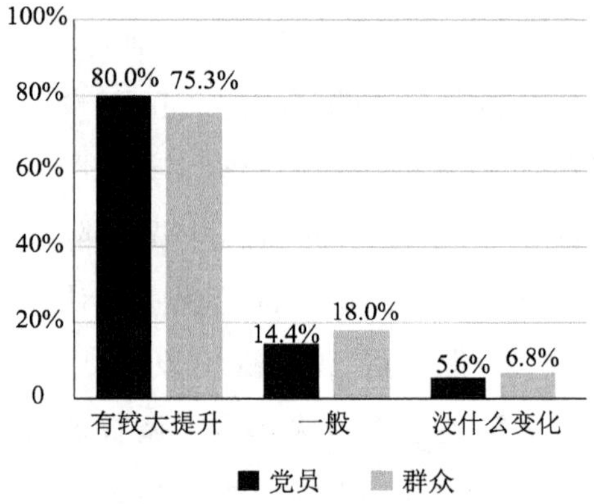

图 55　不同身份群体对中国国际地位变化的感知

党员对中国国际地位提升的感知略高于普通群众。数据显示(图 55),党员受访者认为中国国际地位有显著提升的比例达到 80.0%,比普通群众高出约 5 个百分点。

高中及以下和研究生及以上群体对中国国际地位变化的感知最为明显,大学专科和本科文化程度者的感知较弱。数据显示(图 56),高中及以下文化程度者认为中国国际地位有较大提升的比例只有 70%不到,而认为中国国际地位没什么变化的比例则达到了 14.6%;研究生及以上群体认为中国国际地位有较大提升的比例也只有 73.0%,认为没什么变化的比例达到 10.5%。大学专科和本科文化程度者认为中国国际地位有较大提升的比例相对较高,达到 78%以上,认为没什么变化的比例均在 5%以下。

不同职业群体对中国国际地位变化的感知有显著不同,主要表现为学

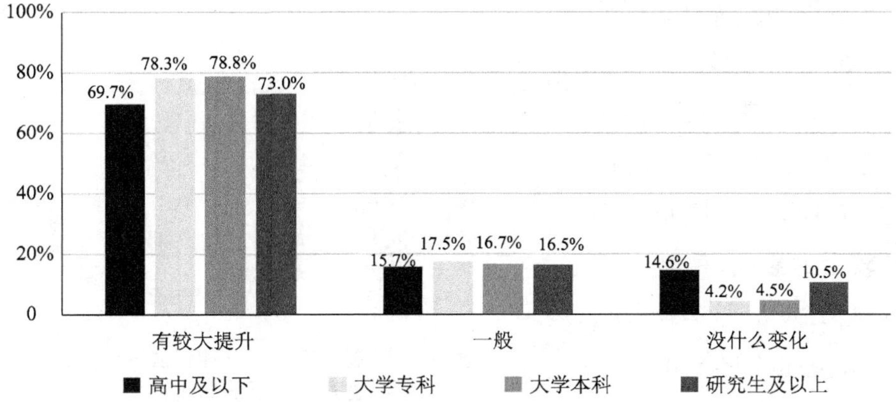

图 56　不同受教育程度群体对中国国际地位变化感知

生、技术与体力工人、中高层管理人员、小业主及个体户等群体的感知较为明显，而专业技术人员、非体力人员等感知较弱。具体数据显示(图 57)，学生群体认为中国国际地位有较大提升的比例最高，达到了 81.2%，其次是技术与体力工人、党政机关与企事业单位的中高层管理人员和小业主及个体户群体，比例也接近 80%，专业技术人员和非体力人员等对中国国际地位提升的感知较低，比例略超过 70%。

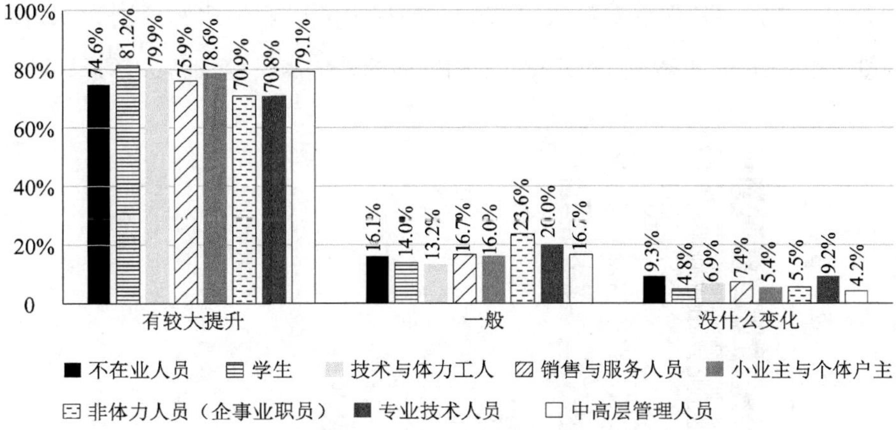

图 57　不同职业群体对中国国际地位变化感知

3. 民众对“一带一路”沿线国家发展的评估

绝大部分民众都认为中国“一带一路”倡议对于沿线国家的经济发展有

积极的影响。调查数据显示(图 58),有 27.3%的民众认为,“一带一路”倡议对沿线国家有很大的影响,有 54.3%的民众认为有较大的影响,两者合计达到 81.6%。认为没什么影响、完全没影响的比例较低,累计只有 2.7%。除了性别和职业因素外,其他不同社会群体关于“一带一路”倡议对沿线国家经济发展的影响评估存在差异。

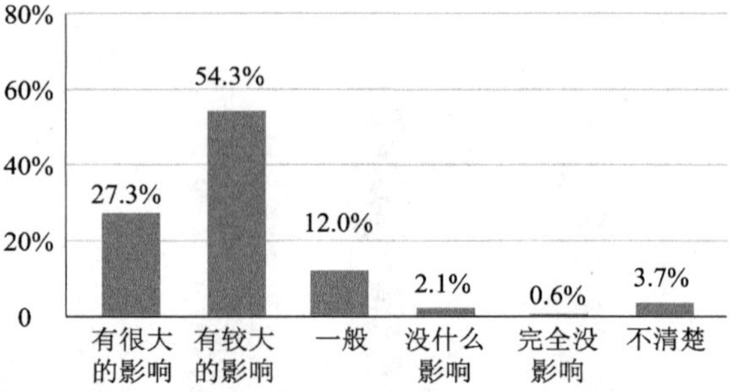

图 58　民众关于“一带一路”倡议对沿线国家发展的影响评估

不同年龄组群众关于“一带一路”倡议对沿线国家的发展评估呈 U 型轨迹,即低年龄组和高年龄组对沿线国家发展评估较高,而中间年龄组群众的评估较低。数据显示(图 59),年龄在 18～23 岁之间的受访者认为“一带一路”倡议对沿线国家的发展有很大影响的比例较高,达到 88.7%,随着年龄的增加,人们的评估水平逐渐下降,年龄在 24～29 岁、30～35 岁及 36～41 岁之间的群体认为“一带一路”倡议对沿线国家的发展有很大影响的比例分别为 85.9%、81.9%和 79.7%,年龄在 42 岁及以上的群体的评估水平也较高,达到 88.4%。

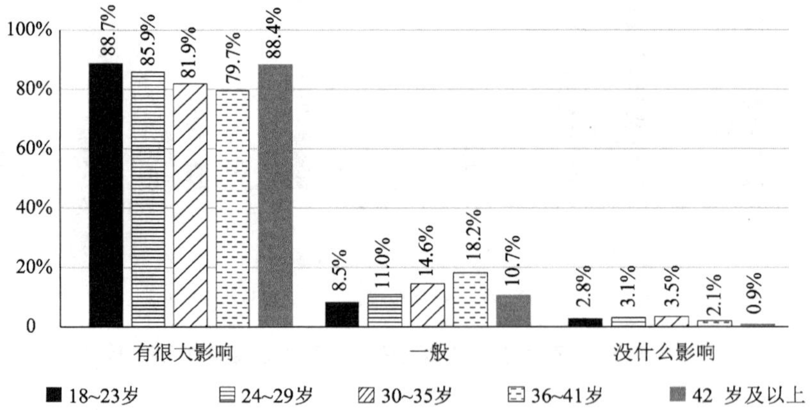

图 59　不同年龄群体关于“一带一路”对沿线国家发展的影响评估

党员关于"一带一路"倡议对沿线国家发展的影响评估高于普通群众。数据显示(图 60),党员认为"一带一路"倡议对沿线国家发展有较大影响的比例达到 86.9%,普通群众为 83.6%,虽有差别,但差别不大。

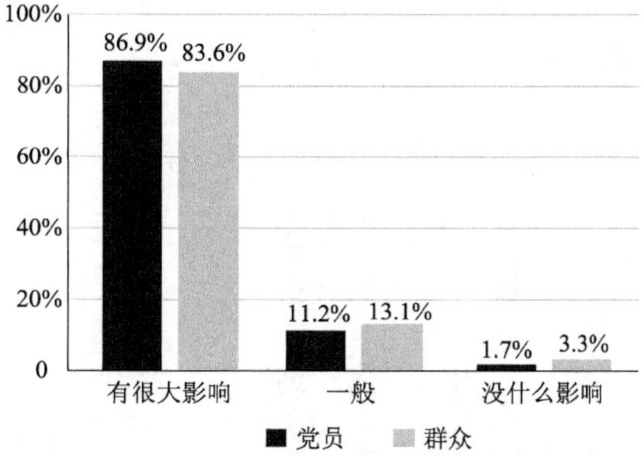

图 60 不同身份群体关于"一带一路"对沿线国家发展的影响评估

教育水平越高,关于"一带一路"倡议对沿线国家发展的评估越积极。数据显示(图 61),高中及以下文化程度者,对沿线国家发展的评估较低,认为有较大影响的比例只有 75.3%,大学专科文化程度者认为有较大影响的比例增加到 84.0%,大学本科和研究生及以上文化程度者认为有较大影响的比例略有增加,与大学专科文化程度者差距不明显。

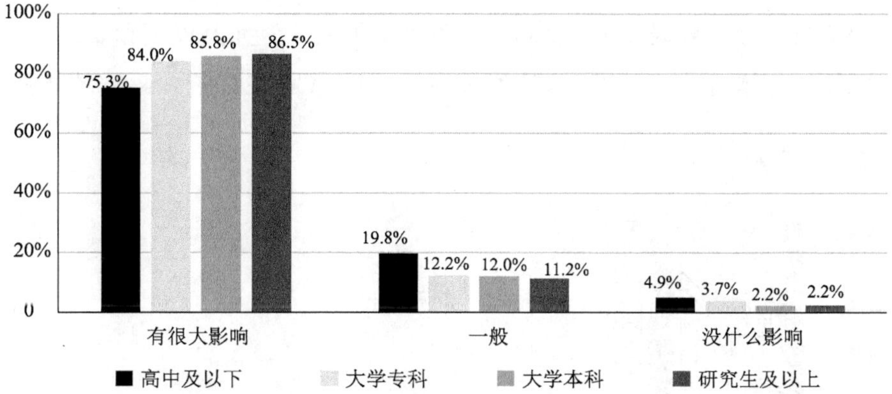

图 61 不同受教育程度群体关于"一带一路"对沿线国家发展的影响评估

不同职业群体对沿线国家发展的评估有所差异,高职业地位群体的评估相对偏低,但差距不明显。调查数据显示(图 62),学生、销售与服务人员及退休、无业、待业和全职家务等不在业人群对沿线国家发展的评估较高,他们认为"一带一路"建设倡议对沿线国家发展有较大影响的比例分别达到

90.0%、86.5%和 86.1%，技术与体力工人的评估则相对较低，只有 79.7%。其他群体的评估处于两者之间。

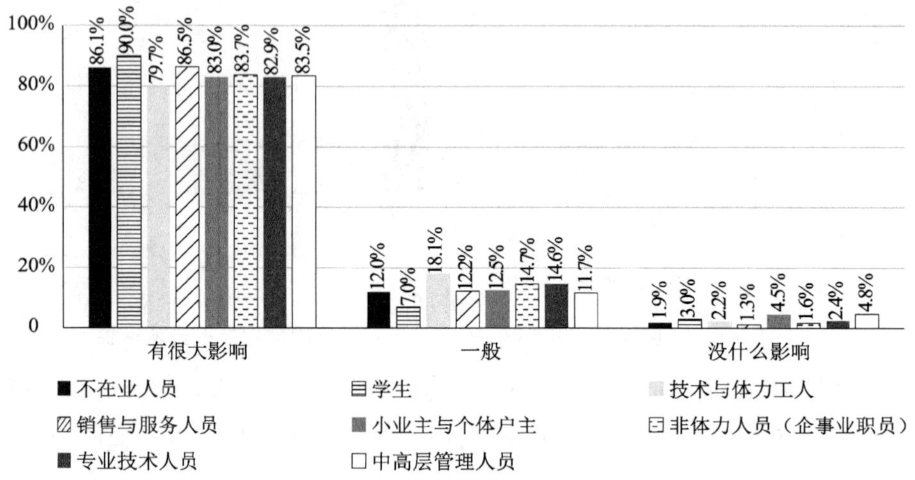

图 62　不同职业群体关于"一带一路"对沿线国家发展的影响评估

收入越高者，关于"一带一路"倡议对沿线国家发展的评估越低，基本呈单调递减趋势。数据显示(图 63)，年收入水平在 3 万元及以下和 3 万～5 万元之间的群体，认为"一带一路"倡议对沿线国家发展有较大影响的比例最

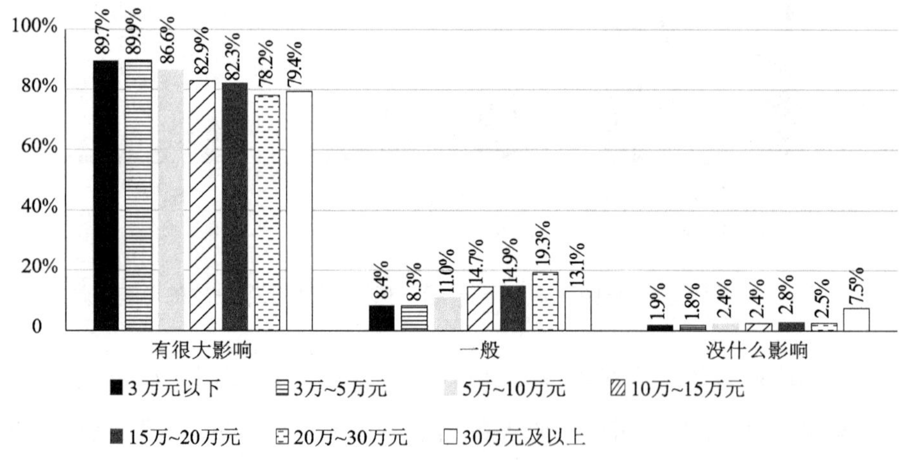

图 63　不同收入群体关于"一带一路"对沿线国家发展的影响评估

高,分别达到 89.7%和 89.9%,随着收入增加,认为有较大影响的比例逐渐降低。年收入水平在 20 万~30 万元之间和 30 万元以上的群体,认为有较大影响的比例较低,分别只有 78.2%和 79.4%。

4. 民众对"一带一路"倡议成果的满意度

大部分民众对"一带一路"倡议取得的成果总体满意度较高,但仍有较大提升空间。具体而言(图 64),对当前"一带一路"倡议建设所取得的成果感到非常满意的比例只有 16.3%,比较满意的比例为 52.1%,两者合计为68.4%,不足 70.0%。相当一部分民众的满意度为一般,达到 28.8%,接近三成。对"一带一路"建设成果的不满意的比例较低,累计达 2.2%。除了性别因素外,其他不同社会群体对"一带一路"建设成果的满意度有显著不同。

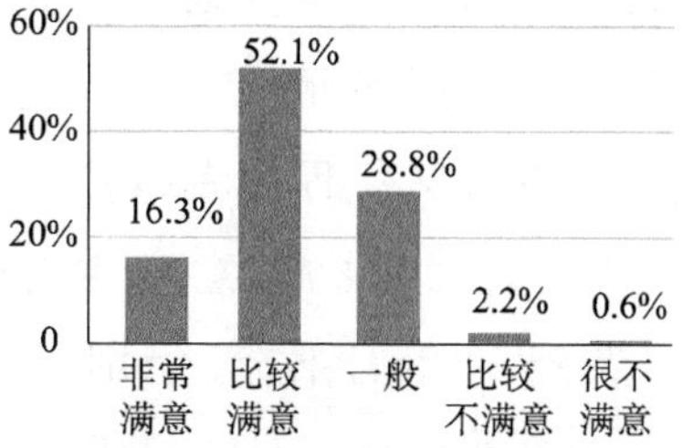

图 64 民众对"一带一路"建设成果的满意度

随着年龄的增加,人们对"一带一路"建设成果的满意度逐渐下降。调查数据显示(图 65),年龄在 18~23 岁之间的年轻受访者对"一带一路"建设成果的满意度最高,非常满意或比较满意的累计比例达到 76.7%,42 岁及以上的受访者满意度最低,累计只有 63.2%表示非常满意或比较满意。

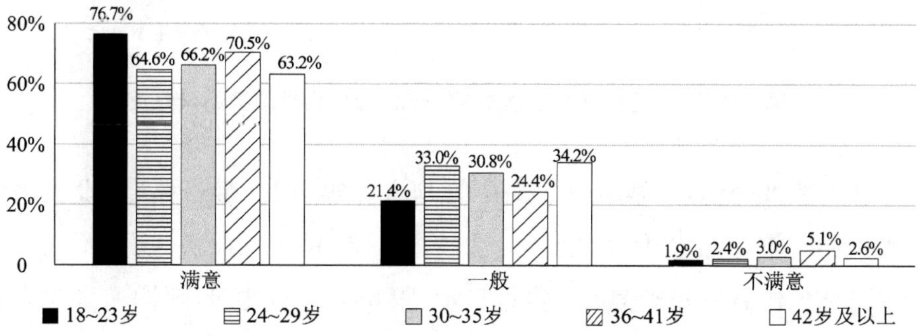

图 65 不同年龄群体对"一带一路"建设成果的满意度

党员对"一带一路"建设成果的满意度比普通群众高。调查数据显示(图 66),党员受访者表示比较满意或非常满意的累计比例为 72.2%,群众的累计比例为 66.5%,低于党员 6 个百分点左右。

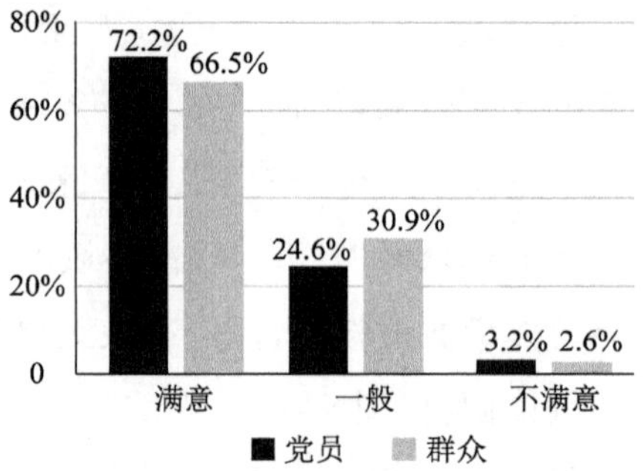

图 66　不同身份群体对"一带一路"建设成果的满意度

大学文化程度者对"一带一路"建设成果的满意度较高,而高中及以下和研究生及以上的满意度偏低。数据显示(图 67),大学专科和本科文化程度者,对"一带一路"建设成果的满意度相对较高,满意的累计比例分别达到 69.3% 和 71.4%,而高中及以下和研究生及以上文化程度者的满意度相对较低,满意的累计比例分别只有 58.4% 和 63.7%。

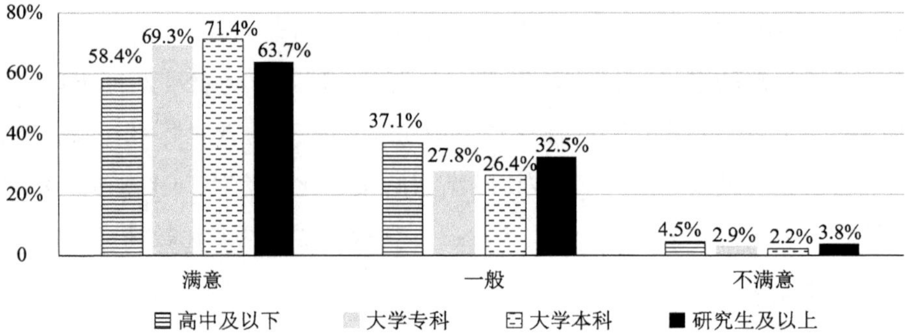

图 67　不同受教育程度群体对"一带一路"建设成果的满意度

小业主及个体户、学生及中高层管理人员等对"一带一路"建设成果的满意度相对较高,而非体力人员、专业技术人员、销售与服务人员、不在业人员等群体的满意度相对偏低。数据显示(图 68),小业主及个体户、学生和党政机关、企事业单位的中高层管理人员对"一带一路"建设成果的满意度分别达到 76.8%、73.9%和 71.7%,而退休、无业、待业、全职家务等不在业人员、销售与服务人员、非体力工人、专业技术人员等的满意度比例较低,都在 65%以下。技术与体力工人的满意度比例介于两者之间。

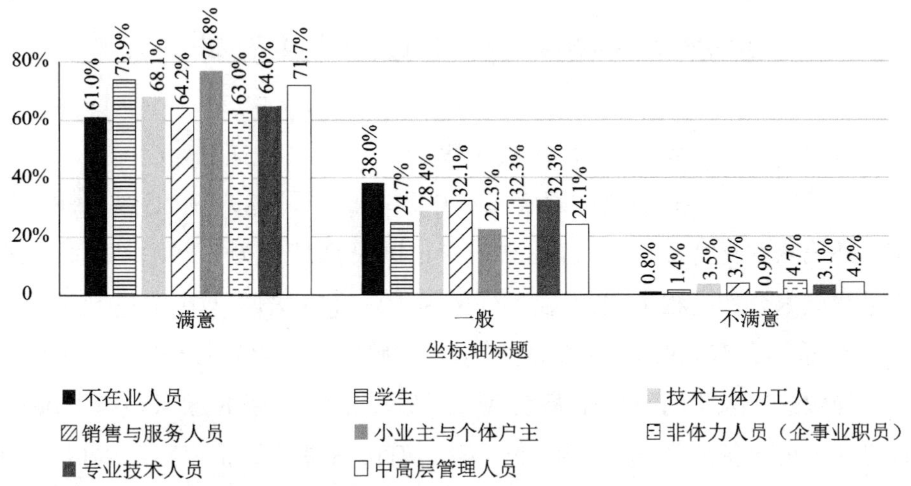

图 68　不同职业群体对“一带一路”建设成果的满意度

不同收入水平的群体对“一带一路”建设成果的满意度评价虽有一定差异，但没有体现出明显的趋势。数据显示(图 69)，年收入水平在 3 万元以下者和年收入在 20 万元以上者，均对“一带一路”建设成果较为满意，两者满意的累计比例分别是 71.2％和 72.4％。但是年收入在 3 万～5 万元之间和 5 万～10 万元之间的累计满意比例则较低，分别只有 61.1％和 64.4％，结合其他收入群体的满意度，未表现出 U 形趋势。

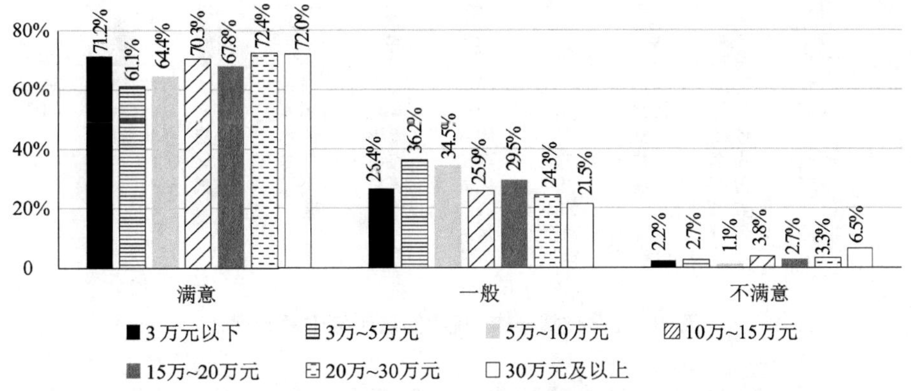

图 69　不同收入群体对“一带一路”建设成果的满意度

五、民众对“一带一路”倡议的未来预期与展望

1. 民众对“一带一路”倡议的风险评估

尽管“一带一路”倡议在国际事务中发挥的作用越来越大，越来越得到国内外民众的支持和认可，但几乎所有中国民众都认为“一带一路”倡议在与沿线国家合作过程中，会存在不同的风险。在本次调研中，这一比例高达96.1%，也即只有3.9%的民众认为“一带一路”建设不会遇到风险。

导致这些风险的原因主要表现在：第一，沿线国家的意识形态不统一，选择该项的比例最高，达到51.7%；第二，跨国投资的回报率得不到保证，比例为48.4%；第三，沿线国家商业环境不稳定、金融体系不完善、政策/法规调整的不可预期性、文化差异以及个别国家可能出现局势动荡的可能性，这些选项的比例大体在44%～48%之间；最后，还有少数民众认为，“一带一路”倡议存在极端主义、恐怖主义的威胁，以及网络安全问题，比例分别为35.9%和18.5%（图70）。

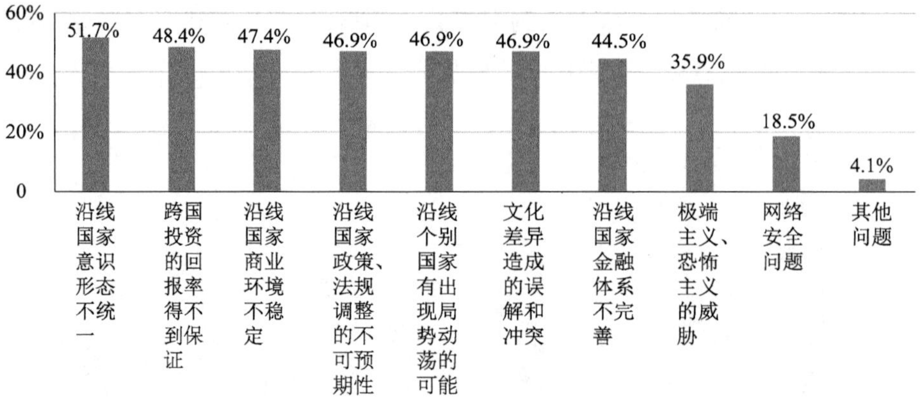

图70 民众对“一带一路”倡议风险因素的评估

不同性别群体对一带一路建设的风险评估基本上不存在显著差异，在各个选项上两者都较为接近（图71）。

不同年龄组群体在少数维度上没有显著差异，在多数维度上存在年龄

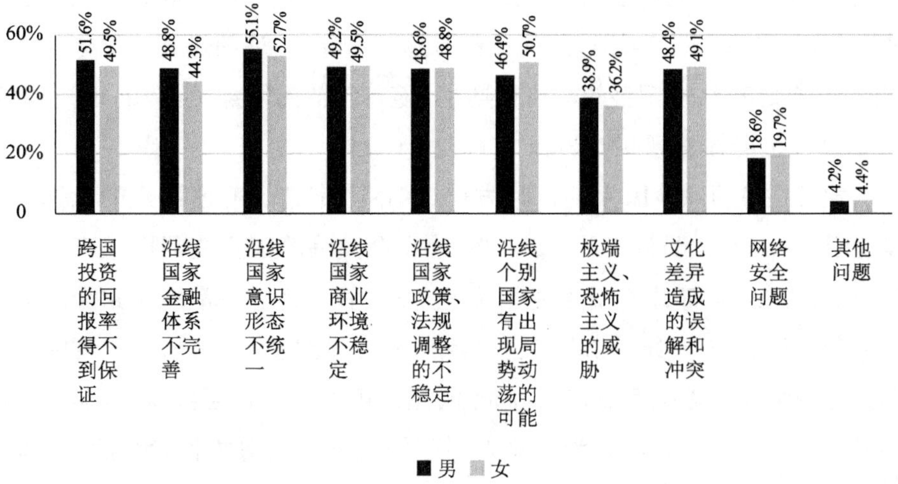

图 71　不同性别群体对“一带一路”倡议风险因素的评估

差异。数据显示(图 72),在跨国投资的回报率得不到保证、沿线国家意识形态不统一、商业环境不稳定等方面不同年龄段群体的差异不明显,但是在其他方面则有相当的差距,这些差距主要表现在 42 岁及以上年龄群体同其他年龄段群体之间。例如,认为沿线国家金融体系不完善,42 岁及以上选择的

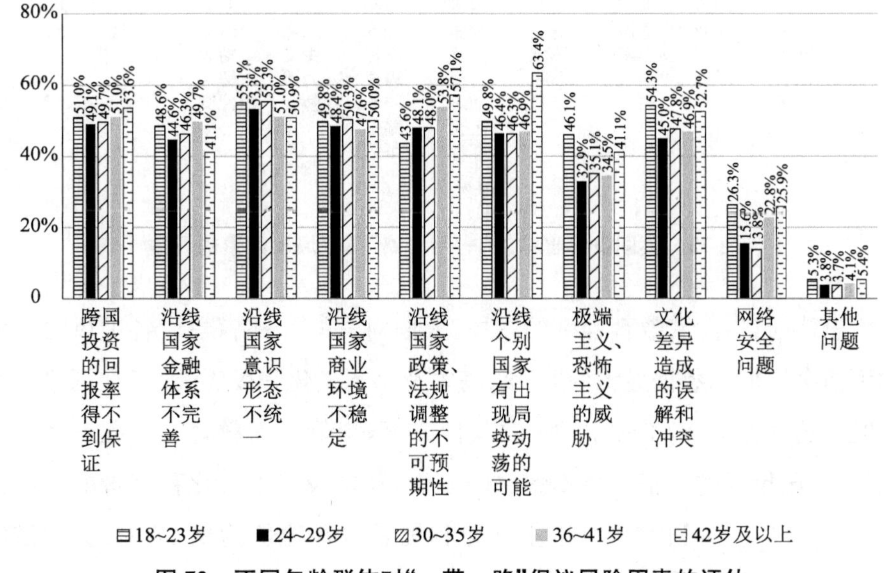

图 72　不同年龄群体对“一带一路”倡议风险因素的评估

比例为 41.1%,明显低于其他年龄组群体;认为沿线个别国家有可能出现局势动荡,42 岁及以上群体选择的比例有达到 63.4%,远超过其他群体。认为沿线国家政策、法规调整的不可预期性,随着年龄的增加,选择的比例越高,42 岁及以上群体达到 57.1%。

党员在各项风险因素的评估方面,基本上都超过普通群众的认知。数据显示(图 73),党员认为"一带一路"建设会面临跨国投资的回报率得不到保证的比例达到 57.1%,比普通群众高 10 个百分点。在沿线国家金融体系不完善、意识形态不统一、政策法规调整不可预测性、个别国家有可能局势动荡和网络安全等维度上,党员选择的比例虽然高于普通群众,但区分不够明显。在沿线国家商业环境不稳定、极端/恐怖主义等方面,普通群众选择的比例则超过了党员。

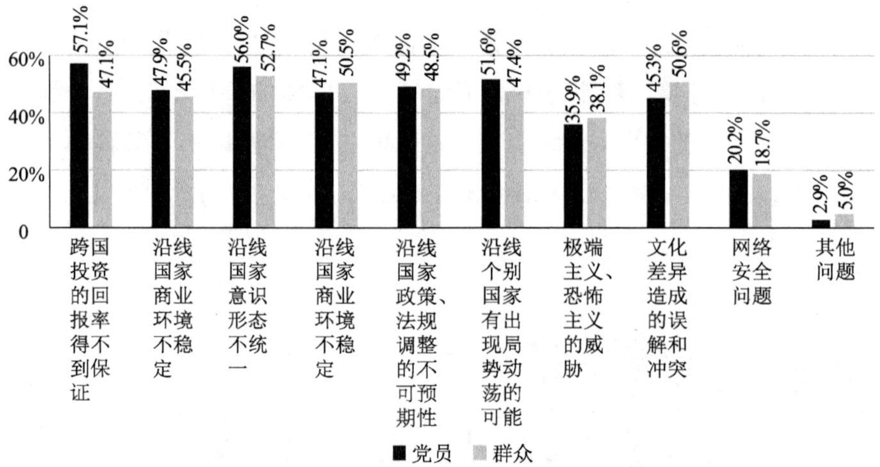

图 73　不同身份群体对"一带一路"倡议风险因素的评估

总体而言,随着教育程度的增加,人们对"一带一路"建设各项风险因素的评估会增加。数据显示(图 74),高中及以下文化程度者,除了在网络安全问题上选择比例(27.2%)之外,在其他方面,均低于高教育文化程度者。例如,在跨国投资的回报率得不到保证方面,高中及以下文化程度者的选择比例只有 40.7%,而研究生及以上文化程度者选择比例达到 57.3%。在沿线国家意识形态不统一方面,高中及以下文化程度选择比例只有 33.3%,而研究生及以上文化程度者达到58.2%，等等。

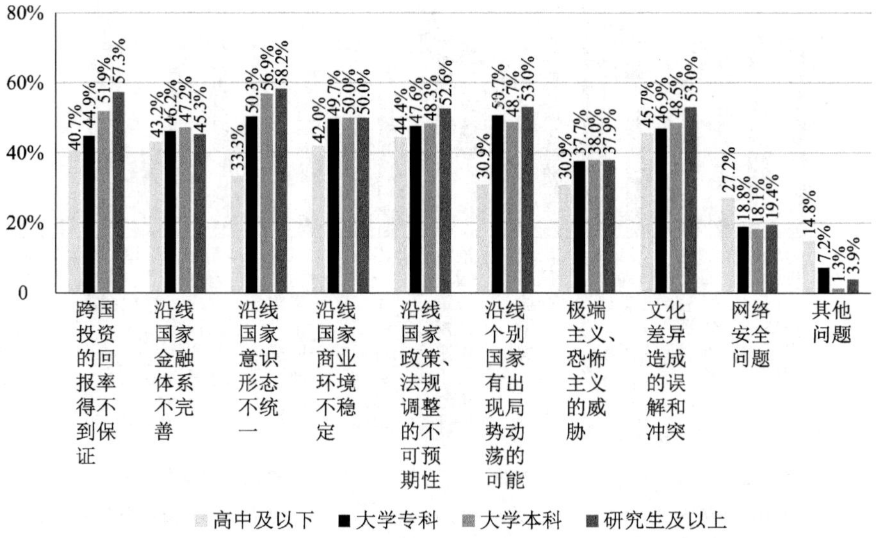

图74 不同受教育程度群体对“一带一路”倡议风险因素的评估

学生群体对“一带一路”建设的风险较为敏感，其他社会群体各有侧重。调查数据显示(图75)，学生群体几乎在所有选项上的选择比例都高于其他群体，或与最高水平接近。例如，在跨国投资的回报率得不到保证方面，学生群体的选择比例达到55.6%，略高于党政机会、企事业单位的中高层管理人员(54.0%)，以及明显高于退休、无业、待业、全职家务等不在业群体。其他群体则各有侧重。

低收入群体和高收入群体对“一带一路”建设的风险评估在多数维度上具有一致性，类似U形曲线的两端，中等收入群体处于中间过渡状态，有的维度较为敏感，有些维度则较为保守。数据显示(图76)，在沿线国家政策、法规调整的不可预测性方面，年收入在3万元以下和30万元以上选择的比例较为接近，分别是45.0%和48.1%，处于较低水平，而年收入在15万～20万元之间的群体，则达到55.3%。在网络安全方面，年收入在3万元以下和30万元以上选择的比例分别是22.0%和25.0%，处于较高水平，而年收入在10万～15万元之间的群体，则只有14.8%。

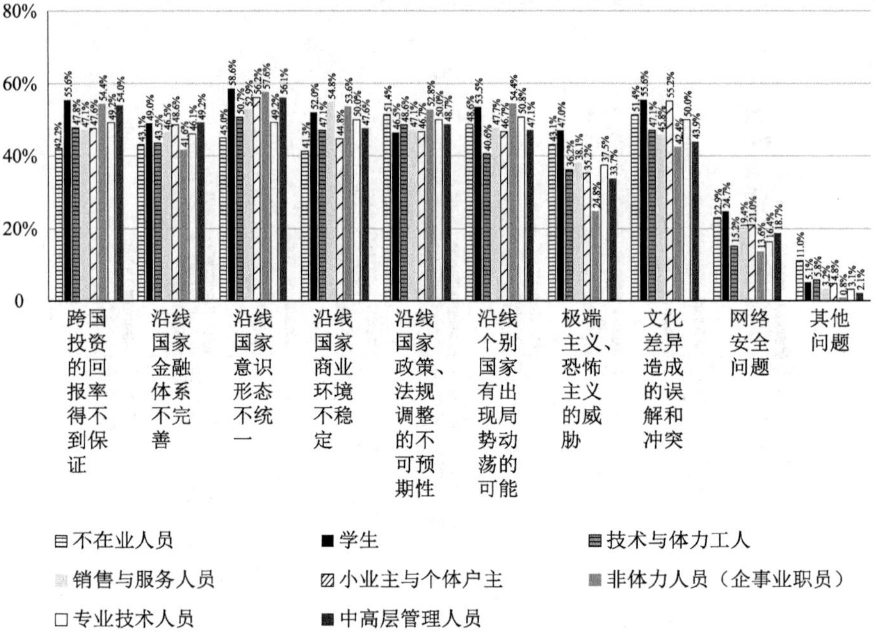

图 75　不同职业群体对“一带一路”倡议风险因素的评估

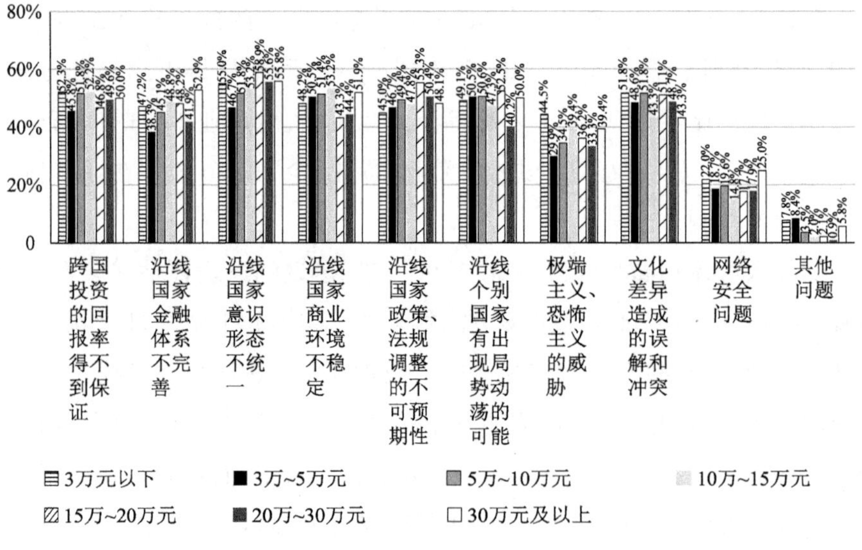

图 76　不同收入群体对“一带一路”倡议风险因素的评估

2. 民众对“一带一路”倡议的期望

相对于“一带一路”倡议对沿线国家发展的作用而言，“一带一路”倡议对中国国内经济与社会发展的重要性，与民众的生活更加密切相关，也更受到民众的关注。

总体而言，民众希望通过“一带一路”建设，能够更好地让国内企业走出去，同时给民众带来更多的就业机会。调查数据显示(图 77)，民众对“一带一路”建设对中国的促进作用预期是多方面的，但最为迫切的包括两个方面，即“一带一路”建设，能够促进国内企业更好的走出去，并给民众带来更多的就业机会，选择这两项的比例分别达到 61.1%和 59.6%。同时，在健全和完善国内公共服务和基础设施、推动国内经济发展方式转变、优化国内产业布局和打造国际合作平台等方面，也占有较高比例。在促进国家治理体系现代化和繁荣中国特色社会主义文化等方面的期望相对偏低，不足三分之一，分别只有 32.7%和 28.8%。除了性别和政治面貌因素外，其他不同社会群体对“一带一路”建设的预期各有侧重。

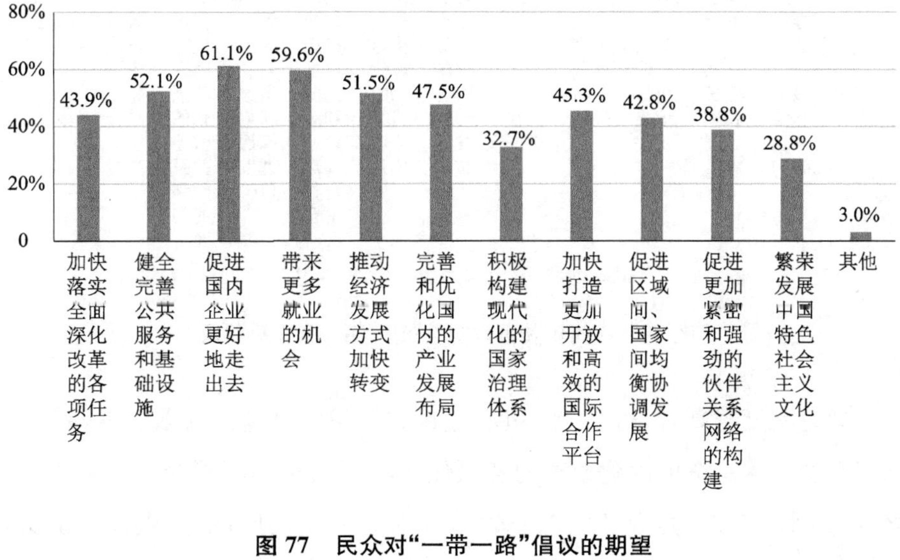

图 77　民众对“一带一路”倡议的期望

不同年龄群体对“一带一路”建设作用的期望各有侧重，低年龄群体对“一带一路”建设的期望更高。从选择比例最高的两项来看，低年龄群体希望通过“一带一路”倡议能够为国内民众创造更多的就业机会，高年龄群体更希望能够促进中国期望更好地走出去。例如，年龄在18～23岁之间的青年群体期望“一带一路”能够为国内民众创造更多的就业机会的比例达到61.5%，与36～41岁之间的群体接近，高于42岁及以上群体5个百分点。但是，42岁及以上群体期望中国企业更好地走出去的比例达到63.2%，高于18～23岁之间群体7个百分点。同时，年龄在18～23岁之间的群体，对加快落实全面深化改革的各项任务、健全公共服务和基础设施、构建现代化的治理体系、促进区域间发展平衡等诸多方面，都期望较高(图78)。

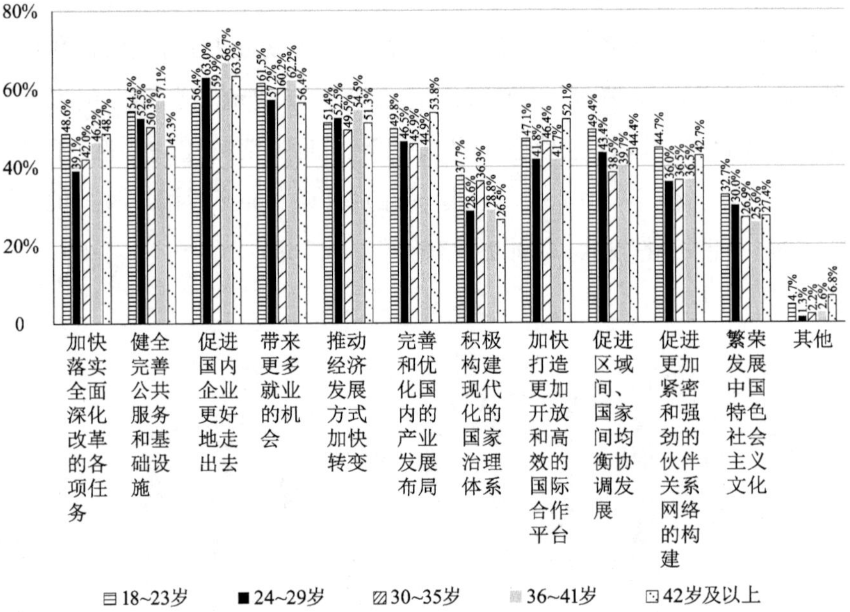

图78　不同年龄群体对“一带一路”倡议的期望

教育程度越高者，对“一带一路”建设的期望也越高。数据显示(图79)，除了在加快落实全面深化改革的各项任务不同教育程度群众中差异不明显之外，其他维度上，高中及以下文化程度的期望均较低，研究生及以上文化程度者的期望相对较高。例如，在促进国内期望更好走出去方面，高中及以下文化群体选择的比例为56.2%，比研究生及以上文化群体(62.0%)低6个百分点。在促进区域间协调发展等方面，高中及以下文化程度者选择的比

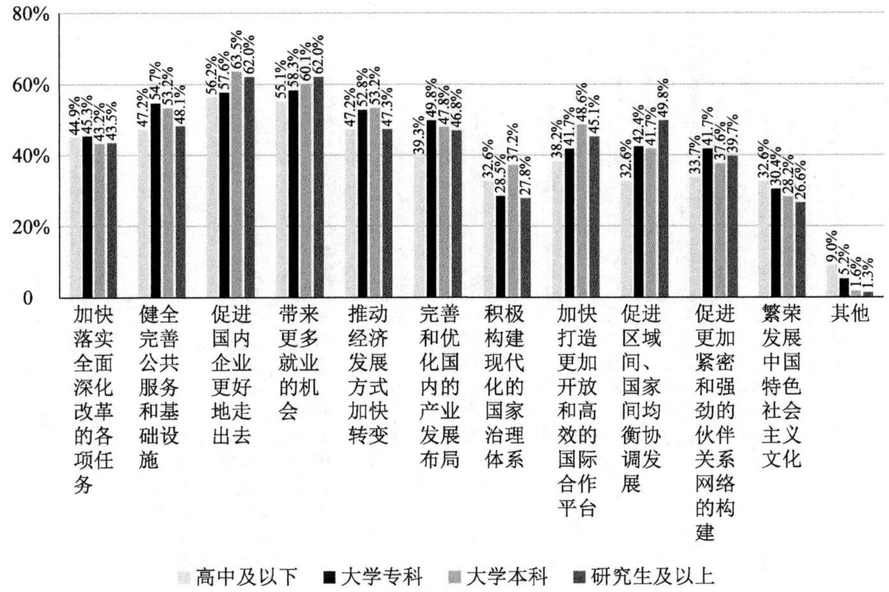

图 79　不同受教育程度群体对“一带一路”倡议的期望

例只有 32.6%，比研究生及以上群体低 17 个百分点。

学生、小业主及个体户、中高层管理人员等对“一带一路”建设的期望较高。数据显示(图 80)，在选择比例最高的两项中，如促进中国企业更好地走出去，除了退休、无业、待业和全职家务等不在业人员和技术与体力工人之外，其他群体的选择比例都超过 60%。在创造更多的就业机会方面，不在业人员、技术与体力工人、销售与服务人员选择的比例也较低，不足 60%，在本项中党政机关、企事业单位的中高层管理人员的比例也相对较低(特例)，只有 55.5%。

不同收入群体对“一带一路”建设的未来期望在不同维度上，存在不同的变化趋势。具体而言(图 81)，在健全和完善公共服务与基础设施和伙伴关系网络的构建方面，不同收入水平组之间差异不明显。在加快落实全面深化改革的各项任务和促进区域间发展平衡两个方面，随着收入的增加，人们的期望水平降低。如加快落实改革的各项任务方面，年收入在 3 万～5 万元之间或 5 万～10 万元之间的选择比例达到 46.9%和 49.6%，而年收入在 30 万元以上的群体，选择比例只有 38.3%。在创造更多的就业机会和构建

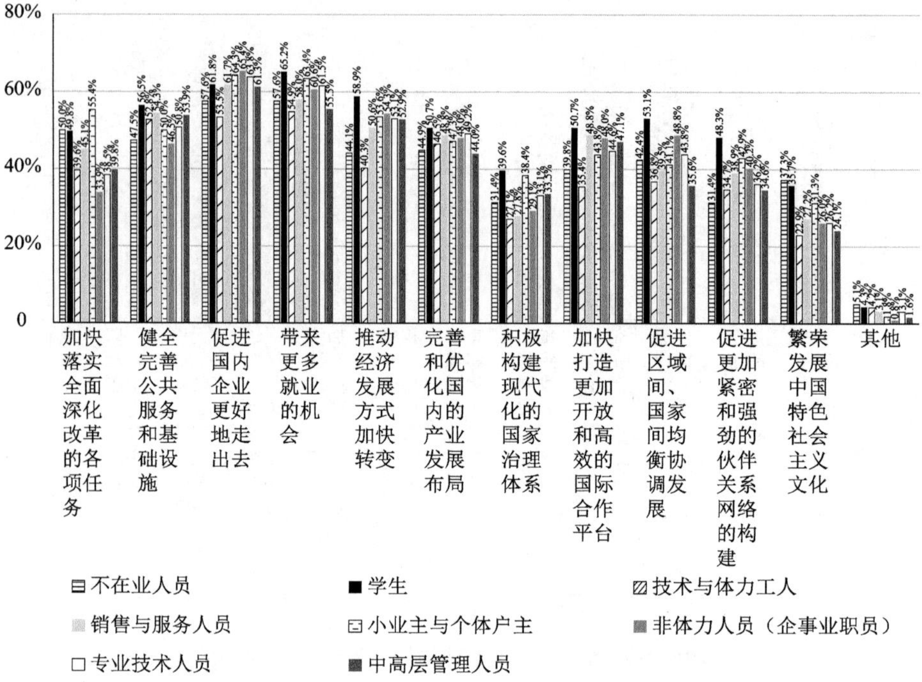

图 80　不同职业群体对“一带一路”倡议的期望

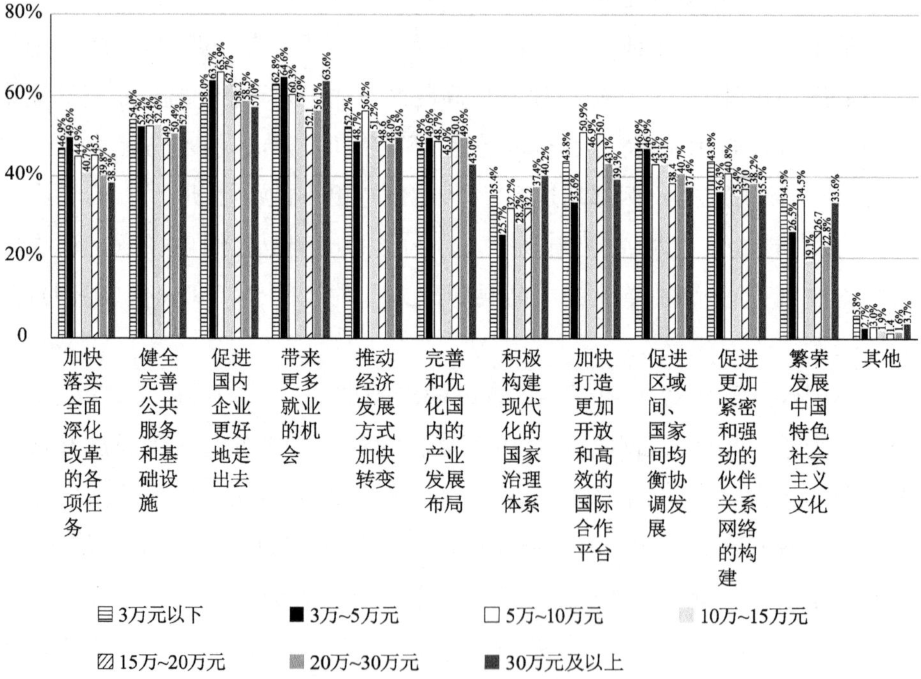

图 81　不同收入群体对“一带一路”倡议的期望

现代化国家治理体系方面，收入同期望之间呈 U 形关系，即低收入组和高收入组的期望较高，而中间收入组相对偏低。如在创造就业机会方面，年收入在 3 万元及以下或 30 万元以上群体选择的比例分别达到 62.8%和 63.6%，而年收入在 15 万～20 万元之间群体的期望比例只有 52.1%。其他各个维度上，收入水平同期望呈倒 U 形关系，例如在促进企业更好地走出去方面，年收入在 3 万元及以下或 30 万元以上群体选择的比例分别只有 58.0%和 57.0%，而年收入在 3 万～15 万元之间群体的期望比例平均在 62%～65%之间。

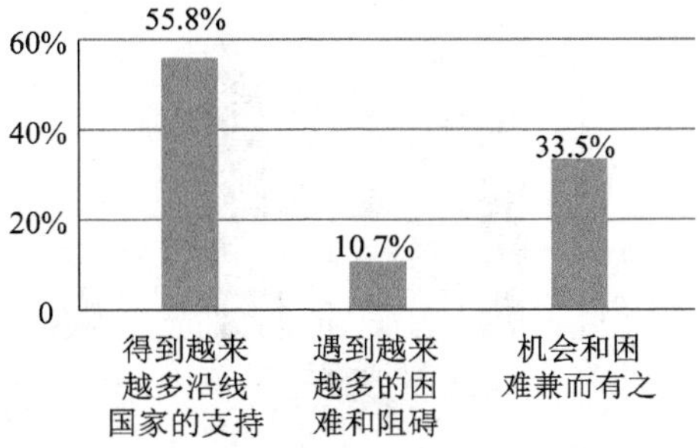

图 82　民众对“一带一路”倡议的发展前景评估

3. 民众对“一带一路”倡议的未来发展前景评估

大部分民众对“一带一路”倡议在未来 5—10 年的发展前景较为乐观。调查数据显示(图 82)，超过 55%的民众认为，在未来 5—10 年，“一带一路”倡议会得到越来越多沿线国家的支持，而认为会遇到越来越多阻碍的比例只有 10.7%。另外，也有近三分之一的民众持中立态度，认为机会和困难兼而有之。

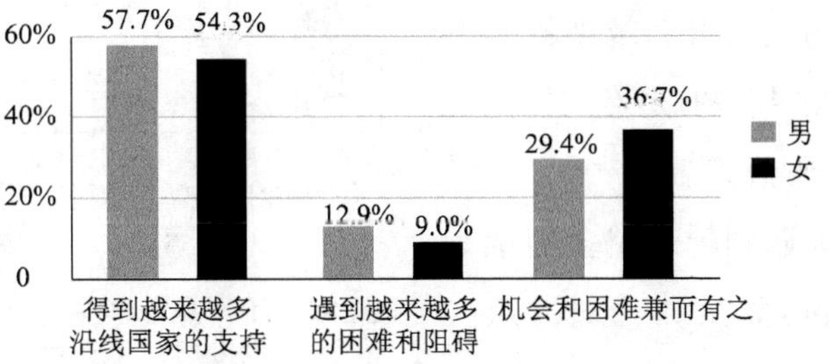

图 83　不同性别对“一带一路”倡议的发展前景评估

男性比女性对“一带一路”倡议发展前景的判断更为激进。数据显示(图 83)，男性受访者认为“一带一路”倡议得到越来越多沿线国家支持的比例和遇到越来越多障碍的比例，均高于女性 3 个百分点左右。女性相对更为保守一些，认为机会和困难兼而有之的比例比男性高 7.3%。

高年龄组对“一带一路”倡议的发展前景判断比低年龄组更为积极。数据显示(图 84),年龄在 41 岁及以下群体认为“一带一路”倡议在未来 5—10 年得到越来越多沿线国家支持的比例相对偏低,低于 55%左右,而 42 岁及以上群体的比例为 61.5%。在遇到困难和障碍方面,42 岁及以上群体的比例只有 6.8%,其他年龄组的比例平均则达到 10%左右。

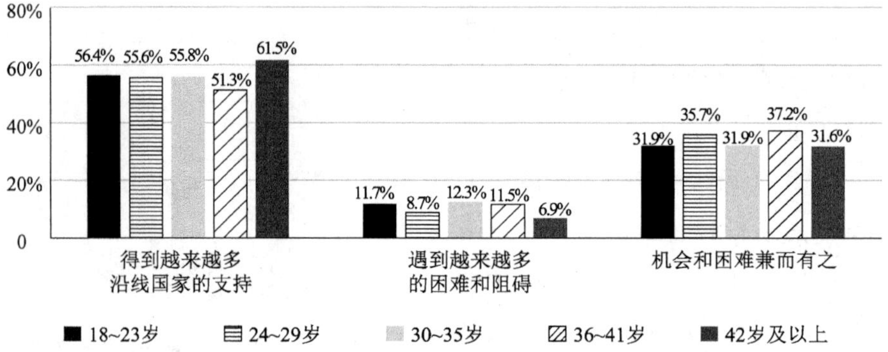

图 84　不同年龄群体对“一带一路”的发展前景评估

党员对“一带一路”倡议发展前景的评估比普通群众更为乐观。数据显示(图 85),党员认为“一带一路”倡议会得到越来越多沿线国家支持的比例达到 60.3%,比普通群众高 7 个百分点左右。认为遇到越来越多困难和障碍的比例,党员和普通群众较为接近。

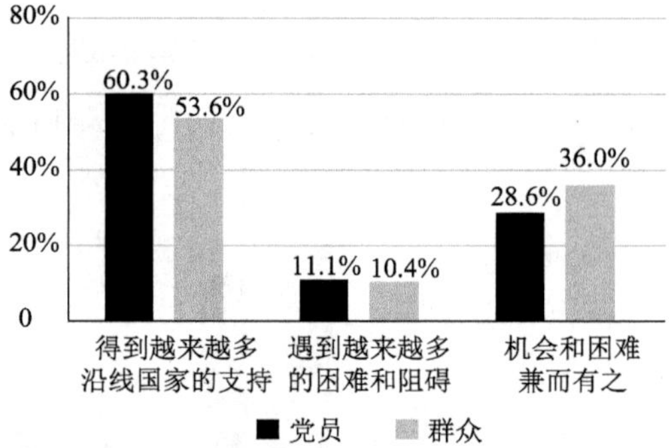

图 85　不同身份群体对“一带一路”的发展前景评估

教育程度越高者,对“一带一路”倡议的发展前景越积极。数据显示(图 86),高中文化程度者对“一带一路”倡议的前景判断较为悲观,认为得到越来越多沿线国家支持的比例只有 49.4%,而遇到越来越多阻碍的比例高达 15.7%。随着教育水平的增加,人们的判断越来越积极。研究生及以上文化程度者,认为“一带一路”倡议会得到越来越多沿线国家支持的比例达到53.6％，而遇到越来越多阻碍的比例只有 8.4％。

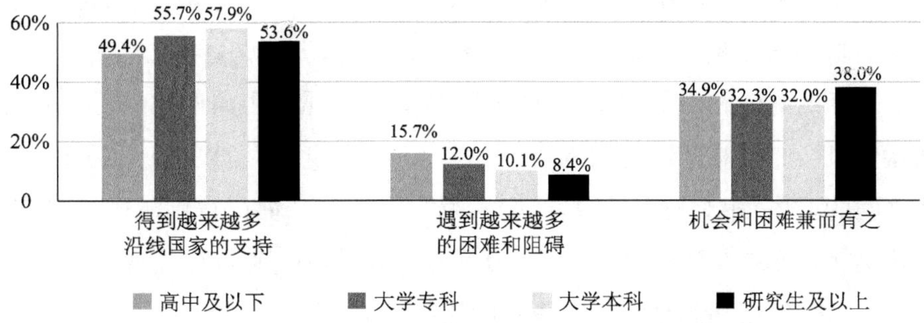

图 86　不同受教育程度群体对“一带一路”的发展前景评估

不同职业群体对“一带一路”发展前景的态度分化明显。学生、小业主及个体户和中高层管理人员的判断较为激进，非体力人员、专业技术人员较为保守，不在业人员、销售与服务人员的态度较为乐观，技术与体力工人则较为悲观。数据显示(图 87)，学生、小业主及个体户党政机关、企事业单位的中高层管理人员，认为得到越来越多国家支持的比例和遇到越来越多困难的比例都较高，两者分别超过 57％和 11％；而非体力人员、专业技术人员认为得到越来越多国家支持的比例和遇到越来越多困难的比例都较低，两者分别低于 53％和 9％。销售与服务人员、不在业人员等认为得到支持的比例较高，而遇到困难的比例较低；技术与体力工人反之。

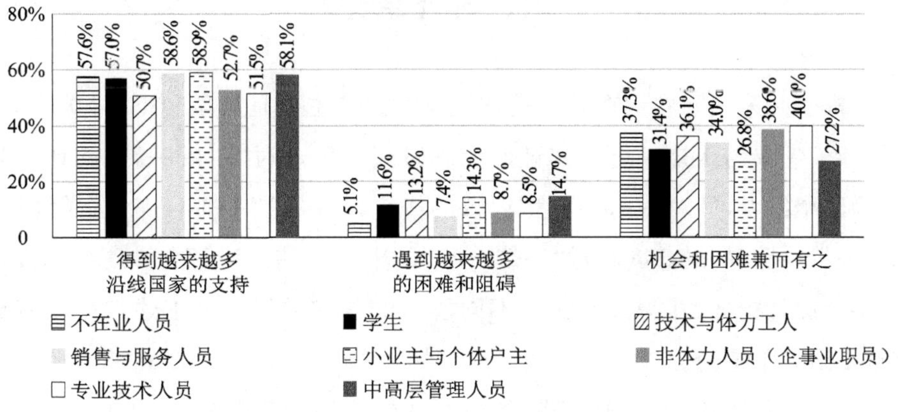

图 87　不同职业群体对“一带一路”的发展前景评估

不同收入群体对“一带一路”发展前景的态度也较为多样化。数据显示(图 88),年收入在 3 万元以下的低收入群体,认为“一带一路”倡议得到支持和遇到阻碍的比例都比较高,分别达到 59.3%和 10.2%;年收入在 3 万～5 万元之间的群体相对保守得多,认为得到支持和遇到阻碍的比例都比较低,而认为机会与困难兼而有之的比例达到 47.8%;年收入水平在 5 万～20 万元之间的群体,相对较为乐观,他们认为“一带一路”倡议得到越来越多支持的比例接近 60%;而年收入在 20 万元以上的群体,则非常悲观,他们认为“一带一路”倡议遇到越来越多障碍的比例接近 20%。

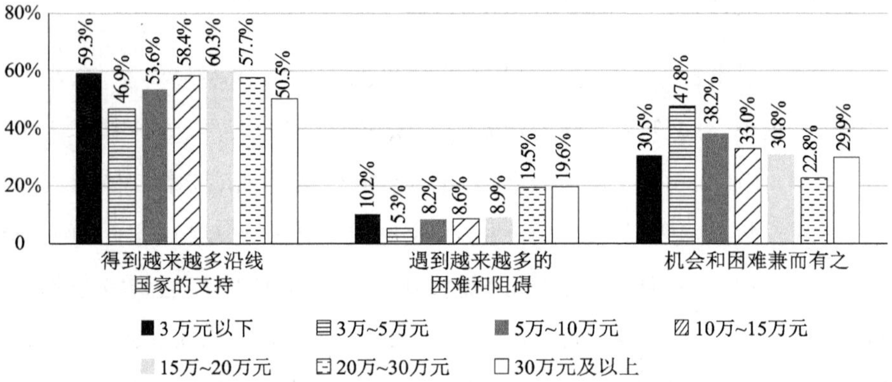

图 88 不同收入群体对“一带一路”的发展前景评估

六、研究结论

本研究采用问卷调查的方式,对中国民众(主要是高学历群体)关于“一带一路”倡议的认知进行了实证研究。研究将民众对“一带一路”的认知划分为四个维度,即对“一带一路”倡议的概念认知;对“一带一路”的关注度;对“一带一路”的满意度和对“一带一路”的未来评估。对每个维度分别设计了多个测量指标,并深入了解了不同群体的认知差异。就上述结果调查分析,得出如下结论。

第一,从民众对“一带一路”的概念认知来看,有相当比例的民众对“一带一路”倡议的全称并不完全熟悉,这可能是因为在日常传播过程使用“一带一路”简称较多的缘故。另外，民众对于“一带一路”倡议提出时间的认知也非常低。尽管如此，不同群体对“一带一路”的认知却表现出显著差异（性别除外），年长者、党员、高教育程度者、中产阶层（党政机关/事业单位的公职人员、专业技术人员、企业单位的中高层管理人员等）、中高收入者对“一带一路”倡议的认知度相对较高。从“一带一路”提出的背景/动机认知来看，大部分民众认为“一带一路”的提出，是为了加强与他国的合作，促进亚非发展、合作共赢。

第二，从民众对“一带一路”倡议的关注来看，中国民众对“一带一路”的日常关注度较高，尤其是男性、党员、年长者、中产阶层、中高收入者等对“一带一路”的关注度较高，同时他们也更愿意与周围人群讨论与“一带一路”有关的话题，他们关注“一带一路”新闻或活动的途径也更加多样化，如电视媒体（主要途径）、微博、微信。“一带一路”网在信息传播过程中，也发挥了相当大的作用。民众关心“一带一路”建设的主要原因是“一带一路”建设的很多内容，与民生都密切相关，如与沿线国家的经贸往来、基础设施建设和文化旅游等都是民众关心的内容。

第三，从民众对“一带一路”倡议的满意度来看，尽管相当比例的民众都认为自中国提出“一带一路”倡议以来，中国老百姓的生活水平有较大改善，中国的国际地位有明显提升，对沿线国家的发展有积极促进作用，对“一带一路”建设的总体成果感到满意，但满意度的比例并不高，认为仍有较大可提升空间。不同群体对“一带一路”成果的满意度存在明显分化（除性别外），年轻者、党员、大学文化程度者、小业主/个体户、学生、中高层管理人员等群体的满意度相对较高，而年长者、普通非党员群众、高中及研究生以上文化程度者、专业技术人员等的满意度则相对较低。

第四，从民众对“一带一路”倡议的未来评估来看，几乎所有民众都认为“一带一路”建设在同沿线国家合作过程中，会存在不同的风险。这些风险要素主要表现为：沿线国家的意识形态不统一、商业环境不稳定、金融体系不完善、跨境投资回报不稳定，甚至个别国家还会出现局势动荡以及极端恐怖主义等诸多方面的问题。尽管民众都认为“一带一路”建设会存在不同的风险，但大部分民众对“一带一路”建设的发展前景仍是比较乐观的，认为中国"一带一路"倡议会得到越来越多沿线国家的支持。同时民众希望在"一带一路"建设过程中,中国企业能够更好地走出去,同时给国内民众带来更多的就业机会。

本研究的调查分析试图对中国民众的"一带一路"认知进行全面的分析,然而由于在线调查的原因,样本未能覆盖不同的社会群体,实际参与访问的样本大多具有较高的文化水平(大学专科及以上),农村、低文化水平者、基础网络条件较差的群体样本量较少,因而样本的实际分布与全国人口相比较仍有较大差异。因此,本研究结果有可能高估了中国民众对"一带一路"建设的整体认知状况。尽管如此,由于高学历群体在教育、职业等诸多方面的优势,在社会结构中通常处于社会中上层位置,在社会舆论中也具有较强的示范作用。因而,他们对"一带一路"倡议的相关认知情况具备一定的代表性。

“一带一路”
建设的经贸合作

中国与“一带一路”沿线国家的贸易潜力及影响因素◆

——基于随机前沿引力模型的实证研究

李博英*

一、引　言

丝绸之路是连接亚洲、非洲和欧洲的古代陆上商业贸易路线。它起始于古代中国长安，由河西走廊，经中亚国家如阿富汗、伊朗、伊拉克、叙利亚等而达地中海，以罗马为终点，全长6 440公里。丝绸之路最初的作用是运输中国古代出产的丝绸、瓷器等商品，后来成为东方与西方之间经济、政治、文化等诸多方面交流的主要通道。

而海上丝绸之路，指的是古代中国与世界其他地区进行经济文化交流交往的海上通道。中国古代的徐闻港、合浦港等港口和“广州通海夷道”的海上航路是我国最早的海上丝绸。古代海上丝绸之路从中国东南沿海出发，途经过中南半岛和南海诸国，进入东非和欧洲。中国输往世界各地的主要货物，从丝绸到瓷器与茶叶，形成一股持续吹向全球的东方文明之风。尤其是在宋元时期，中国造船技术和航海技术的大幅提升以及指南针的航海运用，全面提升了商船的远航能力，私人海上贸易也得到发展。这一时期，中国与世界60多个国家有着直接的“海上丝路”商贸往来，从而引发了西方

◆ 本文系同济大学中央高校基本科研业务费专项资金资助(22120190058)、上海市人民政府决策咨询研究重点专项课题(2019-AZ-003-B)的阶段性研究成果。

* 李博英，同济大学政治与国际关系学院助理教授、同济大学中国战略研究院研究员。

世界一窥东方文明的大航海时代的热潮。明代郑和远航的成功，标志着“海上丝路”发展到了极盛时期。

中国境内海上丝绸之路主要由广州、泉州、宁波三个主港和扬州、福州等其他支线港组成。广州是世界海上交通史上唯一一个 2 000 多年长盛不衰的大港，从 3 世纪 30 年代起，广州就已成为海上丝绸之路的主港；唐宋时期，广州成为中国第一大港；明初、清初海禁，广州长时间处于“一口通商”的局面。宋末至元代，泉州成为中国第一大港，并与埃及的亚历山大港并称为“世界第一大港”，后因明清海禁而衰落。联合国教科文组织所承认的海上丝绸之路的起点便是泉州。东汉初年，宁波地区已与日本有交往；到了唐朝，宁波成为中国的大港之一；两宋时，靠北的外贸港先后为辽、金所占，或受战事影响，外贸大量转移到宁波。中国历史上的海上丝绸之路在近现代仍然是我国海上对外贸易和交流的主要通道。

2013 年 9 月和 10 月，习近平总书记先后提出共建“丝绸之路经济带”和“21 世纪海上丝绸之路”（以下简称“一带一路”），得到了国际社会的高度关注和有关国家的积极响应。六年来，全球 100 多个国家和国际组织积极支持和参与“一带一路”建设。2015 年 3 月，《推动共建丝绸之路经济带和 21 世纪海上丝绸之路的愿景与行动》发布，将“一带一路”倡议提升为国家战略。2017 年 3 月，联合国安理会一致通过了第 2344 号决议，呼吁各国推进“一带一路”建设，并首次载入“构建人类共同体”理念，“一带一路”成为国际共识。2017 年召开的党的十九大将“人类命运共同体”和“一带一路”写入党章，这充分体现了我们党高度重视“一带一路”建设，坚定不移推进“一带一路”国际合作的决心和信心。2017 年 5 月 14 日，首届“一带一路”国际合作高峰论坛召开；2019 年 5 月 14 日，第二届“一带一路”国际合作高峰论坛召开。两次“一带一路”国际合作高峰论坛，把“一带一路”推向世界、把中国推向世界，同时也让世界进一步了解了中国。“一带一路”架起了中国连通世界和世界连通中国的桥梁，“一带一路”坚持共商共建共享，让政策沟通、设施联通、贸易畅通、资金融通、民心相通成为共同努力的目标。“一带一路”倡议是习近平总书记对国际、国内形势观察和思考后提出的重大战略，是中国迈向新时代对外开放的战略设计。“一带一路”实质是对外开放，中国的对外开放不仅对中国有利，同时对世界也有利。“一带一路”倡议是中国对外开放的战略选择，“一带一路”的中国逻辑是改变自己，造福人类，通过中国的快速发展，让世界人民共享中国的发展成果；“一带一路”的世界逻辑是融合“一带一路”沿线各国发展，发挥“一带一路”沿线各国优势，汇聚“一带一路”沿线各国的智慧，最大限度地不断提高“一带一路”沿线各国资源的配置效率，使得“一带一路”沿线各国投资贸易更加便利快捷，使得“一带一路”沿线各国资源比较优势彰显，使得“一带一路”沿线各国人民群众生活质量不断提高；“一带一路”的制度逻辑是构建实现人类命运共同体交流平台，开辟实现人类命运共同体新的路径与方式。“一带一路”源于历史，属于未来；源于中国，属于世界，是推进开放、包容、普惠、平衡、共赢的新型全球化倡议，是践行人类命运共同体的必然选择。

二、“一带一路”倡议的意义、机遇与挑战

“一带一路”倡议的目标是要建立一个政治互信、经济融合、文化包容的利益共同体、命运共同体和责任共同体，是与包括欧亚大陆在内的世界各国，构建一个互惠互利的利益、命运和责任共同体。“一带一路”倡议对巩固中国同中亚和东南亚的合作基础，加强中国与海上丝绸之路经济带和丝绸之路经济带周边国家的合作，带动我国中西部加快改革开放，促进我国东部地区的转型升级和对外投资，加快与东南亚的互联互通，加快我国企业产品结构的升级具有重要意义。

（一）“一带一路”倡议的意义

1.“一带一路”倡议顺应了我国对外开放区域结构转型升级的需要

我国的改革开放从 1978 年党的十一届三中全会开始，按照邓小平同志的设想，让一部分人、一部分地区先富起来，然后用先富带动后富，最终实现共同发展。改革开放最先发展东部地区，先后建立了深圳等 5 个经济特区，开放和开发了 14 个沿海港口城市和上海浦东新区，相继开放了 13 个沿边、6 个沿江和 18 个内陆省会城市，建立了众多的特殊政策园区。经过几十年的

发展，东部地区已经发展起来，而中西部地区发展依然较慢，这在一定程度上造成了东、中、西部的区域失衡。“一带一路”尤其是“一带”起始于西部，主要经过西部通向西亚和欧洲，由中西部地区作为新的牵动者承担着开发与振兴占国土面积三分之二广大区域的重任，与东部地区一起承担着中国走出去的重任。这必将使得我国对外开放的地理格局发生重大调整，同时，东部地区正在通过连片式的“自由贸易区”建设进一步提升对外开放的水平，依然是我国全面对外开放的重要引擎。

2.“一带一路”倡议顺应了中国要素流动转型和国际产业转移的需要

在改革开放初期，中国经济发展水平低下，亟需资本、技术和管理模式。因此，当初的对外开放主要是以引进外资，引进国外先进的技术和管理模式为主。经过几十年的发展，我国已经形成了自己的经济体系，已经具备了要素输出的能力。2014年末，中国对外投资突破千亿美元，已经成为资本净输出国。“一带一路”建设恰好顺应了中国要素流动新趋势。“一带一路”倡议通过政策沟通、道路联通、贸易畅通、货币流通、民心相通这“五通”，将中国的生产要素，尤其是优质的过剩产能输送出去，与沿“带”沿“路”的发展中国家和地区共享中国发展的成果。

3.“一带一路”倡议巩固了中国同中亚和东南亚的合作基础

丝绸之路经济带的核心理念是加强同中亚和东南亚国家的经贸合作，中国同中亚及东南亚各国历史上有着共同的发展经历，文化相通，合作基础坚固。中国新一轮的改革开放举措有利于通过共建“一带一路”丝绸之路形成对外开放新的增长点。因此关键之处在于处理好中国与中亚及东南亚国家的关系，发挥好上合组织和中国东盟自贸区在推动周边合作中的积极作用，加强互联互通，优势互补，共同发展，共同受益，打造好同西部邻邦及东南亚邻国的友好合作关系。

4.“一带一路”倡议给世界经济发展提供了新的动力

“一带一路”既是开放的标志又是开放的平台。“一带一路”建设跨越不同地域、不同发展阶段、不同文明，是一个开放包容的合作平台，是各方共同打造的全球公共产品。“一带一路”为国际贸易和投资搭建了新的平台，为世界经济增长开辟了新的空间，为完善全球经济治理扩展了新实践。“一带一路”建设要以中国发展为契机，让更多的国家搭上中国发展的快车，帮助更多的国家实现他们的发展目标。海上丝绸之路经济带和丝绸之路经济带周边国家，可以通过“一带一路”这个平台，逐步形成连接东欧、西亚和东南亚的交通运输网络，为相关国家经济发展和人员往来提供便利；海上丝绸之路经济带不仅可以巩固和发展我国同东南亚的经贸关系，同时可以逐步辐射到南亚和非洲等地区，扩大中国的影响力，为世界发展提供新的动力。中国在“一带一路”建设中要统筹中国与“一带一路”沿线各国共同利益，要调动“一带一路”沿线国家共同的积极性；要坚持正确的义利观，以义为先，义利并举，不搞急功近利的短期行为；要提供更多公共产品给“一带一路”沿线各国和全世界享用。“一带一路”倡议必须与“一带一路”沿线各国发展战略密切结合，“一带一路”建设要坚持共商共享共建原则。

5.“一带一路”倡议是构建人类命运共同体的必然选择

在科学技术飞速发展的今天，特别是互联网和大数据技术的出现，人与人之间、国家与国家之间的联系越来越紧密，社会分工越来越细化，“地球村”正在变为现实，人类命运共同体已经成为不争的事实。习近平总书记指出：“在各国彼此依存、全球性挑战此起彼伏的今天，仅凭单一国家的力量难以独善其身，也无法解决世界面临的问题。只有对接各国彼此政策，在全球更大范围内整合经济要素和发展资源，才能形成合力，促进世界和平和共同发展。”“一带一路”建设应潮流、得民心、惠民生、利天下，是中国为构建人类命运共同体作出的新贡献，也是构建人类命运共同体的必然选择。中国通过与“一带一路”沿线国家贸易投资合作，进一步提高了中国对外开放力度，构建了双边、多边国际贸易投资合作的新秩序和中国对外开放的新平台。“一带一路”倡议的有效实施，无论是对世界、对“一带一路”沿线国家还是对中国的经济社会发展都非常重要。

（二）“一带一路”倡议的机遇

“一带一路”是中国顺应世界和平、发展、合作的时代潮流提出的宏伟的战略构想，它的建设过程不仅涉及众多国家和地区，而且涉及众多产业和大量要素流动，会给中国和“一带一路”沿线国家，及全世界带来新的发展机遇。主要体现在以下四个方面：

1. 产业创新带来机遇

产业创新的过程是产业结构调整的过程，产业结构调整伴随着产业升级和产业转移。随着“一带一路”倡议的实施，中国的一些发展过热的产业和优质过剩产能将会转移到其他国家和地区，中国市场需要的产业和产品也会通过“一带一路”这个国际平台流入中国。国内外都共有的产业和产品通过“一带一路”这个国际平台进行竞争，竞争的结果就是淘汰落后产能，倒逼产业结构调整和产业升级，进一步优化产业结构。

2. 金融创新带来机遇

“一带一路”倡议的实施需要有资金的保障，大量的资金需求只有通过金融创新的方法来解决。我国目前虽然已经设立了“亚投行”和“丝路基金”，但这只能解决部分资金的问题，“一带一路”建设需要的大量资金必须通过金融创新的方法来解决。金融创新要调动“一带一路”沿线国家的积极性与主动性。

3. 发展模式创新带来机遇

“一带一路”沿线国家情况比较复杂，发展不平衡的问题比较突出，每个国家都有自己的发展道路、发展模式与发展方法。“一带一路”倡议的实施给“一带一路”沿线国家提供了学习交流的平台，尽管拥有不同的资源禀赋，但不同的国家和地区可以相互学习交流其区域产业战略选择、区域经济技术路径和区域间的合作方式等，并创新自己的发展模式。

4. 中国发展机遇

“一带一路”倡议强调中国开放、地区合作与全球发展的有机结合，“一带一路”建设以经贸合作为重点，以贸易投资自由化、便利化为纽带，推动“一带一路”沿线各国各类经济主体互利合作，构建了“一带一路”沿线各国交流的国际平台。中国是“一带一路”倡议的倡议者、参与者，同时也是推动者。中国要推动“一带一路”建设，首先要发展壮大自己。中国人口众多，发展不平衡，特别是东西部发展不平衡，“一带一路”倡议把中国西部推到对外开放的前沿。西部资源相对比较丰富，东部资金、技术相对比较丰富。西部可以利用东部的资金、技术与信息，利用“一带一路”这个国际化的合作交流平台，把国际、国内两种资源较好地结合起来，发展壮大中国的西部，进一步缩小中国的东西部差距，实现东西部协调、联动、均衡发展。多年来，中国经济一直保持着快速发展的态势，但中国经济发展方式粗放，质量与水平不高，目前中国经济正处在调结构、转方式的关键时期，“一带一路”倡议的实施给中国经济调结构、转方式指明了方向，也为中国经济发展提供了新的动力。“一带一路”倡议的实施，加大了中国对外开放的力度，使得中国经济进一步与世界经济接轨，中国经济的开放度不断提高，从而倒逼中国经济的转型升级和高质量发展，促进中国现代化经济体系的形成。在世界经济低迷，单边主义、贸易保护主义盛行，中美贸易摩擦不断的大背景下，“一带一路”倡议的实施有效地应对了中美贸易摩擦为中国经济带来的不利影响，同时维护了世界经济贸易秩序，为实现双边和区域贸易自由化发挥了积极推动作用。

（三）“一带一路”倡议面临的挑战

“一带一路”倡议的实施在带来机遇的同时，也面临新的挑战。主要的挑战表现在以下六个方面。

1. 国家之间的纠纷

“一带一路”沿线地区具有重要的战略区位优势、丰富的自然资源和广阔的发展前景。近年来，美国、俄罗斯、日本纷纷实施了力图主导“一带一路”沿线国家的战略举措，企图阻止“一带一路”倡议的实施，给“一带一路”建设带来了严峻的挑战。中东国家和土耳其等国的世俗化政治和伊斯兰宗教一直在斗争，俄罗斯与欧洲发达国家的冲突不断升级，东南亚不少国家与中国存在领土纠纷，这些都是“一带一路”倡议实施面临的不利因素。

2. 国内引发的无序竞争

国内各相关省区为了在“一带一路”建设中抢占先机，各省市都到“一带一路”沿线国家投资项目，与“一带一路”沿线国家开展贸易活动，这势必产生区域功能定位趋同、产业结构布局重叠、同质无序竞争的情况。

3. 投资贸易风险

自1999年以来，中国政府就一直鼓励企业“走出去”。最初的投资大多集中于一些全球贫穷国家的资源开采项目。近年来，随着国内经济实力的不断增强，中国对外投资首次超过了外资流入，对外投资也被引导到发展中经济体和发达经济体中的更为引人瞩目的项目上。五六年前，中国“走出去”模式基本上围绕着大宗商品，现在开始在一些实行竞标机制的国家承建基础设施项目。“一带一路”沿线部分国家政局并不十分稳定，不同党派之间的理念差别很大，一旦某个党派下台，就会改变之前的对外政策，这必将给我国在这些国家的投资带来巨大风险。因此，我们在具体实施“一带一路”倡议时必须对这些国家的政治格局、法律环境等进行仔细研究，在投资之前做好风险应对的预案，将投资的风险降到最低。

4. 金融风险

“一带一路”倡议实施中的任何创新其实都会存在潜在的风险，尤其以金融为主的虚拟经济创新蕴含的乘数式风险，需要我们时刻保持高度警觉。

5. 人才短缺

“一带一路”倡议的有效实施需要有人才做保障，目前我国“一带一路”建设人才奇缺，熟悉“一带一路”沿线国家语言、环境和国际投资贸易规则的人才远不能满足“一带一路”建设的需要。

6. 把握尺度

实施“一带一路”倡议必须得与国内经济状况相适应，要输出中国的过剩优质产能，输入中国需要的生产要素。中国人口众多，资源相对稀缺，中国的产能过剩是相对的，中国的基础设施建设目前仍然有较大空间，中国对外投资和产业转移既要考虑风险，同时也要考虑国内的情况，要综合平衡，权衡利弊。

三、国内外研究文献综述

近年来，关于“一带一路”的研究成果比较多，“一带一路”已经成为世界关注的重点和研究的热点。目前，国内外关于“一带一路”沿线国家与中国贸易合作的代表性成果主要有：有学者将“丝绸之路经济带”分为三部分——中亚经济带为核心区，环中亚经济带为重要区，亚欧经济带为拓展区。[1] 也有学者将“丝绸之路经济带”分为国内路段和国外路段两部分。[2] 中国经济快速发展以及“一带一路”基础设施的建设完善，必将促进中国与“一带一路”沿线国家的贸易合作。中国在实施“一带一路”倡议过程中坚持和平共处、互惠共赢的原则，不带有任何强制性特征和霸权主义色彩。[3] “一带一路”倡议是一场规模宏大的“经济地革命”，开启了一个“共赢主义时代”。[4] 中国与东南亚国家之间贸易合作有比较深厚的历史背景与地缘因素，随着中国—东盟自由贸易区（CAFTA）的成立，中国与东盟之间在经济、贸易、投资、文化等领域均有突破，“战略合作伙伴关系”迅速确立。[5]“一带一路”倡议有效应对了以美国为首的西方发达国家对国际贸易规则的把控，中国通过向西发展巧妙化解了美国重返亚太带来的向东压力。[6]“一带一路”倡议与俄罗斯东部和北部地区的开发政策不谋而合，与上海经合组织及欧亚经济联盟的发展存在着诸多契合点，双方贸易合作潜力巨大。中俄计划将丝绸之路所形成的经济带与欧亚经济联盟的建设进行有机对接，并且计划在黑龙江部分地区建设“陆海丝绸之路经济带”，形成“中蒙俄经济走廊”“北极丝绸之路经济带”与“海上丝绸之路经济带”形成南北呼应的关系，构成“海上环形丝绸之路经济带”，极大丰富了“一带一路”沿线国家与中俄发展。[7] “一带一路”倡议表现出巨大的地缘经济吸引力，不

[1] 胡鞍钢：《“一带一路”经济地理革命与共赢主义时代》，载《光明日报》2015 年 7 月 16 日第 11 版。

[2] 冯宗宪，李刚：《“一带一路”建设与周边区域经济合作推进路径》，载《西安交通大学学报（社会科学版）》2015 年第 6 期，第 1—9 页。

[3] 冯宗宪，米嘉伟，张军：《中国与“一带一路”国家双边贸易成本测度及其沿线因素研究》，载《西安交通大学学报（社会科学版）》2017 年第 7 期，第 36—44 页。

[4] 胡鞍钢：《“一带一路”经济地理革命与共赢主义时代》，载《光明日报》2015 年 7 月 16 日第11 版。

[5] 李德军，候莹莹：《“一带一路”战略构想对中国与东盟经贸合作的影响》，载《商城现代化》2015 第 24 期，第 3—4 页。

[6] 乔良：《美国的战略东移与中国的战略西进》，载《军工文化》2015 年第 5 期，第 23—37 页。

[7] 姜振军：《中俄共同建设“一带一路”与双边经贸合作研究》，载《俄罗斯东欧中亚研究》2015 年第 4 期，第 41—47 页。

但能够平衡国内区域经济发展，逐步缩小地区发展差距，而且能够带动"一带一路"沿线国家参与新的区域经济合作，更好地融入经济全球化新潮流，同时"一带一路"倡议也面临巨大的地缘政治压力与挑战。[1] 美国否定"一带一路"倡议，声称"一带一路"对美国并没有好处。然而，"一带一路"倡导的经济共赢是有目共睹的，各国学者也普遍认为在全球经济下行的大背景下，"一带一路"为各国提供良好的发展机遇，抓住机遇步入"一带一路"发展的快速列车是发展本国经济的良策。[2] "一带一路"倡议的实施有助于扩展中国周边地缘环境，通过与周边各国加强往来，建立"大周边"，真正实现"地缘周边"而非"地理周边"。[3] 有学者通过建立模型实证分析了"一带一路"倡议对中国出口的影响，研究表明"一带一路"倡议显著地提高了中国对"一带一路"沿线国家的出口，"21 世纪海上丝绸之路"对中国向"一带一路"沿线国家出口促进作用要明显大于"丝绸之路经济带"对沿线国家出口的促进作用。[4] 新加坡作为"亚洲四小龙"之一，位于太平洋和印度洋之间，是"海上丝绸之路"经济带的重要交通枢纽，是重要金融业、服务业、航空运输中心。新加坡与中国交往历史悠久，"一带一路"倡议的实施使新加坡获得更多的发展机会。[5] 在国际油价下跌的背景下，中东重要产油国沙特的经济发展严重下滑，中国的"一带一路"项目与沙特的贸易合作重点应该放在能源合作项目，实现双赢。[6]《"一带一路"大数据报告(2018)》研究显示，与其他国家类似的发展战略相比，"一带一路"倡议的全球支持率遥遥领先，"一带一路"沿线国家合作信心大幅度提升，积极情绪占比攀升至 32.5%。

---

[1] 周兆呈:《国际舆论视野中的"一带一路"战略》，载《南京社会科学》2015 年第 7 期，第 1—5 页、第 23 页。

[2] M. Krukowska, "China One Belt, One Road Strategy and Its Implications for the Global World Order", *International Business and Global Economy*, Vol.35, No.1, 2016, pp.157-168.

[3] 凌胜利:《"一带一路"战略与周边地缘重塑》，载《国家关系研究》2016 年第 1 期，第 79—91 页、第 155—156 页。

[4] 孙楚仁，张南，刘雅莹:《"一带一路"倡议与中国对沿线国家的贸易增长》，载《国际贸易问题》2017 年第 2 期，第 83—96 页。

[5] 战伟:《"一带一路"倡议下新加坡的战略地位分析》，载《智库时代》2017 年第 8 期，第 11 页、第 15 页。

[6] 陈沫:《"一带一路"倡议:加强中国与沙特经济合作的契机》，载《宁夏社会科学》2017 年第 5 期，第 97—104 页。

高质量建设“一带一路”，需要大力推进投资与贸易自由化，要坚持与“一带一路”沿线国家发展战略对接。“一带一路”建设要在各国普遍支持的国际规则的基础上进行推进，要逐步从双边合作机制向多边合作机制转变。但“一带一路”倡议建设同时仍然存在部分消极观点。[1] 开放的国际贸易不但对小国的经济发展至关重要，对大国也同样重要。西方少数媒体与学者将“一带一路”倡议视作是中国推进“新殖民主义”的手段。[2] 还有国家把中国的“一带一路”倡议与美国的“马歇尔计划”等同。2015 年以后，这种声音越来越小，现在“一带一路”已经成为“一带一路”沿线国家和世界的共识，越来越多的国家参与到“一带一路”建设中来，并且越来越多的国家从“一带一路”倡议中获益。[3]

要想更好地发展与“一带一路”沿线国家的国际贸易，首先要识别中国与“一带一路”沿线国家的贸易潜力和贸易效率。

贸易潜力和贸易效率是影响国际贸易的主要因素。贸易潜力是不存在贸易阻力(非效率)时的理论贸易值，实际贸易值与理论贸易值之比就是贸易效率。关于贸易潜力与贸易效率的相关研究，主要体现在对贸易引力模型的研究。引力模型(Gravity Model)是研究贸易潜力和贸易效率最常用的方法。引力模型把物理学万有引力定律的概念引入国际贸易研究中，它概括指出一国向另一国的贸易流动主要取决于用 GDP 测量的国家经济规模和两国间的距离，这就是最早的引力模型。最早对贸易引力模型的研究主要是对传统贸易引力模型的研究，传统贸易引力模型形式简单，对数据要求比较低，在国际贸易研究中被广泛使用。但该方法最大缺点是部分难以测量的贸易阻力因素被归于不可观测的随机扰动项，从而导致贸易潜力的估计结果存在偏差。传统的贸易引力模型假设不可观察的贸易阻力因素的均值为零，模型拟合值仅反映各种贸易决定因素的平均效应，估计出的贸易潜

[1] 张宇燕：《做到“五个并重”建设一带一路》，载《中国社会科学报》，2019 年 3 月 15 日 004 版。
[2] 黄日涵，丛培影：《“一带一路”外界误读与理性反思》，载《中国社会科学报》，2015 年 5 月 13 日 B02 版。
[3] 张明：《直面“一带一路”倡议面对的外交风险》，载《国际经济评论》2015 年第 4 期，第 38—41 页。

力也仅仅是平均值的概念。[1] 为了克服传统贸易引力模型存在的不足，近年来，学者们对传统引力模型进行了改造，在传统引力模型中引入了随机前沿的分析方法(Stochastic Frontier Approach, SFA)。随机前沿的分析方法是比利时的缪森(Meeusen)和布罗克(Van den Broeck)提出的，传统贸易引力模型估计各种决定贸易因素的平均效应，而随机前沿引力模型衡量贸易完全有效时的最优贸易值，即在既定的贸易、运输、制度条件下，自由、无摩擦贸易能达到的最大值，类似于生产函数中的"前沿"水平。随机前沿引力模型把传统贸易引力模型难以测量的贸易阻力因素分解为两个部分，即随机误差项与非负的技术非效率项，这样就解决了传统贸易引力模型固有偏差，从而更加准确地估计贸易潜力。引力模型最初的形式主要是说明两国的贸易流量与两国的 GDP 成正比，与两国的距离成反比。[2] 伯格斯特兰(Bergstrand)把人均收入与汇率因素引入引力模型。[3] 弗兰克尔(Frankel)等学者第一次把两国是否有优惠贸易协定(PTAs)，是否为亚太经济合作组织(APEC)引入贸易引力模型。[4] 贸易实际发生额与理论预测值之间长期存在着空白的未解释部分，这意味着传统研究框架下的影响因素是不完整的。制度因素可能通过影响生产效率和交易成本来影响一个国家的贸易竞争力。[5] 康(Kang)和弗拉蒂亚尼(Fratianni)分别运用贸易引力模型的最小二乘法与随机前沿分析方法对 177 个国家在 1975—1999 年之间的数据进行了实证分析，发现二者的计量结果基本一致，但随机前沿引力模型要更准

---

[1] S. Armstrong, "Measuring Trade and Trade Potential: A Survey", *Asia Pacific Economic Paper*, No.368, 2007.

[2] J. Tinbergen, Shaping the Word Economy: Suggestion for an International Economy Policy, *New York*: *The Twentieth Century Fund*, 1962.

[3] J. Bergstrand, "The Generalized Gravity Equation, Monopolistic Competition, and the Factor-Proportions Theory in International Trade", *The Review of Economics and Statistics*, Vol. 71, Issue 1, 1989, pp.143-153.

[4] J.A.Frankel, E. Stein, and S.-J. Shang, "Continental Trading Blocs: Are They Natural or Supernatural?", NBER Chapters, in: *The Regionalization of the World Economy*, pp.91-120, National Bureau of Economic Research, Inc, 1998.

[5] M.Belloc, "Institutions and International Trade: a reconsideration of comparative advantage", *Journal of Economic Surveys*, Vo.20, Issue 1, 2006, pp.3-26.

确一些。[1] 有学者建议把中短期内不可更改的客观因素用来测算贸易潜力,将中短期可变的人为因素用来分析贸易表现。[2] 部分学者将两国是否为 WTO 成员,"早期收获计划"(EHP),CAFTA 以及 APEC 引入贸易引力模型。[3] 还有学者将两国是否接壤,是否签订 FTA 引入贸易引力模型。[4] 区域贸易协定的实施、关税壁垒的降低和物流基础设施的完善有利于缩小实际贸易发生额与贸易潜力的距离。[5] 有学者利用"两步法"估计了 2005—2013 年中国与"一带一路"沿线 53 个国家的出口贸易效率与总贸易效率,发现中国与东南亚地区的贸易效率最高,与西亚地区的贸易效率最低,但中国与"一带一路"沿线国家的贸易效率随着时间的推移趋于递增。[6] WTO、APEC 和 FTA 对贸易非效率影响显著,并且影响方向为负,说明贸易双方加入这些组织能够抵消贸易非效率的影响。[7] 有学者利用随机前沿引力模型测算了中国与沿线国家文化产品出口潜力。研究发现,中国文化产品出口"一带一路"沿线国家呈现较大的不均衡。[8]

目前我国关于贸易潜力和贸易效率的研究主要是运用贸易引力模型。过去使用传统的贸易引力模型较多。近年来,使用随机前沿引力模型在逐步增多。随机前沿引力模型较传统的贸易引力模型考虑的影响

---

[1] H.Kang, and M.U.Fratianni, "International Trade Efficiency, the Gravity Equation, and the Stochastic Frontier", Kang, Heejoon and Fratianni, Michele, International Trade Efficiency, the Gravity Equation, and the Stochastic Frontier, 2006. Available at SSRN: https://ssrn.com/abstract=952848 or http://dx.doi.org/10.2139/ssrn.952848.

[2] S. Armstrong, "Measuring Trade and Trade Potential: A Survey", *Asia Pacific Economic Paper*, No.368, 2007.

[3] 赵雨霖,林光华:《中国与东盟 10 国双边农产品贸易流量与贸易潜力的分析——基于贸易引力模型的研究》,载《国际贸易问题》2008 年 12 期,第 69—77 页。

[4] 李计广,高宽:《中国自新兴市场国家进口潜力分析:基于引力模型》,载《亚太经济》2015 年第 4 期,第 60—64 页。

[5] 谭秀杰,周茂荣:《21 世纪"海上丝绸之路"贸易潜力及其影响因素——基于随机前沿引力模型的实证研究》,载《国际贸易问题》2015 年第 2 期,第 3—12 页。

[6] 孙金彦,刘海云:《"一带一路"战略背景下中国贸易潜力的实证研究》,载《当代财经》2016 年第 6 期,第 99—106 页。

[7] 刘宏曼,王梦醒:《制度环境对中国与"一带一路"沿线国家农产品贸易效率的影响》,载《经济问题》2017 年第 7 期,第 78—84 页。

[8] 方英,马芮:《中国与"一带一路"沿线国家文化及影响因素:基于随机前沿引力模型的实证研究》,载《世界经济研究》2018 年第 1 期,第 112—121 页、第 136 页。

因素更多，能够估算出比较接近无贸易阻力状态下的贸易水平。随着信息技术与计算技术的不断发展，随机前沿引力模型功能和使用领域、范围也在不断扩大。它不仅可以得到影响贸易水平的各变量的系数，并且可以利用影响贸易水平的各变量的系数计算出贸易潜力，同时还可以通过对计量结果残差项进行分解，得到随机扰动项和非效率项，继而进一步研究各国间贸易效率的影响因素。但目前我国对随机前沿引力模型的使用主要还是用来估算贸易潜力，对贸易效率研究较少。在使用随机前沿引力模型分析研究“一带一路”沿线国家贸易方面，目前主要是用来估算“一带一路”沿线部分国家的贸易潜力与贸易效率，对“一带一路”沿线国家贸易效率及影响贸易效率的因素研究少，对“一带一路”沿线国家整体分区域贸易效率研究基本空白。不同区域的“一带一路”沿线国家有不同情况，不同区域“一带一路”沿线国家贸易效率也有不同的影响因素。对“一带一路”沿线不同区域贸易效率的影响因素进行识别，是提高“一带一路”沿线不同区域贸易水平的关键。如果不能准确地识别出这些影响因素，就不可能提出有针对性的发展中国与“一带一路”沿线不同区域贸易的对策与方案。

综上所述，“一带一路”倡议提出以来，特别是两次“一带一路”国际高峰论坛以来，国内外关于“一带一路”的研究成果比较多，这些研究在研究内容上主要集中在对“一带一路”的概念、意义、前景展望和中国与“一带一路”沿线国家贸易竞争性、互补性、贸易潜力、贸易效率等方面的定量研究与实证研究。在研究方法上主要利用传统贸易引力模型，随机前沿引力模型和其他研究方法运用较少。从整体“一带一路”研究情况来看，存在的主要缺陷是把“一带一路”的研究基本都集中在中国与“一带一路”沿线国家的贸易研究，对文化、教育、扶贫等方面的交流合作研究较少；在对中国与“一带一路”沿线国家贸易研究中，对自然因素考虑较多，对人为因素考虑较少，对很多难以测度的影响国际贸易的因素考虑不够；对实际贸易量与潜在贸易量产生的实际原因分析研究得不够，没有把影响中国与“一带一路”沿线国家贸易的因素，特别是非自然因素分析透彻，同时在样本数据选择上也存在不全面、代表性差的问题。针对上述研究中存在的问题，本文就中国与“一带一路”沿线国家贸易潜力与影响因素进行全面的分析研究。除了考虑自然因素外，本文重点就影响中国与“一带一路”沿线国家贸易的人为因素展开讨论，包括文化差异、制度环境、政治环境、宗教信仰、国民受教育程度、自贸协定、清关时间、交通便捷性、关税水平等。在研究方法上，本文采用随机前沿引力模型和贸易效率模型，重点对影响中国与“一带一路”沿线国家贸易的自然因素和人为因素进行研究，通过理论与实证研究计算出中国与“一带一路”沿线国家的贸易潜力与贸易效率。根据研究结果，本文提出进一步发展中国与“一带一路”沿线国家贸易的意见与建议。

四、中国与“一带一路”沿线国家贸易投资合作情况

“一带一路”建设，中国秉持共商共建共享原则，坚持开放、绿色、廉洁理念，打造开放、包容、均衡、惠普的区域经济合作框架，努力实现高标准、惠民生、可持续目标，推动“一带一路”建设高质量发展。“一带一路”倡议实施7年来，取得了喜人的成绩，得到世界广泛赞誉与认可。截至2020年1月底，中国已经与138个国家和30个国际组织签署200份共建“一带一路”合作文件。中国的“一带一路”朋友圈遍布亚洲、欧洲、大洋洲、拉丁美洲，与中国共建“一带一路”的国家已由亚欧延伸至非洲及拉美、南太等区域，其中包括中蒙俄、中哈、中柬、中老、中捷、中匈等多双边合作规划，与中国签订共建“一带一路”合作文件的国家（表1）。“一带一路”沿线国家与中国签署的具体文件（表2）。

表1　与中国签订共建“一带一路”合作文件的国家

非洲（44）	苏丹、南非、塞内加尔、塞拉利昂、科特迪瓦、索马里、喀麦隆、南苏丹、塞舌尔、几内亚、加纳、赞比亚、莫桑比克、加蓬、纳米比亚、毛里塔尼亚、安哥拉、吉布提、埃塞俄比亚、肯尼亚、尼日利亚、乍得、刚果布、津巴布韦、阿尔及利亚、坦桑尼亚、布隆迪、佛得角、乌干达、冈比亚、多哥、卢旺达、摩洛哥、马达加斯加、突尼斯、利比亚、埃及、赤道几内亚、利比里亚、莱索托、科摩罗、贝宁、马里、尼日尔

（续表）

亚洲（37）	韩国、蒙古、新加坡、东帝汶、马来西亚、缅甸、柬埔寨、越南、老挝、文莱、巴基斯坦、斯里兰卡、孟加拉国、尼泊尔、马尔代夫、阿联酋、科威特、土耳其、卡塔尔、阿曼、黎巴嫩、沙特阿拉伯、巴林、伊朗、伊拉克、阿富汗、阿塞拜疆、格鲁吉亚、亚美尼亚、哈萨克斯坦、吉尔吉斯斯坦、塔吉克斯坦、乌兹别克斯坦、泰国、印度尼西亚、菲律宾、也门
欧洲（27）	塞浦路斯、俄罗斯、奥地利、希腊、波兰、塞尔维亚、捷克、保加利亚、斯洛伐克、阿尔巴尼亚、克罗地亚、波黑、黑山、爱沙尼亚、立陶宛、斯洛文尼亚、匈牙利、北马其顿（原马其顿）、罗马尼亚、拉脱维亚、乌克兰、白俄罗斯、摩尔多瓦、马耳他、葡萄牙、意大利、卢森堡
大洋洲（11）	新西兰、巴布亚新几内亚、萨摩亚、纽埃、斐济、密克罗尼西亚联邦、库克群岛、汤加、瓦努阿图、所罗门群岛、基里巴斯
南美洲（8）	智利、圭亚那、玻利维亚、乌拉圭、委内瑞拉、苏里南、厄瓜多尔、秘鲁
北美洲（11）	哥斯达黎加、巴拿马、萨尔瓦多、多米尼加、特立尼达和多巴哥、安提瓜和巴布达、多米尼克、格林纳达、巴巴多斯、古巴、牙买加

数据来源：中国一带一路网。

表 2 “一带一路”沿线国家与中国签署的具体合作文件

洲别	国家	相关新闻	投资指南
非洲	苏丹	苏丹已同中国签署共建“一带一路”合作协议	2018 投资指南-苏丹
	南非	南非已和中国签订“一带一路”政府间合作备忘录	2018 投资指南-南非
	塞内加尔	中国与塞内加尔签署“一带一路”合作文件	2018 投资指南-塞内加尔

（续表）

洲别	国家	相关新闻	投资指南
非洲	塞拉利昂	中国与28个非洲国家签署共建“一带一路”谅解备忘录	2018投资指南-塞拉利昂
	科特迪瓦		2018投资指南-科特迪瓦
	索马里		
	喀麦隆		2018投资指南-喀麦隆
	南苏丹		2018投资指南-南苏丹
	塞舌尔		2018投资指南-塞舌尔
	几内亚		2018投资指南-几内亚
	加纳		2018投资指南-加纳
	赞比亚		2018投资指南-赞比亚
	莫桑比克		2018投资指南-莫桑比克
	加蓬		2018投资指南-加蓬
	纳米比亚		2018投资指南-纳米比亚
	毛里塔尼亚		2018投资指南-毛里塔尼亚
	安哥拉		2018投资指南-安哥拉
	吉布提		2018投资指南-吉布提
	埃塞俄比亚		2018投资指南-埃塞俄比亚
	肯尼亚		2018投资指南-肯尼亚
	尼日利亚		2018投资指南-尼日利亚
	乍得		2018投资指南-乍得
	刚果布		2018投资指南-刚果布
	津巴布韦		2018投资指南-津巴布韦
	阿尔及利亚		2018投资指南-阿尔及利亚
	坦桑尼亚		2018投资指南-坦桑尼亚
	布隆迪		2018投资指南-布隆迪
	佛得角		2018投资指南-佛得角
	乌干达		2018投资指南-乌干达
	冈比亚		2018投资指南-冈比亚
	多哥		2018投资指南-多哥

（续表）

洲别	国家	相关新闻	投资指南
非洲	卢旺达	中国与卢旺达签署"一带一路"建设相关文件	2018投资指南-卢旺达
	摩洛哥	中国与摩洛哥签署共建"一带一路"谅解备忘录	2018投资指南-摩洛哥
	马达加斯加	中国与马达加斯加签署《中华人民共和国政府与马达加斯加共和国政府关于共同推进丝绸之路经济带和21世纪海上丝绸之路建设的谅解备忘录》	2018投资指南-马达加斯加
	突尼斯	中国与突尼斯签署共建"一带一路"谅解备忘录	2018投资指南-突尼斯
	利比亚	中国同利比亚签署共建"一带一路"谅解备忘录	2018投资指南-利比亚
	埃及	中国与埃及签署共建"一带一路"合作文件	2018投资指南-埃及
	赤道几内亚	中国政府与赤道几内亚政府签署共建"一带一路"谅解备忘录	2018投资指南-赤道几内亚
	利比里亚	中国与利比里亚签署共建"一带一路"谅解备忘录	2018投资指南-利比里亚
	莱索托	中莱、中科、中贝签署"一带一路"合作谅解备忘录	2018投资指南-莱索托
	科摩罗		2018投资指南-科摩罗
	贝宁		2018投资指南-贝宁
	马里	中国和马里签署共建"一带一路"合作备忘录	2018投资指南-马里
	尼日尔		2018投资指南-尼日尔
亚洲	韩国	"一带一路"倡议和韩国"欧亚倡议"对接、双方签署合作谅解备忘录	2018投资指南-韩国
	蒙古	中国同蒙古、新加坡、东帝汶、马来西亚、缅甸等国签署政府间"一带一路"合作谅解备忘录	2018投资指南-蒙古
	新加坡		2018投资指南-新加坡
	东帝汶		2018投资指南-东帝汶
	马来西亚		2018投资指南-马来西亚
	缅甸		2018投资指南-缅甸

（续表）

洲别	国家	相关新闻	投资指南
亚洲	柬埔寨	中国与柬埔寨签署政府间共建"一带一路"合作文件	2018 投资指南-柬埔寨
	越南	中国与越南签署共建"一带一路"和"两廊一圈"合作备忘录	2018 投资指南-越南
	老挝	中国与老挝签署共建"一带一路"合作文件	2018 投资指南-老挝
	文莱	中国同文莱签署"一带一路"等双边合作文件	2018 投资指南-文莱
	巴基斯坦	中国同巴基斯坦等国签署政府间"一带一路"合作谅解备忘录	2018 投资指南-巴基斯坦
	斯里兰卡	中国商务部和斯里兰卡财政计划部签署有关共建"21 世纪海上丝绸之路"的备忘录	2018 投资指南-斯里兰卡
	孟加拉	中孟签署《关于编制共同推进"一带一路"建设合作规划纲要的谅解备忘录》	2018 投资指南-孟加拉国
	尼泊尔	中国同尼泊尔等国签署政府间"一带一路"合作谅解备忘录	2018 投资指南-尼泊尔
	马尔代夫	中国同马尔代夫签署政府间共同推进"一带一路"建设谅解备忘录	2018 投资指南-马尔代夫
	阿联酋	中国与阿联酋签署共建"一带一路"谅解备忘录	2018 投资指南-阿联酋
	科威特	科威特是最早同中国签署共建"一带一路"合作文件的国家	2018 投资指南-科威特
	土耳其	中国与土耳其签署"一带一路"谅解备忘录	2018 投资指南-土耳其
	卡塔尔	中国同卡塔尔签署"一带一路"等领域合作文件	2018 投资指南-卡塔尔
	阿曼	中国与阿曼签署共建"一带一路"谅解备忘录	2018 投资指南-阿曼
	黎巴嫩	中国同黎巴嫩签署共建"一带一路"合作文件	2018 投资指南-黎巴嫩
	沙特阿拉伯	中华人民共和国和沙特阿拉伯关于建立全面战略伙伴关系的联合声明	2018 投资指南-沙特阿拉伯

（续表）

洲别	国家	相关新闻	投资指南
亚洲	巴林	中国与巴林签署共同推进"一带一路"建设的谅解备忘录	2018投资指南-巴林
	伊朗	中国和伊朗伊斯兰共和国关于建立全面战略伙伴关系的联合声明	2018投资指南-伊朗
	伊拉克	中国和伊拉克共和国关于建立战略伙伴关系的联合声明	2018投资指南-伊拉克
	阿富汗	中国和阿富汗伊斯兰共和国联合声明	2018投资指南-阿富汗
	阿塞拜疆	中阿签署《中阿关于共同推进丝绸之路经济带建设的谅解备忘录》	2018投资指南-阿塞拜疆
	格鲁吉亚	中国与格鲁吉亚启动自贸区可行性研究并签署共建"丝绸之路经济带"合作文件	2018投资指南-格鲁吉亚
	亚美尼亚	中国和亚美尼亚共和国关于进一步发展和深化友好合作关系的联合声明	2018投资指南-亚美尼亚
	哈萨克斯坦	中国发改委与哈萨克斯坦国民经济部签署关于共同推进丝绸之路经济带建设的谅解备忘录	2018投资指南-哈萨克斯坦
	吉尔吉斯斯坦	中国和吉尔吉斯共和国关于建立全面战略伙伴关系联合声明	2018投资指南-吉尔吉斯斯坦
	塔吉克斯坦	中塔签署《关于编制中塔合作规划纲要的谅解备忘录》	2018投资指南-塔吉克斯坦
	乌兹别克斯坦	中乌签署共建"丝绸之路经济带"合作文件	2018投资指南-乌兹别克斯坦
	泰国	中泰签署《共同推进"一带一路"建设谅解备忘录》	2018投资指南-泰国
	印度尼西亚	中印尼已签署推进"一带一路"和"全球海洋支点"建设谅解备忘录	2018投资指南-印度尼西亚
	菲律宾	中华人民共和国与菲律宾共和国联合声明	2018投资指南-菲律宾
	也门	中国政府与也门政府签署共建"一带一路"谅解备忘录	2018投资指南-也门

（续表）

洲别	国家	相关新闻	投资指南
欧洲	塞浦路斯	中国与塞浦路斯签署共建"一带一路"合作文件	2018投资指南-塞浦路斯
	俄罗斯	中华人民共和国与俄罗斯联邦关于丝绸之路经济带建设和欧亚经济联盟建设对接合作的联合声明	2018投资指南-俄罗斯
	奥地利	中国同奥地利签署"一带一路"合作文件	2018投资指南-奥地利
	希腊	中国与希腊签署共建"一带一路"合作谅解备忘录	2018投资指南-希腊
	波兰	中华人民共和国政府与波兰共和国政府关于共同推进"一带一路"建设的谅解备忘录	2018投资指南-波兰
	塞尔维亚	中国同波兰、塞尔维亚、捷克、保加利亚、斯洛伐克分别签署政府间共同推进"一带一路"建设谅解备忘录	2018投资指南-塞尔维亚
	捷克		2018投资指南-捷克
	保加利亚		2018投资指南-保加利亚
	斯洛伐克		2018投资指南-斯洛伐克
	阿尔巴尼亚	中国同克罗地亚、黑山、波黑、阿尔巴尼亚签署政府间"一带一路"合作谅解备忘录	2018投资指南-阿尔巴尼亚
	克罗地亚		2018投资指南-克罗地亚
	波黑		2018投资指南-波黑
	黑山		黑山
	爱沙尼亚	中东欧16国已全部签署"一带一路"合作文件	2018投资指南-爱沙尼亚
	立陶宛		2018投资指南-立陶宛
	斯洛文尼亚		2018投资指南-斯洛文尼亚
	匈牙利	中华人民共和国政府与匈牙利政府关于共同推进丝绸之路经济带和21世纪海上丝绸之路建设的谅解备忘录	2018投资指南-匈牙利
	北马其顿（原马其顿）	中马签署《中国商务部和马其顿经济部关于在中马经贸混委会框架下推进共建丝绸之路经济带谅解备忘录》	2018投资指南-马其顿
	罗马尼亚	中罗已签署《关于在两国经济联委会框架下推进"一带一路"建设的谅解备忘录》	2018投资指南-罗马尼亚

（续表）

洲别	国家	相关新闻	投资指南
欧洲	拉脱维亚	中拉签署共建"一带一路"政府间谅解备忘录	2018投资指南-拉脱维亚
	乌克兰	2015年中乌签署"一带一路"框架下合作协议	2018投资指南-乌克兰
	白俄罗斯	中白签署共建"丝绸之路经济带"合作议定书	2018投资指南-白俄罗斯
	摩尔多瓦	中东欧16国已全部签署"一带一路"合作文件	2018投资指南-摩尔多瓦
	马耳他	中国与马耳他签署中马共建"一带一路"合作文件	2018投资指南-马耳他
	葡萄牙	中华人民共和国和葡萄牙共和国关于进一步加强全面战略伙伴关系的联合声明	2018投资指南-葡萄牙
	意大利	中国与意大利签署"一带一路"合作文件	2018投资指南-意大利
	卢森堡	中国同卢森堡签署共建"一带一路"谅解备忘录	2018投资指南-卢森堡
大洋洲	新西兰	中华人民共和国政府和新西兰政府关于加强"一带一路"倡议合作的安排备忘录	2018投资指南-新西兰
	巴布亚新几内亚	中国与巴布亚新几内亚签署共建"一带一路"合作文件	2018投资指南-巴布亚新几内亚
	萨摩亚	萨摩亚与中国签署"一带一路"倡议合作谅解备忘录	2018投资指南-萨摩亚
	纽埃	中国与纽埃签署"一带一路"合作谅解备忘录	
	斐济	中国与斐济签署共建"一带一路"合作谅解备忘录	2018投资指南-斐济
	密克罗尼西亚联邦	中国已同密克罗尼西亚联邦、库克群岛等签署共建"一带一路"合作协议	
	库克群岛		
	汤加		2018投资指南-汤加
	瓦努阿图	中瓦签署共同推进"一带一路"建设谅解备忘录	2018投资指南-瓦努阿图

（续表）

洲别	国家	相关新闻	投资指南
大洋洲	所罗门群岛	中国与所罗门群岛签署共建“一带一路”谅解备忘录	
	基里巴斯	中基两国政府签署共同推进“一带一路”建设合作文件	
南美洲	智利	中国与智利签署共建“一带一路”合作谅解备忘录	2018 投资指南-智利
	圭亚那	中国与圭亚那签署“一带一路”合作文件	2018 投资指南-圭亚那
	玻利维亚	中玻签署共建“一带一路”等双边合作文件	2018 投资指南-玻利维亚
	乌拉圭	中国与乌拉圭签署共建“一带一路”谅解备忘录	2018 投资指南-乌拉圭
	委内瑞拉	中国同委内瑞拉签署共建“一带一路”合作文件	2018 投资指南-委内瑞拉
	苏里南	苏里南与中国签署共建“一带一路”合作文件	2018 投资指南-苏里南
	厄瓜多尔	中厄签署“一带一路”合作文件	2018 投资指南-厄瓜多尔
	秘鲁	中国与秘鲁签署共建“一带一路”谅解备忘录	2018 投资指南-秘鲁
北美洲	哥斯达黎加	中国同哥斯达黎加签署共建“一带一路”谅解备忘录	2018 投资指南-哥斯达黎加
	巴拿马	中国与巴拿马签署《关于共同推进丝绸之路经济带和 21 世纪海上丝绸之路建设的谅解备忘录》	
	萨尔瓦多	中国与萨尔瓦多签署共建“一带一路”合作谅解备忘录	
	多米尼加	中国与多米尼加签署共建“一带一路”合作谅解备忘录	2018 投资指南-多米尼加
	特立尼达和多巴哥	中国与特立尼达和多巴哥签署共建“一带一路”合作文件	2018 投资指南-特立尼达和多巴哥
	安提瓜和巴布达	中国与安提瓜和巴布达签署《关于共同推进丝绸之路经济带与 21 世纪海上丝绸之路建设的谅解备忘录》	2018 投资指南-安提瓜和巴布达

（续表）

洲别	国家	相关新闻	投资指南
北美洲	多米尼克	中国与多米尼克签署《中华人民共和国政府与多米尼克政府关于共同推进丝绸之路经济带与21世纪海上丝绸之路建设的谅解备忘录》	2018投资指南-多米尼克
	格林纳达	中国与格林纳达签署共建"一带一路"谅解备忘录	2018投资指南-格林纳达
	巴巴多斯	中国与巴巴多斯签署共建"一带一路"合作谅解备忘录	2018投资指南-巴巴多斯
	古巴	古巴与中国政府签署《关于共同推进丝绸之路经济带和21世纪海上丝绸之路建设的谅解备忘录》	2018投资指南- 古巴
	牙买加	中国与牙买加签署共建"一带一路"谅解备忘录	2018投资指南-牙买加

数据来源：中国一带一路网。

"一带一路"倡议实施以来，中国与"一带一路"沿线国家开展了一系列投资合作，完成了一大批投资合作项目，正在建设的中老铁路、中泰铁路、雅万高铁、匈塞铁路等项目扎实推进，瓜达尔港、汉班托塔港、比雷埃夫斯港、哈利法港等项目进展顺利。电力、油气、核电、新能源、煤炭等领域的能源合作项目、跨境光缆信息通道建设等取得明显进展。在人文交流方面，中国与25个"一带一路"沿线国家的40家主流媒体组建了"一带一路"新闻合作联盟，中国与"一带一路"沿线国家互办艺术节、电影节、文物展等活动，合作开展影视作品创造和互译互播。中国设立"丝绸之路"中国政府奖学金项目，与24个"一带一路"沿线国家签署高等教育学历学位互认协议。中国与57个"一带一路"沿线国家缔结了涵盖不同护照种类的互免签证协定，与15个"一带一路"沿线国家达成了19份简化签证手续的协定和安排。在35个"一带一路"沿线国家建立了中医药海外中心，建设了43个中医药国际合作基地。截至2018年4月，中国与"一带一路"沿线61个国家建立了1 023对友好城市，占中国对外友好城市总数的40.2%。根据中国旅游研究院数据，中国与"一带一路"沿线国家游客人数逐年攀升，2013年为1 549万人次，2018

年突破 3 000 万人次。据文化和旅游部测算，“十三五”期间，中国对为“一带一路”沿线国家输送超过 2 000 亿美元的旅游消费，“一带一路”旅游成为世界旅游的新的增长点。在资金融通方面，截至 2018 年年底，亚投行成员已经达 93 个，其中 60%来自“一带一路”沿线国家。中国出资 400 亿美元成立的丝路基金，在 2017 年增资 1 000 亿元人民币的基础上，2019 年 5 月又增资 1 000亿元人民币。人民币跨境支付系统覆盖 60 个“一带一路”沿线国家，中国先后与 21 个“一带一路”沿线国家建立了本币互换安排，与“一带一路”沿线 35 个国家的金融监管当局签署了合作文件。在互联互通方面，中国港口已经与世界 200 多个国家、600 多个主要港口建立航线联系，海运互联互通指数保持全球第一。中国与韩国、印度、印度尼西亚三个国家港口运输最为频繁。2018 年中欧班列累计开行突破 1.2 万列，到达 15 个国家、49 个城市，年运输货物总值达 160 亿美元。中欧班列线路主要分布在德国、俄罗斯、哈萨克斯坦、塔吉克斯坦、波兰、白俄罗斯等国家。中国与“一带一路”沿线国家贸易保持快速增长态势(表 3、图 1)。

表 3　中国与“一带一路”沿线国家贸易情况(单位:亿美元)

年份	进出口	进口	出口	差额
2007	4 752.8	2 079.0	2 673.8	594.8
2008	5 994.5	2 619.4	3 375.1	755.7
2009	5 026.3	2 190.2	2 836.1	645.9
2010	6 939.5	3 225.6	3 713.9	488.3
2011	8 990.8	4 398.6	4 592.2	193.6
2012	9 639.9	4 584.5	5 054.4	469.9
2013	10 441.8	4 714.3	5 727.5	1 013.2
2014	11 240.8	4 834.4	6 406.4	1 572.0
2015	10 053.0	3 880.9	6 172.1	2 291.2
2016	9 509.7	3 662.5	5 847.2	2 184.7
2017	10 882.5	4 559.0	6 323.5	1 764.5
2018	13 000.0	5 630.0	7 047.0	1 417.0

数据来源:根据 UN COMTRADE 数据整理。

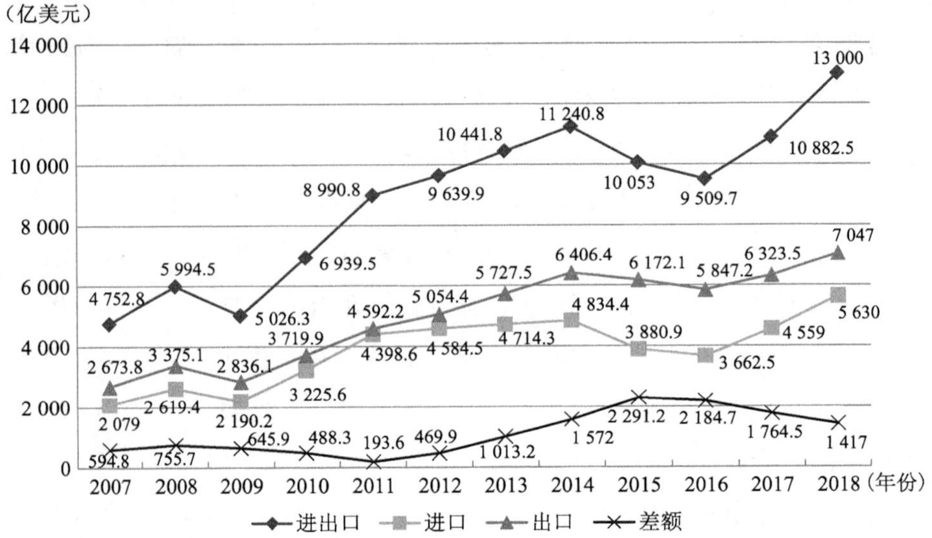

数据来源：根据 UN COMTRADE 数据整理。

图 1　中国与"一带一路"沿线国家贸易增长情况

2013—2018 年，中国与"一带一路"国家贸易总额超过 6 万亿美元，中国对"一带一路"沿线国家直接投资约 900 亿美元，为当地创造 24.4 万个就业岗位，上缴东道国税费累计 20.1 亿美元，建设境外经济合作区 82 个。2018 年，中国与"一带一路"沿线国家贸易额达到 1.3 万亿美元，增长16.3%，高于我国外贸整体增速 3.7 个百分点，占外贸总额的 27.4%，其中对"一带一路"沿线国家出口 7 047.3 亿美元，同比增长 10.9%；从"一带一路"沿线国家进口 5 630.7 亿美元，同比增长 23.9%。2018 年，"一带一路"国家对中国投资达 60.8 亿美元，同比增长 11.9%；中国对"一带一路"沿线国家投资 162.7 亿美元，同比增长 8.9%，占同期总额的 13%。中国在"一带一路"沿线国家承揽工程项目完成投资 893.3 亿美元，同比增长 4.4%，占同期总额的 52%。"一带一路"贸易投资合作平台把更多的"一带一路"沿线国家和全世界商品与服务引进中国，把中国的商品与服务推向世界，使得中国从"世界工厂"变"世界市场"，从"商品之国"变"机遇之国"。中国经济的快速增长和中国坚决支持投资贸易自由化的做法为打击贸易保护主义、维护自由贸易秩序做出巨大贡献，也为世界各国的发展提供了"搭便车"的机会。

根据商务部和海关总署的最新数据，2019 年在中美贸易总额 3.73 万亿元，下降 10.7%的情况下，中国与“一带一路”沿线国家贸易总额达 9.2 万亿元，增长 10.8%，高出整体增速 7.4 个百分点。2019 年东盟超越美国，成为中国的第二大贸易伙伴。在投资合作方面，中国与“一带一路”沿线国家双向投资深入发展。2019 年中国对“一带一路”沿线国家非金融类直接投资 150 亿美元，占中国对外总投资比重较上年提高了 0.6 个百分点；“一带一路”沿线国家对中国直接投资 84 亿美元，增长 30.6%。2019 年中欧班列开行 8225 列，同比增长 29%，发运 72.5 万标箱，同比增长 34%，综合重箱率达到 94%。根据《“一带一路”贸易合作大数据报告(2018)》显示，中国与亚洲、大洋洲、西亚的贸易合作水平较高。2017 年，韩国、越南、马来西亚、印度、俄罗斯等国是中国最主要的“一带一路”贸易伙伴(图 2)。

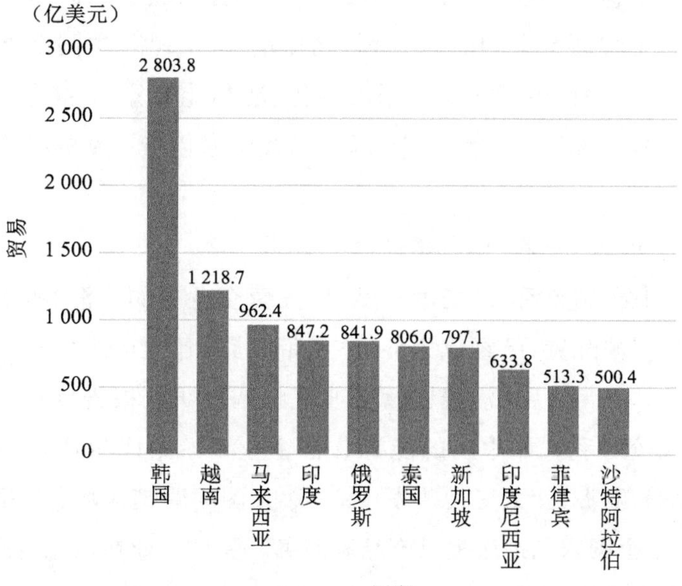

数据来源：《“一带一路”贸易合作大数据报告(2018)》。

图 2　2017 年中国与“一带一路”沿线国家合作情况

从“一带一路”倡议实施情况看，“一带一路”倡议的实施无论是对中国，还是对“一带一路”沿线国家，以及对世界的投资贸易合作情况均发挥了积

极的促进作用,总体来看有以下特点:

1. 贸易规模稳步增长

“一带一路”倡议实施以来,中国与“一带一路”沿线国家贸易规模稳定增长,从2013年的10 441.8亿美元到2018年发展到13 000亿美元。2013年,中国与“一带一路”沿线国家贸易额占总贸易额的份额为23%;2018年,达到27.4%。

2. 投资合作不断深化

中国聚焦“六廊六路多国多港”主框架,推动了一大批投资合作项目落地。2013—2018年间中国与50多个“一带一路”沿线国家签订双边投资协定,促进双向投资升级。中国与“一带一路”沿线国家签订17个自贸协定,涉及25个国家和地区。2019年,我国企业在“一带一路”沿线62个国家新签对外承包工程项目合同6 944份,新签合同额1 548.9亿美元,占我国对外承包工程新签合同的59.5%,同比增长23.1%。中国境外合作园区建设步伐加快,中国各类企业遵循市场化、法制化原则自主赴“一带一路”沿线国家共建合作园区,为“一带一路”沿线国家创造了新的税收源和就业渠道。

3. 民企成为“一带一路”建设的主力军

民营企业机制灵活,市场敏感度高,民营企业抱团出海,积极参与国际竞争和全球资源配置,已经成为促进“一带一路”建设的主力军。据全国工商联发布的《“一带一路”沿线民营企业现状调查研究报告》,超六成的企业总体运行比较顺利。如中国的能源装备企业正泰集团生产基地遍布亚非欧,设立北美、欧洲、亚太三大研发中心、六大国际营销区域、20家国际子公司,为140多个国家和地区提供产品和服务。受访企业在当地生产的产品和提供的服务54.5%面向当地市场,35.4%面向其他国家市场,34.9%面向中国市场。受访企业同时表示,其海外业务已经占到企业总业务量的50%。中国民营企业在参与“一带一路”建设过程中,能够主动把企业情况与当地的实际情况相结合,探索出“合作共赢、融入当地”为理念的发展道路,为当地解决了大量的就业。如中国显示功能元器件高端制造企业蓝思科技在越南工厂有2 000名员工,其中95%为越南当地员工,为越南提供了大量的就业岗位。

4. 资金融通效果明显

我国金融机构围绕推动构建长期、稳定、可持续、风险可控的多元金融体系,为"一带一路"建设项目提供充足、安全的资金保障。设立丝路基金,发起成立亚洲基础设施投资银行,推动各类银行和保险机构为"一带一路"建设项目提供资金支持。

5. 跨境电子商务快速发展

电子商务等新兴业态迅速发展,由阿里巴巴发起的世界电子商务平台(EWTP)正在加快建设,中国与76个世界贸易组织成员签署了《关于电子商务的联合声明》,有意启动与贸易有关的电子商务议题谈判。中国与有意愿的国家和地区签订高标准的自贸协定、发展跨境电子商务,共同推动有关国家高标准贸易投资规则的衔接,推进新业态新模式的发展,促进"一带一路"贸易投资自由化、便利化进程。

6. 政策支持力度加大

中国与"一带一路"沿线国家的贸易合作文件大幅度增加。中国与17国建设"一带一路"能源合作伙伴等"中国+"合作模式在不同领域展开。中国政府出台了一系列鼓励自贸区建设的政策,对海南自贸区和上海自贸区新片区赋予特殊政策。中国国际进口博览会已成功举办两届,共有180多个国家、地区和国际组织参加,3 800多家企业参展,170多万人次进馆洽谈,意向成交总额超过1 289亿美元。

7. 合作机制逐步完善

中国进一步优化营商环境,强化对外服务,不断完善"一带一路"建设合作机制。中国成功举办了两届"一带一路"高峰论坛,两届高峰论坛参加的国家元首和政府首脑67人次,形成11大类562项建设性成果。自首届"一带一路"高峰论坛以来,中国向"一带一路"沿线国家提供20亿元人民币紧急粮食援助,向南南合作援助基金增资10亿美元。在双边经贸联委会和混委会框架下,中国与"一带一路"沿线多个国家建立投资贸易合作机制,这些机制为"一带一路"建设提供了坚实的制度保障,推动"一带一路"建设高质量发展。

五、中国与"一带一路"沿线国家贸易潜力实证研究

（一）随机前沿理论模型

随机前沿生产函数是缪森（Meeusen）和布罗耶克（Broeck）提出的，巴泰语（Battese）和科拉（Corra）采用"一步法"或"二步法"进行估计。[1] 随机前沿生产函数，主要是用来测量企业的生产效率与影响因素。为了测量克服传统引力模型的缺陷，学者们将随机前沿生产函数引入到传统的贸易引力模型，将传统的贸易引力模型的随机干扰项分解为随机误差项和非负的技术非效率项，由此便产生了随机前沿引力模型。近年来，随机前沿引力模型被广泛使用在贸易潜力与贸易效率的测算之中。随机前沿贸易引力模型把 i 国对 j 国 t 年的实际贸易量 T_{ijt}、潜在贸易量 T^*_{ijt}、贸易效率 TE_{ijt} 分别表示为：

$$T_{ijt}=f(x_{ijt},\alpha)\exp(v_{ijt}-u_{ijt}),\ u_{ijt}\geqslant 0 \tag{1}$$

$$T^*_{ijt}=f(x_{ijt},\alpha)\exp(v_{ijt}) \tag{2}$$

$$TE_{ijt}=T_{ijt}/T^*_{ijt}=\exp(-u_{ijt}) \tag{3}$$

式中，x_{ijt}代表随机前沿引力模型中的影响贸易的自然因素，主要包括人口规模、经济规模、地理距离等因素。α 代表估计的参数向量；v_{ijt}代表随机干扰项，u_{ijt}代表非负的技术非效率项。v_{ijt}代表纳入随机前沿引力方程贸易干扰因素，服从均值为零的正太分布。u_{ijt}代表贸易内容随机前沿引力方程的贸易阻力因素，主要包括关税水平、国家相关政策等。通常被假定为服从半正态分布或截尾正态分布。v_{ijt}与u_{ijt}相互独立。早期的随机前沿引力模型中，假定非负的技术非效率项 u 不随时间的变化而变化，随机前沿引力模型

---

[1] W. Meeusen and J. van den Broeck, "Efficiency Estimation from Cobb-Douglas Production Functions with Composed Error", *International Economic Review*, Vol.18, No.2, 1977, pp. 44-435.
G.E. Battese, and G.S. Corra, "Estimation of a Production Frontier Model: With Application to the Pastoral Zone of Eastern Australia", *Australian Journal of Agricultural Economics*, Vol.21, Issue 3, 1977, pp.169-179.

称时不变引力模型。在时不变引力模型中假设 u 不随时间的变化而变化。巴泰语(Battese)和科埃利(Coelli)1992 年提出时变随机前沿引力模型,认为 u 随着时间的变化而变化,特别是当时间维度较长时变化更为显著。巴泰语(Battese)和科埃利(Coelli)提出时变随机前沿引力模型基本表达式[1]:

$$u_{ijt} = \{\exp[-\eta(t-T)]\}u_{ij} \tag{4}$$

式中,$[-\eta(t-T)]\geqslant 0$,u_{ij} 服从截尾正态分布。η 为待估参数。当 $\eta>0$ 时,非负的技术非效率随时间递减;当 $\eta<0$ 时,非负的技术非效率随时间递增;当 $\eta=0$ 时,非负的技术非效率不随时间变化,此时的随机前沿时变模型等于随机前沿时不变模型。

(二) 模型设定及数据

1. 模型构建

估计贸易潜力时应使用核心变量,如人口规模、经济规模、地理距离、边界、语言等短期内不会改变的自然因素。对短期内容易变化的因素应在估计贸易效率时予以考虑,如制度环境、关税水平和贸易协定等人为因素。[2]按照这个思路,本文构建的随机前沿引力模型如下:

$$\begin{aligned}\ln T_{ijt} = {} & \alpha_0 + \alpha_1 \ln CGDP_{it} + \alpha_2 \ln GDP_{jt} + \alpha_3 \ln POP_{it} + \alpha_4 \ln CPOP_{jt} + \\ & \alpha_5 \ln DIS_{ij} + \alpha_6 BORD_{ij} + \alpha_7 LAND_{ij} + \alpha_8 LANG_{ij} + \\ & v_{ijt} - u_{ijt}\end{aligned} \tag{5}$$

式中,T_{ijt} 代表 t 期中国与"一带一路"沿线 i 国家实际进出口额;GDP_{it} 代表 t 期 i 国的国内生产总值;$CGDP_{jt}$ 代表 t 期 j 国(中国)的国内生产总值;POP_{it} 代表 t 期 i 国的人口规模;$CPOP_{jt}$ 代表 t 期 j 国(中国)的人口规模;DIS_{ij} 代表中国首都与"一带一路"沿线国家首都之间的距离;$BORD_{ij}$ 为虚拟变量,代表中国与"一带一路"沿线国家是否拥有共同的地理边界,如果有

[1] G.E. Battese, and G.S. Corra, "Estimation of a Production Frontier Model: With Application to the Pastoral Zone of Eastern Australia", *Australian Journal of Agricultural Economics*, Vol.21, Issue 3, 1977, pp.169-179.

[2] S. Armstrong, "Measuring Trade and Trade Potential: A Survey", *Australia-Japan Research Center*, No.368, 2007.

则取1,否则取0;$LAND_{ij}$为虚拟变量,代表"一带一路"沿线国家是否为内陆国家,是取1,否则取0;$LANG_{ij}$为虚拟变量,代表中国与"一带一路"沿线国家是否有共同语言,有则取1,否则取0。

估计出随机前沿引力模型之后,就可以使用随机前沿引力模型估计出贸易潜力,通过贸易潜力估计贸易效率。贸易潜力的计算方法是根据实际贸易值回归出各影响因素的系数,把各影响因素的系数代入构建的随机前沿引力模型,即可求出"一带一路"沿线各区域、各国家的贸易潜力;用实际贸易值与贸易潜力之比即可得到"一带一路"沿线各区域、各国家的贸易效率。

为了准确识别影响中国与"一带一路"沿线国家贸易效率的因素,本文构建了贸易效率模型如下:

$$\begin{aligned} Eff_{it} = {} & \beta_0 + \beta_1 COMP_{it} + \beta_2 FTA_{it} + \beta_3 TAF_{it} + \beta_4 SHP_{it} + \\ & \beta_5 RAIL_{it} + \beta_6 AIIB_{it} + \beta_7 EXC_{it} + \beta_8 FC_{it} + \\ & \beta_9 CULT_{it} + \gamma_{it} \end{aligned} \tag{6}$$

式中,$COMP_{it}$代表t期中国与"一带一路"沿线i国外交伙伴关系级别。全面战略协作伙伴、全天候战略合作伙伴、全面战略合作伙伴、战略合作伙伴、全面战略伙伴、战略伙伴、合作伙伴分别取值为7、6、5、4、3、2、1;FTA_{it}为虚拟变量,代表中国与"一带一路"沿线i国是否签署自由贸易协定,是取1,否则取0;TAF_{it}代表中国与"一带一路"沿线i国t期的平均关税;SHP_{it}代表"一带一路"沿线i国t期与全球航运网络连通程度;$RAIL_{it}$代表"一带一路"沿线i国t期铁路总里程;$AIIB_{it}$为虚拟变量,代表"一带一路"沿线i国t期是否是亚洲基础设施投资银行的成员国,是取1,否则取0;EXC_{it}代表"一带一路"沿线i国t期的汇率变化情况,如果汇率基本稳定取1,否则取0;FC_{it}为虚拟变量,代表"一带一路"沿线i国t期与中国建立友好城市数量;$CULT_{it}$表示i国t期孔子学院的数量,代表中国与"一带一路"沿线国家文化的相近程度。

2. 样本数据来源与说明

本文根据中国一带一路2019年5月确定"一带一路"沿线国家名录,选取"一带一路"沿线64个国家2007—2017年的数据作为样本数据(表4)。

表 4 “一带一路”沿线国家

东北亚 (2)	蒙古国、俄罗斯
东南亚 (11)	新加坡、泰国、越南、马来西亚、印度尼西亚、菲律宾、缅甸、柬埔寨、文莱、老挝、东帝汶
南亚 (7)	印度、巴基斯坦、孟加拉国、斯里兰卡、马尔代夫、尼泊尔、不丹
中亚 (5)	哈萨克斯坦、乌兹别克斯坦、土库曼斯坦、塔吉克斯坦、吉尔吉斯斯坦
西亚北非 (20)	伊朗、伊拉克、土耳其、叙利亚、约旦、黎巴嫩、以色列、沙特阿拉伯、也门、阿曼、阿联酋、卡塔尔、科威特、巴林、格鲁吉亚、阿塞拜疆、亚美尼亚、埃及、巴勒斯坦、阿富汗
中东欧 (19)	乌克兰、白俄罗斯、摩尔多瓦、波兰、立陶宛、爱沙尼亚、拉脱维亚、捷克、斯洛伐克、匈牙利、斯洛文尼亚、克罗地亚、波黑、黑山、塞尔维亚、阿尔巴尼亚、罗马尼亚、保加利亚、马其顿

数据来源：中国一带一路网。

中国与“一带一路”沿线国家进出口数据源于联合国商品贸易数据库(UN ComTrade Database)，“一带一路”沿线国家国内生产总值、人口规模源于世界银行网站，中国是否与“一带一路”沿线国家有共同边界、语言、两国首都的距离、是否是内陆国源于法国国际经济研究中心(CEPII)网站。

伙伴关系数据源于外交部网站，“一带一路”沿线国家是否与中国签署了自由贸易协定数据源于世界贸易组织区域贸易协定数据库(RTA Database)和中国自由贸易区网站，铁路总里程、航班网络程度、清关时间数据源于世界银行世界发展指标数据库(WDI)，平均关税源于国际货币基金组织发布的《政府财政推进年度报告》(*Government Finance Statistics Manual*)，亚洲基础设施投资银行成员和友好城市数量分别源于亚洲基础设施投资银行网站和中国国际友好城市联合会网站。表 5 是本文的变量及其说明。

表 5 变量说明

	名　称	定　义	含　义
被解释变量	T	中国与“一带一路”沿线国家贸易额	数值越大，两国贸易越密切
	Eff	贸易效率	数值越大，两国贸易效率越高

（续表）

	名　称	定　义	含　义
解释变量	*GDP*	“一带一路”沿线国家国内生产总值	数值越大,两国贸易潜力越大
	CGDP	中国国内生产总值	数值越大,两国贸易潜力越大
	POP	“一带一路”沿线国家人口规模	数值越大,两国贸易潜力越大
	CPOP	中国人口规模	数值越大,两国贸易潜力越大
	DIS	中国北京与“一带一路”沿线国家首都距离取对数	数值越大,两国贸易成本越高
	LAND	是否是内陆国家	沿海国家贸易便利化程度越高,内陆国家贸易便利化程度越低
	BORD	是否有共同的边界	共同边界越长,贸易便利化程度越高
	LANG	是否有共同语言	语言相同,贸易便利化程度越高
	COMP	外交伙伴关系级别	数值越大,级别越高,两国贸易合作可能性越大,贸易条件越优惠
	FTA	中国与“一带一路”沿线国家是否签署自由贸易协定	签署说明贸易便利化程度高,否则反之
	TAF	中国与“一带一路”沿线国家平均关税	数值越大,两国贸易阻力越大
	SHP	全球航运网络连通程度	数值越大,贸易便利化程度越高
	RAIL	铁路总里程	数值越大,贸易便利化程度越高
	AIIB	亚洲基础设施投资银行成员	是代表金融融通程度高,不是则反之
	EXC	汇率变化情况	汇率下降,有利出口,抑制进口
	FC	友好城市数量	数值越大,说明民心相通程度越高
	CULT	孔子学院数量	数据越大,文化相近程度越高,贸易潜力越大

(三) 模型检验

为了确保随机前沿引力模型的适应性，本文使用似然比检验对随机前沿引力模型的适应性进行检验。检验的主要内容包括两项，即贸易非效率的存在性检验和贸易效率变化的存在性检验。贸易非效率存在性检验的目的主要是考察是否存在贸易非效率，如果存在贸易非效率，就必须使用随机前沿模型，而不能使用传统引力模型。贸易效率的变化性检验主要是为了考察贸易效率是否随时间变化，从而决定使用时不变随机前沿引力模型还是用时变随机前沿引力模型。似然比统计模型如下所示：

$$LR = 2[\ln(H_0) - \ln(H_1)] \tag{7}$$

式中，$\ln(H_0)$代表有约束条件下的似然函数值，$\ln(H_1)$ 代表无约束条件下的似然函数值，LR 统计量代表混合分布形式的渐进分布。在对模型设定进行假设检验之前，对贸易效率变化的存在性检验。零假设 $H_0:\eta=0$，如果拒绝了零假设，说明贸易效率随时间变化，采用时变随机前沿引力模型适应，反之则使用时不变随机前沿引力模型。接下来，对贸易非效率存在性检验。零假设 $H_0:\mu=0$，如果拒绝接受零假设，说明存在贸易非效率因素，应该采用随机前沿引力模型，传统的引力模型不能适用，反之则使用传统引力模型。本文运用 STATA 软件，检验结果如表 6。

表 6　模型似然比检验结果

模型	零假设	$\ln(H_0)$	$\ln(H_1)$	LR 统计量	1%临界值	检验结论
贸易效率	$\mu=0$	−308	−876	1 203.51	9.45	拒绝
贸易非效率	$\eta=0$	−256	−674	1 045.34	9.78	拒绝

从表 6 可以看出，贸易非效率和贸易效率变化的零假设均被拒绝，说明存在贸易非效率问题，使用随机前沿引力模型是适用的。贸易效率变化的零假设被拒绝，进一步说明采用时变随机前沿引力模型是适用的。

(四) 实证检验与结果分析

1. 贸易潜力分析

本文采用中国与“一带一路”2007—2017 年沿线 64 个国家的数据，采用式(5)模型,对中国与“一带一路”沿线国家贸易情况进行估计,结果见表 7。

表 7　时变随机前沿引力模型估计结果

T	Coef.	St.Err	t-value	p-value	Sig.
GDP	1.14	0.08	15.19	0.00	***
CGDP	1.01	0.08	12.26	0.01	***
POP	0.27	0.10	2.68	0.33	
CPOP	−1.11	0.08	−14.83	0.00	***
DIS	−1.32	0.25	−5.38	0.00	***
LAND	−0.54	0.08	−7.07	0.00	**
BORD	0.26	0.25	1.06	0.00	***
LANG	0.34	0.20	1.68	0.25	
因变量均值		154.13	因变量标准差		439.16
样本量		255.00	卡方检验		355.64
Prob> chi2		0.00	Akaike(AIC)		3 336.75

注:*、**、*** 分别表示在 10%、5%和 1%的水平显著。

从表 7 可以看出,这些短期内不会变化的自然因素对中国与“一带一路”沿线国家贸易的影响程度差异较大,具体分析各因素的影响程度如下:

(1)“一带一路”沿线国家国内生产总值同中国与“一带一路”沿线国家贸易额在 1%的置信水平上呈现高度正相关关系。这表明“一带一路”沿线国家国内生产总值能够显著促进中国与“一带一路”沿线国家的贸易。在其他因素不变的情况下,“一带一路”沿线国家国内生产总值每增加 1%,中国自“一带一路”沿线国家的进出口量会增加 1.1%。

(2)中国国内生产总值同中国与“一带一路”沿线国家贸易额在 1%的置信水平上呈现高度正相关关系。这表明中国国内生产总值能够显著促进中国对“一带一路”沿线国家的贸易。在其他因素不变的情况下,中国国内生产总值每增加 1%,中国自“一带一路”沿线国家的进出口量会增加 1.0%。

(3)“一带一路”沿线国家人口规模同中国与“一带一路”沿线国家贸易呈现不显著的正相关关系。这表明“一带一路”沿线国家人口的增加会增加对中国的进口量,同时也会减少对中国的出口量,由于增加的进口量和减少的出口量相抵消，造成了“一带一路”沿线国家人口的变化对中国与“一带一路”沿线国家贸易影响不显著。

(4) 中国人口规模同中国与“一带一路”沿线国家贸易在1%的置信水平上呈现负相关关系。这表明中国人口的增加减少了中国对“一带一路”沿线国家的出口，虽然进口额会有所增加，但增加幅度要小于出口额的减少幅度。中国人口的增加会增加国内产品的需求，减少产品的出口，进而减少中国与“一带一路”沿线国家贸易额。

(5) 中国北京与“一带一路”沿线国家首都距离同中国与“一带一路”沿线国家贸易在1%的置信水平上呈现负相关关系。这表明北京到“一带一路”沿线国家首都距离远会阻碍中国对“一带一路”沿线国家的进出口水平。在其他条件不变的情况下，中国北京与“一带一路”沿线国家首都距离每增加1%，中国与“一带一路”沿线国家贸易额会减少1.3%。

(6) 是否是内陆国家同中国与“一带一路”沿线国家贸易额在5%的置信水平上呈现负相关关系。这表明沿海国家贸易便利化程度高，内陆国家贸易便利化程度低，内陆国家因交易便利程度低，造成进出口成本增加，从而使得中国与“一带一路”沿线国家贸易额减少。

(7) 是否有共同的边界同中国与“一带一路”沿线国家贸易额在1%的置信水平上呈现正相关关系。这表明共同边界越长，贸易便利化程度越高，有利于中国进出口额的增加，这是因为共同边界能够减少贸易成本。

(8) 是否有共同语言同中国与“一带一路”沿线国家贸易额呈现不显著的正相关关系。这表明相同的语言便于交流，对“一带一路”沿线国家的进出口额有一定的正面影响，但随着科技的发展，不同语言之间的交流已经变得更容易，共同语言因素对进出口额的影响越来越不显著。

2. 贸易效率分析

根据计量模型[式(5)]的回归结果(表7)，计算出中国与“一带一路”沿线国家贸易额的理论值，即贸易潜力；继而运用式(3)和式(4)，根据贸易潜力估计中国与“一带一路”沿线国家的随时间变化的贸易效率。在估计出贸易效率后，根据表2给出的“一带一路”沿线国家区域划分标准，将属于该区域的全部国家的每年贸易效率值取均值，作为该区域当年的贸易效率值，估计结果见表 8。

表 8　2007—2017 年中国与"一带一路"沿线区域贸易效率

区域＼年份	2007	2008	2009	2010	2011	2012	2013	2014	2015	2016	2017
东亚	0.58	0.58	0.58	0.59	0.59	0.60	0.60	0.61	0.61	0.61	0.62
中亚	0.13	0.13	0.13	0.14	0.14	0.15	0.15	0.15	0.16	0.16	0.17
南亚	0.11	0.11	0.11	0.12	0.12	0.13	0.13	0.13	0.14	0.14	0.14
东南亚	0.48	0.49	0.49	0.50	0.50	0.51	0.51	0.51	0.52	0.52	0.53
中东欧	0.14	0.14	0.15	0.15	0.15	0.16	0.16	0.17	0.17	0.17	0.19
西亚北非	0.20	0.21	0.21	0.22	0.22	0.22	0.23	0.23	0.24	0.24	0.26

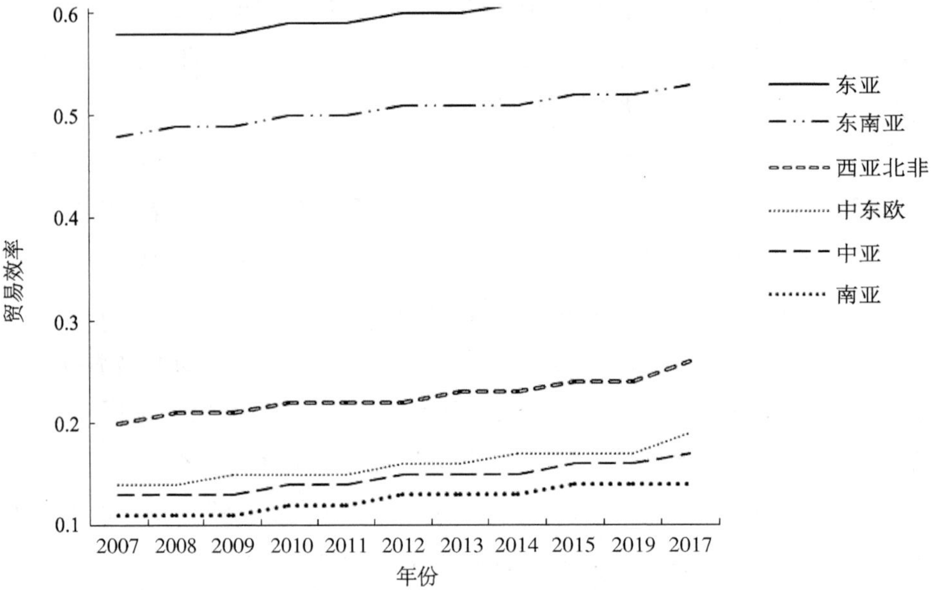

图 3　2007—2017 年中国与"一带一路"沿线区域贸易效率

由表 8 和图 3 可以看出，2007—2017 年中国与"一带一路"沿线区域贸易效率在逐年提高，并且不同区域的贸易效率呈现出层次分明的特征。中国与东亚地区的贸易效率最高，中国与东亚地区的贸易效率从 2007 年的 0.58上升至 2017 年的 0.62，11 年间中国与东亚的平均贸易效率为 0.55，年平均增长 6.9%；中国与东南亚的贸易效率仅次于东亚地区，中国与东南亚地区国家的贸易效率从 2007 年的 0.48 上升至 2017 年的 0.53，2011 年中国与东南亚的平均贸易效率为 0.51，年平均增长 1%；中国与西亚北非地区的贸易效率排名第三，中国与西亚北非地区的贸易效率从2007年的0.20上升至2017年的0.26，2011年中国与西亚北非地区国家的平均贸易效率为0.23，年平均增长2.8%；中国与中东欧地区国家的贸易效率排名第四，中国与中东欧地区国家的贸易效率从2007年的0.14上升至2017年的0.19，2011年中国与中东欧地区国家的平均贸易效率为0.16，年增长3.6%；中国与中亚、南亚地区国家的贸易效率比较低，2007—2017年间的平均贸易效率只有0.12，并且近年来发展也比较慢。

从上述研究情况看，中国与东亚、东南亚地区国家的贸易效率比较高，中国首先应该大力发展与东亚、东南亚地区国家贸易。从贸易发展潜力来看，中国与中亚、南亚和中东欧地区国家的贸易发展潜力最大，特别是中国与中东欧地区国家的贸易发展效率近年来提高较快，因此中国应该把与中东欧地区国家的贸易发展作为重点。

3. 贸易效率影响因素分析

本文采用中国与“一带一路”沿线64个国家2007—2017年数据，采用式(6)模型，对影响中国与“一带一路”沿线国家贸易效率的短期内容易变化的人为因素进行估计，估计结果见表9。

表9　贸易效率影响因素模型估计结果

Eff	Coef.	St.Err	t-value	p-value	Sig.
COMP	1.16	1.021	1.13	0.00	***
FTA	0.66	0.317	2.09	0.00	***
TAF	−0.42	0.194	−2.14	0.00	***
SHP	1.04	0.004	6.41	0.00	***
RAIL	0.23	0.401	0.56	0.00	***
AIIB	0.36	0.186	1.95	0.28	
EXC	0.63	0.507	1.25	0.18	
FC	1.36	1.202	1.13	0.00	***
CULT	1.21	1.039	1.16	0.00	***
因变量均值		6.01	因变量标准差		12.68
R-平方		0.35	样本量		1 050.00
F-检验		18.73	Prob> F		0.00
Akaike.(AIC)		7 934.28	Bayesian Crit.(BIC)		8 127.59

注：*** $p<0.01$，** $p<0.05$，* $p<0.1$。

从表9的估计结果可以看出,这些短期内容易变化的人为因素对中国与"一带一路"沿线国家贸易效率的影响程度差异较大,具体分析各因素的影响程度如下:

(1) 外交伙伴关系级别同中国与"一带一路"沿线国家贸易效率在1%的置信水平上呈现高度正相关关系。这表明外交伙伴关系级别越高,两国贸易合作可能性越大,贸易条件越优惠,中国与"一带一路"沿线国家贸易效率越高。在其他因素不变的情况下,外交伙伴关系级别每提升1%,中国与"一带一路"沿线国家贸易效率会增加1.2%。

(2) 中国与"一带一路"沿线国家是否签署自由贸易协定同中国与"一带一路"沿线国家贸易效率在1%的置信水平上呈现高度正相关关系。这表明中国与"一带一路"沿线国家签署自由贸易协定有助于提升中国与"一带一路"沿线国家的贸易效率。因为"一带一路"沿线国家若签订自由贸易协定,可以取得关税减免等优惠政策,促进了贸易国之间的贸易交易。

(3) 中国与"一带一路"沿线国家平均关税同中国与"一带一路"沿线国家贸易效率在1%的置信水平上呈现高度负相关关系。这表明中国与"一带一路"沿线国家收取关税会阻碍进出口额,减少中国与"一带一路"沿线国家贸易额。

(4) 全球航运网络连通程度同中国与"一带一路"沿线国家贸易效率在1%的置信水平上呈现高度正相关关系。这表明"一带一路"沿线国家全球航运网络连通程度越高,贸易便利化程度越高,有助于提升"一带一路"沿线国家贸易额。在其他因素不变的情况下,全球航运网络连通程度每提升1%,中国与"一带一路"沿线国家贸易效率会增加1%。

(5) 铁路总里程同中国与"一带一路"沿线国家贸易效率1%的置信水平上呈现高度正相关关系。这表明铁路总里程数值越大,贸易便利化程度越高,越有利于提升"一带一路"沿线国家贸易效率。

(6) 亚洲基础设施投资银行成员同中国与"一带一路"沿线国家贸易效率呈现正相关关系,但并不显著。这表明亚洲基础设施投资银行成员国有利于中国与“一带一路”沿线国家贸易效率提升。不显著的主要原因是亚洲基础设施投资银行规模与影响力还比较小，同时亚洲基础设施投资银行有利于一国的进口，对出口的影响不显著，所以亚洲基础设施投资银行成员同中国与“一带一路”沿线国家贸易效率呈现不显著的正相关关系。

(7) 汇率变化情况同中国与“一带一路”沿线国家贸易效率呈现不显著的正相关关系。这表明汇率变化对中国与“一带一路”沿线国家贸易效率的影响是多面性的，这取决于汇率调整的力度和方向，汇率下降，有利出口，抑制进口，所以汇率变化情况同中国与“一带一路”沿线国家贸易效率呈现不显著的正相关关系。

(8) 友好城市数量同中国与“一带一路”沿线国家贸易效率1%的置信水平上呈现高度正相关关系。这表明友好城市数量越大，说明民心相通程度越高，越有利于提升中国与“一带一路”沿线国家贸易效率。在其他因素不变的情况下，友好城市数量每增加1%，中国与“一带一路”沿线国家贸易效率会增加1.3%。

(9) 孔子学院数量同中国与“一带一路”沿线国家贸易效率1%的置信水平上呈现高度正相关关系。这表明孔子学院数量越多，“一带一路”沿线国家文化相近程度越高，“一带一路”沿线国家贸易潜力就越大。通过加强国家间的文化交流学习，可以提升中国与“一带一路”沿线国家贸易效率。在其他因素不变的情况下，孔子学院数量每增加1%，中国与“一带一路”沿线国家贸易效率会增加1.2%。

六、结论与建议

本文运用随机前沿引力模型，以2007—2017年中国与“一带一路”沿线64个国家的数据为基础，对中国与“一带一路”沿线64个国家的贸易潜力、贸易效率以及影响中国与“一带一路”沿线64个国家贸易的影响因素进行了系统的分析研究。结果表明，近年来，中国与“一带一路”沿线国家的贸易合作发展迅速，中国与"一带一路"沿线国家贸易量逐年攀升，中国与"一带一路"沿线国家的贸易潜力巨大。从随机前沿引力模型分析的结果看，影响中国与"一带一路"沿线国家贸易的主要因素是中国与"一带一路"沿线国家的经济规模、人口规模。经济规模、人口规模与中国与"一带一路"沿线国家的贸易量正相关。中国与"一带一路"沿线国家的地理距离和中国与"一带一路"沿线国家的贸易量负相关。从贸易非效率模型的估计结果来看，中国与"一带一路"沿线国家贸易效率总体不高，影响中国与"一带一路"沿线国家贸易效率的主要因素是人为因素，主要包括政策环境、关税水平、贸易便利化程度。以上因素是影响中国与"一带一路"贸易效率的主要阻力。依据本文的研究结论，现提出进一步加强中国与"一带一路"沿线国家贸易的政策建议。

第一，中国与"一带一路"沿线国家的贸易发展不平衡，贸易发展的潜力较大。从本文研究结论看，总体上中国与"一带一路"沿线国家贸易效率比较低，并且不同区域国家的贸易效率差异还比较大。建议中国要大力发展与"一带一路"贸易效率比较高的东亚和东南亚地区的国家间贸易，因为这些地区的国家与中国有一定的贸易基础，基础条件也相对较好；中东欧地区国家与中国近年来贸易效率提升比较快，并且与中国的贸易潜力较大，当前中国与中东欧国家的贸易规模较小，建议进一步加大与中东欧国家贸易力度，挖掘中国与中东欧国家的贸易潜力；中亚、南亚、西亚北非地区与国家与中国的贸易潜力也比较大，由于这些地区国家贸易效率比较低，建议中国要逐步拓展这些区域国家的市场。

第二，影响中国与"一带一路"沿线国家贸易量的因素是自然因素，主要包括经济规模与人口规模。要进一步扩大中国与"一带一路"沿线国家的贸易量，首先要选择"一带一路"沿线经济规模与人口规模比较大的国家进行贸易；由于中国与"一带一路"沿线国家之间距离和中国与"一带一路"沿线国家的贸易量负相关，中国在"一带一路"沿线国家选择贸易伙伴时要优先考虑与中国相邻或距离比较近的国家进行贸易。中国与"一带一路"沿线国家的贸易投资合作要坚持互惠互利，不仅要考虑中国的利益，同时也要兼顾“一带一路”沿线国家的利益，只有这样才具有可行性。

第三，进一步加强中国与“一带一路”沿线国家交流的力度。影响中国与“一带一路”沿线国家贸易效率的因素主要是人为因素，建议进一步加大中国与“一带一路”沿线国家的深度交流，进一步扩大人文交流的力度，扩大中国在“一带一路”沿线国家孔子学院数量与规模，传播中国文化，中国观念，学习“一带一路”沿线国家的文化，增强认同感，形成共识。要采取多种形式，进一步扩大中国与“一带一路”沿线国家交流领域与范围，要把人文、科技、经贸等交流项目常态化、规范化、制度化，要定期、不定期的举办面向“一带一路”沿线国家的各种论坛、学术交流和经贸活动，鼓励中国与“一带一路”沿线国家各类人员密切往来，最大限度地增强认同感，凝聚共识，促进中国与“一带一路”沿线国家民心相通。要跳出经济看经济、跳出贸易看贸易，通过中国与“一带一路”沿线国家各个领域、各种形式的深入广泛的交流合作，带动中国与“一带一路”沿线国家贸易效率不断升级提效。

第四，进一步加大中国与“一带一路”沿线国家项目的合作力度。中国与“一带一路”沿线国家的项目合作具有较好基础条件。中国具有技术与资金优势，“一带一路”沿线国家具有资源优势，中国与“一带一路”沿线国家的合作可以实现优势互补，共同发展的目标。在项目合作方面除了资源类开发项目、工业项目、商贸项目等外，建议中国推出面向“一带一路”沿线国家的公益项目、扶贫项目等，进一步扩大“一带一路”国家奖学金规模，鼓励更多“一带一路”沿线国家青年人到中国留学，鼓励中国技术人员和企业走出去投资创业，与“一带一路”沿线国家联合开发项目。同时，中国也要营造良好的营商环境，吸引“一带一路”沿线国家到中国开办企业，合作开发项目。

第五，实施“一带一路”倡议需要建立有效的保障机制。中国作为“一带一路”倡议提出国，中国政府相关部门要积极倡导促成“一带一路”沿线国家交流合作的机制建设。当“一带一路”沿线国家合作机制形成以后，“一带一路”沿线国家就会按照合作机制进行运作。但在合作机制没有形成以前，中国政府相关部门要做大量的宣传、协调工作，协调“一带一路”沿线国家的利益，促进双边或多边协作、合作机制建立。协作、合作机制是实施“一带一路”倡议的首要任务。

“一带一路”沿线国家基础设施投资风险与应对策略

——基于中国印度洋港口投资的四个案例研究

葛天任*

“一带一路”倡议下的中国对外直接投资空前活跃，但来自东道国的国内政治风险无时无刻不在影响着中国海外投资项目的稳定。因此，确保中国在海外港口投资的稳定性意义重大。然而，当前中国在海外实际投资建设的港口，频繁发生中资企业与东道国政府、企业签订了有效的投资建设合同后，项目却因为东道国政治原因所导致的合同意外变化的情况。

本文研究了东道国国内政治环境的变化对中国在印度洋地区港口投资和建设稳定性的影响。文章借鉴了萨缪尔·P·亨廷顿(Huntington·P·Samuel)的政府秩序论视角并进行了创新性使用，着重关注东道国国内政治中的“社会支持度”和“政府稳定性”两个维度，通过对两个变量的排列组合形成的四种模式进行案例研究。研究表明，中国在巴基斯坦、斯里兰卡、缅甸的港口投资中，东道国的社会支持度、政府稳定性与中国对三国四港的投资稳定性呈正相关关系。我国在印度洋地区港口投资建设中暴露出“上层路线”失效、“下层路线”不足的问题。对此，我国应在继续与东道国保持良好政府间关系的同时，需积极开展面向下层民众的公共外交；我国企业应积极承担海外建设项目的社会责任，同时也应技术性回避可能的国内政治风险。对于中国印度洋港口投资的社会政治风险而言，本文主要关注以下三个方面。

---

* 葛天任，同济大学政治与国际关系学院副教授。

一、社会政治因素对国际投资的影响模型

中国港口投资是我国对外直接投资的重要组成部分，经济学、国际政治经济学、国际关系研究对中国海外直接投资有直接影响。西方经济学重要人物约翰·哈里·邓宁(John · Harry · Dunning)曾提出国际生产折中理论(OLI)，他认为对外投资能否发起并取得成功是由所有权优势(Ownership)、内部化优势(Location)和区位优势(Internalization)三个核心要素所决定。[1] 也就是说，当三要素中任何一个要素变动时，企业的投资都将面临出现波动、产生损失的可能。邓宁在解释区位优势的内涵时提到东道国的政治经济制度等制度环境因素，国际政治经济学将制度因素进行了更为细致深入的剖析。关于母国制度的研究，皮特·巴克莱(Peter · Buckley)认为，中国的国内制度因素对中国企业的对外直接投资动机和能力起到重要的推动作用，国内制度是中国对外投资的特殊优势。[2] 有学者做了进一步研究，认为中国东部地区的制度对对外直接投资的促进作用明显强于西部地区。[3] 同样是从母国制度环境出发，也有学者认为母国制度对对外直接投资的促进机制存在差异。威特(Witt)认为，中国企业的对外直接投资在一定程度上是出于对中国知识产权保护、政府管制、地方保护的不足的一种躲避(escape)。[4] 除了母国制度，对东道国制度研究是制度环境研究的另一个重点。陈兆源认为，中国的对外直接投资与东道国的民主程度呈负相关关系，与东道国的否决者的数量呈正相关关系。[5] 也有学者对对

[1] Dunning. J. H, *Trade, Location of Economic Activities and the MNE: A Search for an Eclectic Approach*, New York: Holms & Meier, 1977, pp.67-69.

[2] Peter J.Buckley., "The determinants of China's outward foreign direct investment", *Journal of International Business Studies*, Vol.4, No.25, 2007, pp499-519.

[3] 冀相豹、葛顺奇：《母国制度环境对中国 OFDI 的影响——以微观企业为分析视角》，载《国际贸易问题》2015 年第 3 期，第 76—85 页。

[4] Witt, M. A, and Lewin. A. Y. "Outward Foreign Direct Investment as Escape Response to Home Country Institutional Constraints," *Journal of International Business Studies*, No.38, 2007, pp.579-594.

[5] 陈兆源：《东道国政治制度与中国对外直接投资的区位选择——基于 2000—2012 年中国企业对外直接投资的定量研究》，载《世界经济与政治》2016 年第 11 期，第 129—156 页、第 160 页。

外直接投资按照行业进行了分类研究，指出不同类型的对外直接投资对东道国制度有着不同偏好[1]。国际关系领域也关注对外直接投资的稳定性。国际关系的研究多是从双边政治关系、双边经济关系作为切入点，多数观点良好的双边政治关系[2]、双边经济关系[3]可以有效地补充东道国制度不足，促进中国对外直接投资。

综上所述，西方经济学的国际生产折中理论基于西方私人企业的出发点对中国国企、央企为主力的对外直接投资行为并不能进行充分地解释，如中国对新加坡的对外直接投资中，就无法体现国际生产折中理论的部分优势；国际政治经济学的制度研究多是关注宏观经济影响，对具体到项目级的投资稳定性影响不明显；国际关系研究中的双边政治和经济关系可以推动对外直接投资，但往往是基于双边制度、贸易等维度的积累之上才可发挥作用。

二、分析框架与理论假设

本文的研究视角借鉴了萨缪尔・P・亨廷顿的政府秩序论，提出了“社会支持度”和“政府稳定性”两个变量。他认为第三世界发展中国家实现现代化的过程就是一个克服社会动荡和防止出现政治衰朽的历史阶段，或者说，是实现政治稳定的过程。而实现政治稳定的关键在于构建一个强大政府，他认为强大政府指的是有能力制衡政治参与和政治制度化的政府。[4]政府强大理论本质上是通过对“政治参与”和“政治制度化”两个变化因素的考察，来确定其对“政治秩序”的影响。在政府秩序论中，亨廷顿认为“政治参与”和“政治制度化”有高低之分，是保证“政治秩序”的关键，并通过“政治

[1] 彭冬冬、林红：《不同投资动因下东道国制度质量与中国对外直接投资——基于“一带一路”沿线国家数据的实证研究》，载《亚太经济》2018 年第 2 期刊，第 95—102 页、第 151 页。

[2] 张建红、姜建刚：《双边政治关系对中国对外直接投资的影响研究》，载《世界经济与政治》2012 年第 12 期，第 133—155 页、第 160 页。

[3] 宗芳宇、路江涌、武常岐：《双边投资协定、制度环境和企业对外直接投资区位选择》，载《经济研究》2012 年第 5 期，第 71—82 页、第 146 页。

[4] 萨缪尔・P・亨廷顿：《变化社会中的政治秩序》，上海：上海人民出版社，2017 年版，第 4 页。

参与/政治制度化=政治动乱”这一公式来表达。亨廷顿根据这两个因素高低搭配所形成的不同组合，将不同的政体大致划分为两种趋向：一种是普力夺(Praetorian)政体趋向，即“政治参与”水平高而“政治制度化”水平低的政体。在普力夺政体中各个团体以各自的方式直接参与政治活动，学生罢课、工人罢工、民众暴动、军人政变，国家的政治秩序陷入极大的混乱之中，政治秩序处于不稳定状态中。另一种是公民政体趋向，即“政治参与”水平低而“政治制度化”水平高的社会。在公民政体中，具有明确而稳定的制度化权威结构适宜于该政体的政治参与。在寡头、精英、公民社会中会有不同的表现形式，在常见的现代政体中，政党常作为组织群众参政的关键机构起着补充或取代传统政治结构的作用，政治秩序保持总体稳定。[1] 亨廷顿依据“政治参与”和“政治制度化”的高低将国家划分为国内政治较为混乱的普力夺政体和国内政治较为稳定的公民政体，这为本文的研究提供了一定的启发。

政府强大论研究的层次是设定在国家层次的探讨，其核心是通过对“政治参与”和“政治制度化”的观察来探讨国家内部“政治秩序”的问题，其前提是认为“政治秩序”的建立有利于经济和社会的长期稳定发展。而本文关注的是较低层次的港口项目投资，但同样是以国内政治的角度为视角来分析发展中国家的实际发展状况。在自变量的选取上，因为本文的研究对象更加具体，所以对自变量也采取了降维具象的处理，将“政治参与”具象为社会支持度，将“政治制度化”具象为政府稳定性。这样的具象安排，是基于兼顾政府强大论的思想和本文研究实际的考虑：一方面，这种具象化是出于相同角度的不同层次的考虑。“政治参与”与社会支持度均是以政治参与的主体，即公民为视角，这其中也包括由公民组成的社团、政党等组织，但是前者的互动对象是国家层次，以“政治秩序”为结果；后者是项目层次，以项目能否顺利进行为结果。“政治制度化”与政府稳定性均是从政治机构层次，前者是包括政治活动中方方面面的制度化，后者是与项目直接相关的政府层次。另一方面，这种具象化是出于可对港口投资项目直接产生影响的考虑。社会各界对项目的支持度会直接反映在其表现中，如抗议示威、暴力阻挠等

[1] 萨缪尔·P·亨廷顿：《变化社会中的政治秩序》，第60—66页。

行为，这与项目能否顺利进行直接相关；政府作为东道国的唯一合法管理者可以直接决定项目能否顺利进行，如停工、项目审查等行为。除此之外，对文章案例分析而言，两者的变化易于观察，方便操作，降低误差。因此，本文所采用的社会支持度与政府稳定性的概念是对亨廷顿政府强大论思想的降维、具象和创新。

基于亨廷顿政府强大论观点和中国相关投资案例的综合考察，本文提出一个核心假设：中国在巴基斯坦、斯里兰卡、缅甸的港口投资中，东道国的社会支持度、政府稳定性与中国对三国四港的投资项目稳定性呈正相关关系。首先，关于社会支持度。在本文中，社会支持度指的是东道国国内公民个人及团体等社会力量对中国在东道国所投资建设的港口项目的支持程度。对于社会支持度的衡量，本文着重关注在项目投资建设期间，东道国国内是否有针对中国投资建设港口项目的抗议示威活动；东道国企业和社会组织对中方提交的港口投资方案是否满意；东道国主流媒体是否对中国投资建设的港口项目出现偏向性评价。其次，关于政府稳定性。在本文中的政府稳定性指的是东道国政府在中国投资建设港口期间是否存在正常或异常政府更迭。对于政府稳定性的衡量，本文着重关注在项目投资建设期间，东道国政府是否存在正常或异常政府更迭；东道国新一届政府的对华政策和态度是否友好；东道国国内是否频繁发生反政府抗议游行。最后，关于项目稳定性。本文的项目稳定性指的是中国在三国四港的投资的稳定性。对于稳定性的衡量，本文是以合同施工计划和港口投资建设实际情况为标准，将施工进展情况划分为项目正常、项目中止、项目受限三种情况，这三种情况被视为是不利程度递增的三种情况。

基于以上假设，可得出四种可验证的情况（表 1）。

表 1　"一带一路"投资政治社会风险的四种可能情况

	社会支持度（高）	社会支持度（低）
政府稳定性（高）	项目正常 （巴基斯坦瓜达尔港）	项目中止 （斯里兰卡汉班托塔港）
政府稳定性（低）	项目中止 （斯里兰卡科伦坡港）	项目受限 （缅甸马德岛港）

第一，在社会支持度高、政府稳定性高的背景下开展的港口投资项目，风险最小，最易正常推进。在这一背景下，中国的港口项目投资不仅不会受到来自东道国国内民众和政府的阻力，甚至能够抵消一些潜在的自恐怖主义活动、第三国等外在政治风险。这种项目多是建立在中国与东道国两国政府和民众长期友好往来的基础之上。

第二，在社会支持度高、政府稳定性低的背景下开展的港口投资项目，风险较大，易导致项目发生停滞。这种情况，常见于在项目投资建设过程中，东道国政府发生更替并叫停项目，东道国民众虽然有较高的支持度，但这种支持度往往是出于对项目完工后给自身带来的利益预期，这种预期本身并不能完全确定，所以并不牢固。又因为民众获取的信息不对称，新政府往往会采用一个冠冕堂皇的理由来叫停项目，使民众对项目的支持很难转化成有力的政治行动，民众的支持多停留在情绪层面。最终，项目被迫停滞。

第三，在社会支持低、政府稳定性高的背景下开展的港口投资项目，风险较大，易导致项目发生停滞。在这一背景下，政府较为稳定，政府对项目支持度较高。但随着项目投资的深入，国内社会或是出于对项目内容的误解、不理解或是出于国外势力的误导等因素，社会对项目的反对声越来越大，较低的社会支持度常会导致民众的抗议游行，这种不满有可能会直接作用于项目上，也可能通过反对党、国家机关等途径间接作用于项目上，导致项目发生停滞。

第四，在社会支持度低、政府稳定性低的背景下开展的港口投资项目，风险最大，往往导致项目运行受限。这种情况，常见于在项目投资建设过程中，民众因为种种原因对项目存在一些片面理解或不满，反对派上台执政后，对社会不满，采取放之任之乃至有意扩大项目投资的消极影响，使项目投资面临双底的困境，以实现自身的政治目的，造成项目受限。这种受限无法确定受限结束时间，东道国也未明显出现违约，导致中资出现损失后很难合理索赔。

本文选取三国四港的中方港口投资作为研究案例有其特殊性考虑。这种特殊性体现在两方面。一方面是港口的特殊性。在“一带一路”互联互通基础设施投资建设中,“一带”的核心在于铁路和公路,“一路”的核心重点在于港口。动辄几十亿美元规模的港口投资是基础设施投资、对外直接投资的代表性项目,也是各国高度关注的基础设施市场。各国对高铁市场的争夺战已经打响了一段时间,而对港口的关注方兴未艾。在中国现有的对外港口投资的模式中,已不再是围绕单个港口码头建设,而是扩展到以港口为中心的港口工业园区、港口城、海陆联运枢纽、公路铁路枢纽等建设项目中,这种捆绑式的开发模式往往是通过一个港口的成功开发带动了更多的资金投入,这与中国传统的海外铁路、公路、水电站的开发模式均不相同,其辐射广度和深度远超项目本身。除此之外,在客观上,中国海外港口的建设在一定程度上的确具备快速转化为地区军事新支点的潜力。另一方面是投资的特殊性。在大型基础设施类的对外直接投资项目中,虽然非公经济的投入有所增加,但央企和地方国企仍是投资主力。[1] 央企和地方国企的投资固然会考虑投资收益和投资风险等问题,但因为其国有性质的原因,在选择项目时也存在完成政治任务的动因。可以说,央企和地方国企对于项目前期风险评估的结果并不敏感。因此,本文的研究侧重于在项目双方签约后的建设、运营这一时间段的风险变化和应对,而非项目签约前的风险评估。

三、中国印度洋港口投资的四个案例

(一) 社会支持度高—政府稳定性高:巴基斯坦瓜达尔港

巴基斯坦与印度关系密切,曾与印度一起长期被英国殖民。从 16 世纪初开始,西方殖民者开始在印度周边建立殖民据点,与印度开展殖民贸易。从 17 世纪开始,英国凭借军事优势,在印度逐步取得统治地位。1784 年英国国会通过“改善东印度公司和不列颠印度领地行政法”,英国殖民政府从此在法制上完成了对印度的统治,印度完全沦为英国殖民地。英国政府对其统治下的印度采取了“分而治之”的政策,意在分化印度,扩大印度教徒和

[1] 商务部、国家统计局、国家外汇管理局:《2017 年度中国对外直接投资统计公报》,北京:中国统计出版社 2018 年版,第 42 页。

穆斯林教徒之间的冲突。这种做法，不断催生印度国内的分裂情绪，也使印度长时间内很难成为一个统一的强国。第二次世界大战爆发后，英国政府自顾不暇，无力维持在印度的殖民统治，因此产生了印度在联邦下自治的构想。在此背景下，1947 年英国驻印度总督蒙巴顿提出“蒙巴顿方案”，巴基斯坦和印度分别成立自治领，英国在次大陆长达 200 年的殖民统治也到此结束。[1] 1956 年 3 月 23 日，巴基斯坦伊斯兰共和国成立。

独立之后的巴基斯坦面临着复杂的国内政治、经济矛盾，国家发展缓慢。在政治领域，一系列的政治危机导致中央政府更迭频繁，而政府的频繁更迭又反过来加剧了政治危机。危机之下的巴基斯坦，军政府和民选政府展开了长期的政治角逐，国家宪法也经历了多次重大修改[2]。1999 年，穆沙拉夫通过军事政变推翻政府，开始掌握政权，在其执政的 8 年间，巴基斯坦的政治、经济、外交均取得了一定的进步[3]，并且开始了民主道路的探索[4]。虽然巴基斯坦的民主之路曲折而进展缓慢，但在穆沙拉夫之后的三任总统均由大选产生，国家的政治秩序和经济秩序正在逐步建立。

在经济领域，多年来国内持续动荡使巴基斯坦经济总量和增速常年在低位徘徊(1970—1999)，1999 年后随着巴基斯坦国内局势逐步稳定，国际局势缓和，巴基斯坦经济发展逐步进入快车道。1947 年，在巴基斯坦取得自治领地位后，政府开始制定“六年发展计划(1951—1957)”和第一个五年计划(1955—1960)等经济计划，但在国内政局动荡、国外印巴战争爆发的背景下，各项经济计划并未得到良好的执行。整个 20 世纪 50 年代，巴基斯坦 GDP 几乎没有增长。在第二个五年计划阶段(1960—1965)，政府通过经济改革，使得国民经济有所复苏，但第二次印巴战争导致这一成果未能持续。1971 年，第三次印巴战争爆发，东巴基斯坦分裂成为孟加拉国，巴基斯坦政

[1] 杨翠柏、刘成琼编著：《巴基斯坦》，北京：社会科学文献出版社 2005 年版，第 53—78 页。

[2] 吴永年：《巴基斯坦军人政权与民主政治》，载《世界经济与政治》2007 年第 11 期，第 4 页、第 40—44 页。

[3] 张晓东：《新世纪以来巴基斯坦国内政治的变迁》，载《东南亚南亚研究》2014 年第 2 期，第 22—30 页。

[4] 吴永年：《巴基斯坦军人政权与民主政治》，载《世界经济与政治》2007 年第 11 期，第 40—44 页。

治、经济秩序被打乱,经济面临崩溃。1977 年新一届政府成立后,齐亚哈克总统开始经济改革,并在 1978 年制定第五个五年计划(1978—1982)、1983 年制定第六个五年计划(1983—1988),这一时期巴基斯坦经济进入稳步复苏阶段。传统的殖民地性质的经济结构得以调整,形成了初步的工业基础,粮食问题得到基本解决,科学技术有了初步发展,这为穆沙拉夫时代的经济快速发展打下了良好的基础。1999 年穆沙拉夫执政后,采取了一系列措施恢复经济,2001 年穆沙拉夫在美国发生"9·11"恐怖袭击后 4 小时,便发表声明谴责恐怖分子,声援美国。随后,巴基斯坦成为重要的反恐前沿,美国等西方国家的巨额资金开始流入巴基斯坦,巴基斯坦经济实现了较快的发展。2008 年、2013 年、2018 年巴基斯坦顺利进行了全国大选,选举出新的国家总统,关注民生、恢复经济成为候选人竞选纲领的主要内容。21 世纪以来,巴基斯坦局势渐趋稳定,政府将发展经济视为国家的首要任务。[1]

中国在巴基斯坦瓜达尔港的投资建设分为多个阶段,本案例所提及的瓜达尔港投资项目指的是巴基斯坦瓜达尔深水港一期工程项目。巴基斯坦瓜达尔港位于巴基斯坦西北部的俾路支斯坦省瓜达尔镇,地处印度洋阿拉伯海北岸。瓜达尔深水港在 20 世纪 90 年代由美国公司进行了两次不成功的开发。首次开发是由美国的诺克尔(Uncol)公司开发。该公司计划投资约 17 亿美元,从土库曼斯坦境内时间一条石油管道抵达瓜达尔港,全长约 1 440 公里,每天输送油气约 15 亿～20 亿立方米,瓜达尔港建设是该项目中最为重要的配套项目。但是,因为阿富汗的动荡局势和俄罗斯、伊朗对能源安全的担忧,致使这一计划胎死腹中。第二次开发是由美国福布斯(Forbes)公司主导。该公司通过与瓜达尔镇政府的合作,以 4.6 亿美元的报价获得了瓜达尔港的开发权。根据合同,这一权利包括在公司土地范围内享有警察巡逻权、建立独立的通信系统、修建机场跑道等。这一开发计划在一定程度上损害了巴基斯坦主权。整个开发计划泄露后,瓜达尔港的开发计划遭到了巴基斯坦国内社会和军方的激烈反对。最后,瓜达尔地区议会通过决议,废除了之前签署的合同,这一开发计划废止。中方在这一背景下,参与到瓜

[1] 杨翠柏、刘成琼编著:《巴基斯坦》,北京:社会科学文献出版社 2005 年版,第 101—125 页。

达尔港的投资建设中。[1]

2001 年,中国开始参与瓜达尔港的投资建设。1999 年,穆沙拉夫担任巴基斯坦总统,巴基斯坦国内局势渐趋稳定,恢复和发展经济的话题提上议程。2000 年 7 月,穆沙拉夫总统访华之际,提出希望中国援建港口问题。经过中方周密的前期调研和准备,2001 年中国政府宣布将援建瓜达尔港。[2] 2001 年 9 月,中巴两国政府签订《中华人民共和国政府和巴基斯坦伊斯兰共和国政府关于实施瓜达尔港口项目第一期工程的议定书》,协定中表明中国政府将向巴基斯坦政府提供 3 100 万美元无偿援助和 3 100 万美元无息贷款,用来支付巴基斯坦瓜达尔港口项目第一期工程的部分建设费用,这笔费用将在 2001 年 9 月 1 日至 2006 年 8 月 31 日之间的 5 年内使用完毕。[3] 除此之外,中方银行和企业总计提供了 1.4 亿美元的资金支持,中方通过无偿援助、无息贷款、出口信贷和优惠贷款等方式总计出资约 1.98 亿美元,巴方出资 5 000 万美元,项目总计 2.48 亿美元。[4]

2002 年 3 月 22 日,中国时任国务院副总理吴邦国与巴基斯坦时任总统穆沙拉夫共同主持了中国援建的巴瓜达尔港口项目一期工程开工典礼,这标志着项目开始正式进入施工阶段。[5] 按照巴基斯坦政府规划,项目一期建设主要包括三个泊位和一个多用途码头建设,设计吞吐量为 10 万标准集装箱/年、杂货散粮 72 万吨/年。码头结构按 5 万吨集装箱船设计,总长度为

---

[1] 王勇健、周惊慧、李俊星:《瓜达尔港发展的 SWOT 分析与对策》,载《中国港湾建设》2015 年第 4 期,第 72—74 页。

[2] 新华网:《瓜达尔港——中巴经济走廊的璀璨明珠》,2018 年 8 月 26 日,http://www.xinhuanet.com/2018-08/26/c_1123331199.htm。

[3] 北大法宝法律数据库:《中华人民共和国政府和巴基斯坦伊斯兰共和国政府关于实施瓜达尔港口项目第一期工程的议定书》,2001 年 8 月 10 日,http://www.pkulaw.cn/fulltext_form.aspx? Db = eagn&Gid = 6dfc4bbfea787020d4a5c6316e1e5226bdfb&keyword = % E5% B7% B4% E5% 9F% BA% E6% 96% AF% E5% 9D% A6&EncodingName = &Search _ Mode = accurate&Search_IsTitle=0。

[4] 罗斯:《提前七个月优质完成瓜达尔港一期水工工程巴基斯坦项目奏凯》,载《华南港工》2004 年第 3 期,第 42 页。

[5] 人民网:《吴邦国会见巴基斯坦交通和铁道部长》,2002 年 3 月 22 日,http://www.people.com.cn/GB/shizheng/19/20020322/692491.html。

602米。[1] 2002年3月15日,中国港湾工程有限责任公司作为总承包方,与巴基斯坦交通部港口航运管理局签订了《巴基斯坦瓜达尔港口项目一期工程建设施工总承包合同》。合同规定项目由中国港湾总承包管理,项目建设时间为2002年3月至2005年4月,合同工期为37个月,实际工期为33个月,提前4个月完工。[2] 在项目施工过程中时,中方为当地创造了一定的就业机会,从当地招收工人1 500多名,大多是没有受过正规教育的渔民,中国工程人员对他们手把手地从零教起。这一行为获得当地民众的广泛支持。2007年3月20日,巴基斯坦时任总统穆沙拉夫、时任总理阿齐兹和中国政府特使、时任交通部部长李盛霖一起出席了瓜达尔港工程竣工仪式,并为瓜达尔港纪念碑揭幕。竣工仪式结束以后,一艘来自西非的货轮停靠到港口,宣告了瓜达尔港的正式启用。[3] 中国对巴基斯坦瓜达尔港口项目一期工程建设顺利结束。

就政府稳定性而言,在项目建设的2002年至2005年间,巴基斯坦国内局势较为稳定,政府稳定性高。1999年10月,穆沙拉夫解散前政府,成立国家安全委员会并担任首席执行官,成为国家的实际领导者。2000年5月,最高法院裁定其行为符合宪法,承认了穆沙拉夫领导政府的合法性。2001年6月20日,穆沙拉夫宣誓就任总统。在以穆沙拉夫为首的巴基斯坦军方建立的军人政府中,虽然设立了总理一职,但实际权力均掌握在总统手中。[4] 2002年4月30日,巴基斯坦大选,穆沙拉夫被选为总统,任期5年。2001年美国宣布发起针对塔利班的反恐战争后,穆沙拉夫立即表示支持美国的决定。在这之后的若干年中,巴基斯坦成为美国在中东进行反恐战争的重要合作伙伴,巴基斯坦获得了来自美国等西方国家对巴基斯坦多领域的支持,

[1] 商务部:《巴基斯坦瓜达尔港口项目工程简介》,2004年5月05日,http://www.mofcom.gov.cn/aarticle/bi/200405/20040500216204.html。

[2] 中国港湾工程有限责任公司:《巴基斯坦瓜达尔港开港》,2005年11月14日,http://www.chec.bj.cn/tabid/363/InfoID/1276/Default.aspx。

[3] 中国网:《中国援建巴基斯坦瓜达尔港正式启用[组图]》,2007年3月22日,http://www.china.com.cn/photo/txt/2007-03/22/content_7993768_2.htm。

[4] 冯威:《论巴基斯坦府院关系的变迁与发展(1988~2015年)》,载《东南亚南亚研究》2017年第2期,第37—43页、第109页。

美国向巴基斯坦提供了110亿美元的反恐援助。这一时期的巴基斯坦，国内由军政府领导，国外面临阿富汗战争威胁，国际层面在保持与中国良好关系的基础上，获得美国等西方国家大力支持，巴基斯坦政府获得多方支持，国内经济运行良好，国内政府保持较高的稳定。

就社会支持度而言，虽然巴基斯坦国内的恐怖活动时有发生，但在对恐怖活动的谴责中可见，社会对瓜达尔港项目支持度较高。2004年5月3日，瓜达尔港施工现场发生针对中国工人的恐怖袭击，造成3名中国工人死亡，多人受伤。[1] 恐怖袭击发生后，仅有3万人口的瓜达尔，民众组织了大游行，抗议针对中国人的恐怖袭击。[2] 恐怖袭击不但没有影响正常施工，反而将中巴政府和民众拉得更近。在此次恐怖袭击之后，凡是中国人前来瓜达尔港，当地都会加强保卫。[3] 瓜达尔港在巴基斯坦政府和民众的高度支持下，顺利竣工，投入运行。

值得一提的是，2007年10月，巴基斯坦举行总统大选，由新加坡港务集团负责的瓜达尔港二期建设出现了较大的问题。2007年巴基斯坦国内政治局势发生较大变化。2007年9月，巴基斯坦国内数名反对党领导人及律师在巴基斯坦最高法院对穆沙拉夫总统提起诉讼，要求取消穆沙拉夫参与大选资格；2007年10月，民众发起抗议示威要求"恢复宪法"，巴基斯坦政府面临多方压力，穆沙拉夫的统治面临出现松动。2017年10月，巴基斯坦大选如期举行。2008年1月，巴基斯坦选举委员会宣布穆沙拉夫在总统选举中胜选，但不久之后，穆沙拉夫宣布辞职并流亡海外。一个月后，阿西夫·扎尔达里被选举为巴基斯坦总统。与此同时，瓜达尔港二期建设招标开始。瓜达尔港二期建设包括新增10个泊位和新建配套设施，投资规模为5.24亿美元。按照国际工程承包的管理，中国作为一期项目的投资和建设方，中标二期项目投资和建设的可能性较大。但是，中国未能中标瓜达尔港二期建

[1] 中国商务部：《中国紧急启动应急预案应对巴基斯坦血案》，2006年3月21日，hzs.mofcom.gov.cn/aarticle/subject/bjst/subjectbb/200603/20060301675774.html。

[2] 凤凰网：《中港董事长：瓜达尔港让中国工程走向世界》，2011年9月27日，http://news.ifeng.com/shendu/sjbl/detail_2011_09/27/9505763_0.shtml。

[3] 环球网：《探访瓜达尔港：中国人受严密保护》，2013年7月2日，http://mil.huanqiu.com/paper/2013-07/4106220.html。

设项目,巴基斯坦政府选定新加坡港务集团作为瓜达尔港二期工程建设和后续经营者,双方签订《瓜达尔港经营权协议》。新加坡港务集团接手瓜达尔港之后 8 年里,一直未对港口进行实质性商业运营,巴政府未获得任何收益。2013 年 2 月,在多次协商后中国海外港口控股有限公司(中国港控)从新加坡港务集团手中购回瓜达尔港的经营权。

(二) 社会支持度高—政府稳定性低:斯里兰卡科伦坡港

斯里兰卡(旧称锡兰)的历史与巴基斯坦相似,也曾被英国殖民。1521 年,葡萄牙船队已经在科伦坡附近登陆,开展殖民贸易;1656 年,荷兰军队攻克科伦坡,开始荷兰殖民统治;1796 年,英国军队占领科伦坡,开始了英国殖民统治。英国对锡兰的统治,同样采用了"分而治之"的政策,占人口少数的泰米尔族在锡兰的政治、文化、教育上均得到了比占人口多数僧伽罗人更为优惠的待遇,泰米尔人在政府机关、高等教育机构等组织中的任职比例大大超过了他们在全国人口中的比例,这引起了僧伽罗人的不满。但这种不满在英国殖民政府的统治下,被长期压制。与此同时,英国殖民者在 19 世纪为了扩大种植园经济的规模,又不断从英属南印度地区招募大批泰米尔人作为种植园劳工。至独立时,锡兰已有接近 100 万泰米尔人。这使久居锡兰的僧伽罗人认为数量庞大的泰米尔劳工占领了自己的家园,双方的矛盾进一步加深。1948 年,随着英国国力在战争中大幅衰落,锡兰迎来了独立的机会。1948 年 2 月 4 日,锡兰正式宣布独立,成为英联邦的自治领。1978 年 8 月 16 日,新宪法颁布,改国名为斯里兰卡民主社会主义共和国。[1]

独立后的斯里兰卡,国内势力重新洗牌,民族冲突逐渐突出,并发展成为国内战争。1976 年,以建立"独立的泰米尔国"为目标的泰米尔联合解放阵线成立,其中一些极端分子分裂出来建立泰米尔伊拉姆猛虎解放组织(简称"猛虎组织")。1983 年 7 月,猛虎组织在斯里兰卡北部与政府军发生冲突,导致 13 名政府军士兵死亡,僧伽罗人随即开始报复,并在科伦坡爆发了针对泰米尔人的大规模抗议,最终引发了斯里兰卡内战。斯里兰卡政府与泰米尔人武装爆发战争后,印度迅速介入,先是派出军队支持泰米尔人,后

[1] 王兰:《斯里兰卡》,北京:社会科学文献出版社 2004 年版,第 42—49 页。

来采取中立政策,最后支持斯里兰卡政府。经过 25 年的战争,2009 年 5 月,猛虎组织宣布投降,斯里兰卡内战结束。与此同时,斯里兰卡前总统马欣达·拉贾帕克萨(Mahinda Rajapaksa)在政治上崭露头角。2002 年,他被任命为斯里兰卡自由党领袖。2004 年,拉贾帕克萨带领自由党与人民解放阵线组成的统一人民自由联盟赢得大选,开始了长达十年的总统生涯。2015 年,反对派候选人迈特里帕拉·西里塞纳(Maithripala Sirisen)当选为总统。西里塞纳执政后不久就将对华政策做出了重大调整。[1]

在经济领域,斯里兰卡政府将恢复经济作为国家的首要任务。近年来,斯里兰卡实施经济自由化政策,使经济保持较快的发展速度。[2] 斯里兰卡作为传统农业国家,早期葡萄牙、荷兰和英国殖民者在这里先后大力发展肉桂、咖啡、茶叶、香蕉等种植园经济,但工业发展受到严重限制,经济结构严重失调。[3] 1948 年,斯里兰卡独立后,这一状况并未得到根本改变,历届政府先后出台多项措施,虽然经济结构有所变化,农业在国民经济中占比有所下降,但由于社会政治原因、经济政策失误和社会福利开支过大,导致斯里兰卡经济增长几乎长期处于停滞状态。1977 年,统一国民党再次执政,新一届政府对国家经济进行大刀阔斧的改革。改革的内容包括对外经济开放,建立自贸区,吸引国外投资;对内实行经济自由化,提倡自由竞争,改善基础设施状况,削弱国有企业的垄断地位,鼓励私人企业发展等。1979 年,政府又制定了中期投资项目,保障 1979 年后的政策得以顺利实施。在后续几届政府中,总体延续着对内改革和对外开放的经济发展格局,斯里兰卡经济逐步进入快速发展阶段。[4]

中国在斯里兰卡科伦坡港的投资建设分为多个阶段,本案例所提及的科伦坡港投资项目指的是斯里兰卡科伦坡港口城一期建设项目。科伦坡港

[1] 王腾飞:《西里塞纳政府执政以来的中斯关系变化述评》,载《国际研究参考》2018 年第 3 期,第 16—20 页。

[2] 唐鹏琪:《斯里兰卡经济现状与前景》,载《南亚研究季刊》2009 年第 1 期,第 68—70 页、第 115 页。

[3] 中国驻斯里兰卡大使馆商务处:《斯主要产业发展情况》,2017 年 9 月 10 日,http://lk.mofcom.gov.cn/article/ddgk/201709/20170902645116.shtml。

[4] 王兰:《斯里兰卡》,北京:社会科学文献出版社 2004 年版,第 69—75 页。

位印度洋阿拉伯海和孟加拉湾的交汇处，是欧亚海上交通重要的中途港口。早在1912年，科伦坡港已经开始承载地区贸易活动。在19世纪英国殖民统治时期，英国政府又进一步扩大港口的规模。英国统治下的科伦坡港成为英国殖民贸易的重要中转站，斯里兰卡本身国家经济体量较小，科伦坡港的繁荣带动了整个国家的发展。[1] 1948年，斯里兰卡宣布独立，此时港口业已经成为斯里兰卡经济结构中的命脉。1964年，时任马来西亚联邦新加坡州州长的李光耀访问斯里兰卡，看到斯里兰卡的发展状况表示，这也是新加坡的发展目标。然而，斯里兰卡独立以来，国内冲突不断，1976年，国内泰米尔人成立“寻求独立”的猛虎组织；1983年，内战爆发，直至2009年才结束。在这期间，斯里兰卡国家经济受到内战严重影响，科伦坡港的发展也远远落后世界同期。内战结束后，斯里兰卡政府将恢复经济摆在首要位置，此时的科伦坡港急需完善港口的各项基础设施。中方企业积极参与斯里兰卡科伦坡港的投资建设，这一过程大致可划分为斯里兰卡港南集装箱码头建设、斯里兰卡港口城一期建设、斯里兰卡港口城二期建设等三个阶段，本案例主要研究第二阶段的投资建设过程。

第一阶段的主要投资建设目标是斯里兰卡南集装箱码头。这一项目是恢复斯里兰卡港口繁荣的基础和核心工程，也是斯里兰卡港口城建设的前提。2011年12月15日，中国港湾工程有限公司与科伦坡国际集装箱码头公司签署关于建设斯里兰卡南集装箱码头合作协议，项目即日开始建设。2014年4月11日，整个项目按期完工。之后，由中国招商局港口控股有限公司与斯里兰卡港务局组成的科伦坡国际集装箱码头有限公司接手运营该码头。

第二阶段是围绕科伦坡港口城项目建设，也是本案例研究的重点。科伦坡是斯里兰卡的首都，也是国家的经济核心；科伦坡港不仅是科伦坡市的核心，更是国家的重点发展地区。在斯里兰卡内战爆发前，政府已有通过围绕港口进行围海造陆的计划来扩大科伦坡中央商务区，但战争的爆发破坏

[1] 文少彪：《新时期中国参与斯里兰卡港口建设探析》，载《当代世界》2018年第5期，第66—69页。

了这一计划的推进。2004 年，斯里兰卡内战将近结束，时任总理拉尼尔·维克勒马辛哈提出了“大西部省”的规划构想，旨在通过改善城市基础设施建设，拉动国家经济发展，提高国民幸福感，在 2030 年将斯里兰卡提升为高收入发达国家。为此，政府计划将科伦坡市打造为南亚地区的国际金融和商业中心。为了实现这一宏伟计划，政府迫切需要通过填海造陆的方式扩大中央商务区。中方企业就是在这一背景下，通过招投标参与了科伦坡港口城项目的投资建设。

2013 年 11 月 11 日，中国交建集团与斯里兰卡国家投资管理局签署协议，中方将参与科伦坡港口城投资建设。[1] 斯里兰卡政府计划将科伦坡港口城打造成“斯里兰卡的香港”，计划在该城中设立独立的金融和司法体制，最大程度地提高商业便利性。[2] 2014 年 9 月 17 日，中国国家主席习近平与斯里兰卡时任总统拉贾帕克萨考察中斯合作建设的科伦坡港南集装箱码头，并出席港口城开工仪式。[3] 斯里兰卡港口城项目由中国交建下属中国港湾集团工程有限责任公司承建，中国港湾负责项目的投资融资、填海造陆工程的施工，并负责项目区域内的基础设施建设、运营和土地销售开发。2014 年 9 月，项目开工，计划工期为 4 年。项目计划在施工完毕后，将新增 269 公顷填海造陆土地，其中用于公共道路、绿化和公共管道等建设用地 91 公顷，用于商业住宅、办公、酒店、零售和科教文卫及娱乐用地 178 公顷。一期项目总计投资 11.50 亿美元，其中有中国国家开发银行提供的 8.05 亿美元贷款。项目一期主要建设内容为：269 公顷的填海造陆施工、2 公里的航道疏浚施工、约 3 公里的双侧防波堤和 10 公顷的沙滩，并完成一期建设规划区域内所有的配套设施建设。[4] 这一项目完成后，对当地民众而言，将为

---

[1] 中国商务部：《科伦坡港口城项目签署投资协议》，2013 年 11 月 03 日，http://www.mofcom.gov.cn/article/i/jyjl/j/201311/20131100399196.shtml。

[2] 中国国际贸促进委员会：《21 世纪：科伦坡港口城全面复工，停工损失赔偿正在协商》，2016 年 4 月 28 日，http://www.ccpit.org/Contents/Channel_3436/2016/0428/637739/content_637739.htm。

[3] 新华网：《习近平和斯里兰卡总统拉贾帕克萨共同考察中斯港口合作项目》，2014 年 9 月 12 日，http://www.xinhuanet.com/politics/2014-09/17/c_1112522851.htm。

[4] 财政部 PPP 中心：《“一带一路”PPP 项目案例——斯里兰卡科伦坡港口城项目》，2017 年 8 月 4 日，http://www.cpppc.org/zh/ydylal/5482.jhtml。

当地新增至少 83 000 个长期稳定的工作机会。对科伦坡市而言,港口城项目的直接投资将会带动至少 130 亿美元的二级开发投资,提供容纳 16 万人生活工作空间;同时,也会增加科伦坡游客数量,增强地区的投资吸引力,为科伦坡带来可观的经济效益和社会效益。[1] 但是,2015 年 1 月 9 日,迈特利帕拉·西里塞纳当选为斯里兰卡新任总统,3 月 5 日,斯里兰卡政府以"缺乏相关审批手续""重新进行环境评估"等理由,叫停中国投资的科伦坡港口城项目,直至 17 个月后的 2016 年 8 月港口城项目才复工。[2]

就政府稳定性而言,斯里兰卡前总统马欣达·拉贾帕克萨在其第一个任期内结束了长达 25 年的斯里兰卡内战,国内支持度较高,但随着时间推移,其民意支持率迅速下滑[3]。与此同时,拉贾帕克萨积极强化总统权力,弱化议会权力,加强中央对地方的控制,巩固了单一制国家结构。西方国家包括印度等国对斯里兰卡进行贸易制裁、国际调查和舆论施压,斯里兰卡与西方国家政府关系日趋恶化。中国在这一期与斯里兰卡政府关系稳定,并取得新进展。中国自 2005 年至 2008 年间对斯里兰卡的直接投资就由几百万美元上升至超过 10 亿美元,在基础设施领域投资了汉班托塔港、普特拉姆燃煤电站、米拉格默专属经济区、班达拉纳克国际机场高速等项目。[4] 2014 年,在斯里兰卡大选准备期间,反对派领导人西斯塞纳就曾批评中国主导的港口和港口城投资建设项目耗资巨大、存在贪污等问题,并宣称一旦当选就立即叫停该项目,重新进行评估。在对外关系上,中国积极声援斯里兰卡政府打击"猛虎组织",在联合国会议上联合俄罗斯抵制西方国家在联合国人权理事会上提出的干涉斯里兰卡内政的提案,[5]时任总统拉贾帕克萨也采取明显倾向于中国的外交政策。西里塞纳上任后,内政外交均做出了

[1] 人民网:《习近平今日访斯里兰卡科伦坡港口城项目将签约》,2014 年 9 月 16 日,http://politics.people.com.cn/n/2014/0916/c70731-25665870.html。

[2] 新华网:《中斯签署科伦坡港口城项目新协议》,2016 年 8 月 13 日,http://www.xinhuanet.com/world/2016-08/13/c_129226082.htm。

[3] 王腾飞:《西里塞纳政府执政以来的中斯关系变化述评》,载《国际研究参考》2018 年 3 期,第 16—20 页。

[4] 吴琳:《不对称合作中的政治风险与关系维持——以新世纪以来的中斯关系为例》,载《太平洋学报》2017 年第 3 期,第 26—33 页。

[5] 同上。

与旧政府不同的调整。在内政上，中国投资的科伦坡项目首当其冲。在外交上，新政府力推“平衡外交”，积极与印度、日本、巴基斯坦建立平等开放的关系，竭力修复并拉近与印度的关系，避免对中国过度依赖。[1] 2015 年 2 月，斯里兰卡新总统西里塞纳首次对外访问选择了印度，可见其对印度的重视和外交新思维的变化。2015 年 3 月 5 日叫停中国科伦坡项目后，西里塞纳 3 月 26 日对华访问，并在与习近平会晤期间表示：“目前科伦坡港口城出现的情况是暂时的、短期的，问题不在中方。”[2]西里塞纳新政府的平衡外交可见一斑，这也与西里塞纳在国内讲话中提及的“中间路线”相符，但这实际上明显倾向于西方国家。[3] 究其原因，美、印等国的影响是导致新政府采取这一政策的重要原因之一。

就社会支持度而言，社会各方对科伦坡港口城总体呈较为满意的态度，社会支持度高。这种满意体现在两方面。一方面，在 2015 年 1 月斯里兰卡科伦坡港口城项目两天的开放日期间，曾有约 1 万名当地民众前来参观，科伦坡港口城项目受到了当地民众的广泛好评。[4] 另一方面，对比斯里兰卡南部中方投资汉班托塔港面临的持续不断的抗议示威活动，针对科伦坡港口城投资建设的抗议示威活动报道几乎没有。反而，在斯里兰卡政府更迭后，新政府叫停科伦坡港口城项目使 5 000 多名在港口城项目工作的当地民众失去生计，引起民众针对政府的抗议。可以说，民众以抗议的形式向政府表达了不满，向中国投资的科伦坡港口城项目表达了支持。[5]

项目中止不仅影响了整个施工进度，也给双方造成了一定的直接经济损失。就整体施工进度而言，科伦坡港口城一期项目的中止，导致二期项目

---

[1] 杜敏、李泉：《斯里兰卡新政府的内政外交政策及挑战》，载《南亚研究季刊》2015 年 4 期，第 15—20 页、第 4 页。

[2] 新华网：《习近平同斯里兰卡总统西里塞纳举行会谈》，2015 年 3 月 26 日，http://www.xinhuanet.com/world/2015-03/26/c_1114774711.htm。

[3] 文少彪：《新时期中国参与斯里兰卡港口建设探析》，载《当代世界》2018 年第 5 期，第 66—69 页。

[4] 新华网：《科伦坡民众为港口城“点赞”——科伦坡港口城项目开放日见闻》，2015 年 1 月 21 日，http://www.xinhuanet.com/world/2015-01/21/c_1114082794.htm。

[5] 中国驻斯里兰卡大使馆：《斯里兰卡社会文化环境》，2015 年 8 月 10 日，http://lk.mofcom.gov.cn/article/ddgk/201508/20150801076329.shtml。

同样产生了推延。科伦坡港第三阶段建设，原计划2020年开工建设，现推迟到2022年。就造成的直接损失而言，一期项目中止后，据中港公司测算每天的损失将达到38万美元，项目中止期间总计损失1.4亿美元，约占整个项目投资的10%。中交集团向斯里兰卡政府提出了索赔要求。经过双方反复磋商，最终斯里兰卡政府与中国港湾公司于2016年8月2日重新签署合作协议。协议规定，斯里兰卡政府另外划拨2公顷土地供中方使用，作为项目中止的补偿，中方放弃对斯里兰卡政府的索赔。除此之外，此次新签订的合同，将填海造陆的面积由233公顷变更为269公顷，中方获得了更多土地用以商业开发，合同的修订总体上有利于中方投资。

（三）社会支持度低—政府稳定性高：斯里兰卡汉班托塔港

中国在斯里兰卡汉班托塔港的投资建设分为汉班托塔港发展项目一期工程、汉班托塔港发展项目二期工程和汉班托塔港管理和运营项目三个阶段，本案例所提及的汉班托塔港的投资项目指的是第三阶段汉班托塔港管理和运营项目。

汉班托塔港位于斯里兰卡最南端的汉班托塔市，也是连接欧亚的海上主航道最南端的深水港口。斯里兰卡政府曾计划依靠汉班托塔港来带动汉班托塔地区的发展，从而将汉班托塔打造成国家工业基地和第二个经济中心。早在20世纪70年代，开发汉班托塔港的计划就列入了斯里兰卡的政府议程，但因为内战的爆发使这一计划流产。2004年，印度洋海啸对汉班托塔港造成了极大的破坏。2007年10月，中方与斯里兰卡政府签署协议，开始援建汉班托塔港及汉班托塔工业园。项目的一期和二期建设由中国进出口银行提供融资，中国港湾工程有限公司负责承建。项目一期于2008年1月开工，2011年12月完工，2012年6月正式运转，工程合同总额为3.61亿美元，实际造价5.8亿美元，其中85%由中国政府所提供贷款支付，15%由斯里兰卡政府支付。该项目主要包括3个10万吨泊位的重力式码头、港口航道疏浚，以及2 078米护岸、1 265米防波堤和42万平方米堆场等。[1] 项目二

[1] 中国港湾：《中国港湾签署斯里兰卡汉班托塔港发展项目合同》，2017年3月12日，http://www.chec.bj.cn/tabid/363/InfoID/1275/Default.aspx。

期于2010年12月签署合作协议，2012年11月开工，2015年4月基本完工，合同金额总计8.1亿美元，所有建设资金均来自中国进出口银行贷款。项目施工结束后，斯里兰卡港务局开始对港口进行运营。

由于种种原因，自从2012年斯里兰卡港务局接管港口以来，至2016年汉班托塔港已亏损达3亿美元，与预期收益形成较大差额，导致其营收难以偿还中方债务。[1] 2016年4月，斯里兰卡时任总理维克勒拉马辛哈访华时主动提出希望通过“债转股”的形式，将拖欠中国的港口投资债务以汉班托塔港管理和运营权转租的形式移交中国。经过双方多轮磋商，2017年7月29日，斯里兰卡政府与中国招商局集团签署《汉班托塔港特许经营协议》，斯里兰卡政府正式向中国招商局集团移交汉班托塔港的管理权。协议规定，中斯双方将在当地成立两家合资公司，分别是汉班托塔国际港口集团有限公司和汉班托塔国际港口服务有限责任公司，具体负责港口管理和运营事务。在协议中，中国招商局管理集团以11.2亿美元的价格收购了两家公司总计70%的股权，并租用港口周边约60平方公里的土地用以港口工业园的开发、运营和管理，租期为99年。10年后，中斯双方将逐步调整股权比例，最终调整为各占50%。[2]

但是，自从2016年斯里兰卡提出“债转股”到最终斯里兰卡政府交付港口，斯里兰卡国内陆续出现了持续不断、规模不一的抗议活动，或是引起港口工人罢工，或是引入斯里兰卡司法机关介入，政府虽然采取了有力措施保护港口施工正常进行，但仍旧导致项目出现间歇性短期中止。

就社会支持方面而言，斯里兰卡国内反对派政治势力、前总统家族成员、部分港口工人和部分民众混杂在一起反对斯里兰卡政府将汉班托塔港管理和运营权移交给中国。究其原因，在于中国企业投资很难使当地民众直接从中受益，只能部分解决就业等问题，民众心中存在被剥夺感、失去感，北部和东部泰米尔人、穆斯林群体更是感到不公平。此时，第三方势力抓住

[1] 中国网：《“一带一路”项目汉班托塔港连接东西方的航运中心》，2017年4月19日，http://www.china.com.cn/news/2017-04/19/content_40649949.htm。

[2] 新华网：《中国与斯里兰卡在正式签署汉班托塔港特许经营协议》，2017年7月9日，http://news.xinhuanet.com/world/2017-07/29/c_1121400496.htm。

了民众的失落情绪积极挑唆，以此实现和扩大自身利益。比如，人民解放阵线(Janatha Vimukthi Peramuna，JVP)就是主要的反对势力。该党是斯里兰卡国内势力较大的反对派政党，认为政府移交港口管理和运营权和出租土地的行为是“出售”国有资产，威胁国家安全。因此，该党自2016年以来积极组织抗议。据斯里兰卡官方媒体《每日新闻》(*Daily News*)报道，2016年12月23日，该党组织民众在汉班托塔港综合办公大楼前举行抗议，抗议政府出租土地给中国公司[1]；2017年1月6日，该党发起了更大规模的抗议示威活动；[2]2017年1月13日，反对党议员以“决策未遵循法定程序”向斯里兰卡最高法院提起诉讼，法院宣布在3月3日举行听证会之前，冻结汉班托塔港和工业园项目的投资建设。[3] 人民解放阵线党领导人更是表示，政府“出售”国有资产并不能根本性解决政府的经济困境，反而这大大损害了人民的利益。[4] 斯里兰卡前总统拉贾帕克萨在2015年大选失利后，成立了联合反对派政党。在此次港口管理权移交问题上，拉贾帕克萨积极组织抗议活动。2017年1月7日，在有斯里兰卡总理和中国驻斯里兰卡大使出席的汉班托塔港管理和运营权移交仪式上，大批民众在港口附近进行抗议并与警方爆发肢体冲突，造成20多人受伤。国务部长苏吉瓦·森纳辛哈在新闻发布会上直指拉贾帕克萨是抗议活动的幕后主谋。[5] 除此之外，身为立法委员的纳马尔·拉贾帕克萨和其他几名立法委员也曾组织工人发动针对中国开发汉班托塔港的抗议，最后他本人也因破坏公共财产和妨碍警察执

[1] Daily News:《JVP Protesting Hambantota Land Lease to China》，2016年12月23日，http://www.dailynews.lk/2016/12/23/local/102847。

[2] Daily News:《JVP Rally against China Land Lease in Hambantota》，2017年1月6日，http://www.dailynews.lk/2017/01/06/local/104013/jvp-rally-against-china-land-lease-hambantota。

[3] 中国新闻网：《中方回应斯里兰卡新政府决定暂停科伦坡港口城项目》，2015年3月6日，http://www.chinanews.com/gn/2015/03-06/7109059.shtml。

[4] Daily news:《JVP Campaigns Against Alleged Dove to Sell Start Assets》，2016年12月16日，http://www.dailynews.lk/2016/12/16/local/102070。

[5] Daily news:《Rajapaksa Family behind Tense Situation in Hambantota》，2017年1月9日，http://www.dailynews.lk/2017/01/09/local/104188/rajapaksa-family-behind-tense-situation-hambantota-sujeewa-senasinghe。

行公务罪被拘捕；[1]身为斯里兰卡前议长的查马尔·拉贾帕克萨也曾公开指责，现政府与中国在汉班托塔的合作使国家利益受损。[2] 部分港口工人因为对中斯合作协议的理解存在误差，继而担心失业问题，因此导致频繁发起罢工和抗议，直接影响了港口正常建设运转。2016 年 12 月，在汉班托塔港工作的马甘普拉港口管理公司的员工发起罢工和抗议，员工扣押了日本川崎汽船公司的一艘货轮，扣押了保加利亚和菲律宾船员，在港口航道中设置障碍物阻碍船只进出港，并破坏了汉班托塔港口办公大楼。最终，斯里兰卡海军出动，解救了被困船只和船员，[3]政府为此赔付了 40 万美元的船只滞留费[4]。除此之外，2017 年 7 月 24 日，锡兰港口联合工会和锡兰石油公司工会发起对汉班托塔港管理和运营权移交不满的抗议；[5]2017 年 11 月 20 日，港口工人的亲属在汉班托塔港口办公大楼前举行抗议，要求政府保障其家人工作的稳定；[6]2017 年 11 月 30 日，438 名港口失业工人开始在港口周边举行持续抗议，并在 2018 年 1 月 9 日升级为绝食抗议，要求港口管理机构继续雇佣他们并追加补偿。在汉班托塔，当地民众往往以寺庙为组织核心，他们反对一切的外来投资，认为这将迫使他们失去土地，影响其生计。[7]

就政府稳定性方面而言，以西里塞纳为总统的政府成立以来，国内政治总体稳定，政府积极支持汉班托塔港的投资建设。2016 年以来，斯里兰卡国内经济发展不佳，政府面临债务危机。2016 年 4 月，斯里兰卡总理访华期间

[1] Daily news：《Namal and five others, Remanded till Oct.16》，2017 年 10 月 10 日，http://www.dailymirror.lk/article/Namal-five-others-remanded-till-Oct-138182.html。

[2] Daily news：《Government Ignored Better Proposals over Hamantota Port Project》，2017 年 8 月 16 日，http://www.dailynews.lk/2017/08/16/local/125225/government-ignored-better-proposals-over-hambantota-port-project-former。

[3] 凤凰网：《斯里兰卡港口工人暴力抗议中企被批忘恩负义》，2016 年 12 月 13 日，http://news.ifeng.com/a/20161213/50406313_0.shtml。

[4] Daily news：《Woes of Hambanthota Continue》，2016 年 12 月 14 日，http://www.dailynews.lk/2016/12/14/features/101857。

[5] Daily news：《Port workers call off Strike》，2017 年 7 月 27 日，http://www.dailynews.lk/2017/07/27/local/123383/port-workers-call-strike。

[6] Daily news：《Htota Port workers Parents Hold Protest》，2017 年 11 月 22 日，http://www.dailynews.lk/2017/11/22/local/135205/h%E2%80%99 %E2%80%99-parents-hold-protest。

[7] Daily news：《Will the Chinese Build a Colony in Sri Lanka》，2017 年 9 月 13 日，http://www.dailymirror.lk/article/Will-the-Chinese-build-a-colony-in-Sri-Lanka-136470.html。

与中方达成"债转股"的交易意向，这为斯里兰卡提供了接近 20 亿美元的投资支持，极大地缓解了其国内债务危机。[1] 针对国内围绕汉班托塔港而爆发的抗议示威，斯里兰卡政府予以反复持续的解释说明。针对斯里兰卡国内中国将派出 100 万中国工人前往斯里兰卡的谣言，斯里兰卡政府予以公开驳斥；[2]针对不满工作条件和待遇的港口工人，政府将严格按照劳工法的标准予以处理，对工人的去留问题将参考工人 6 个月内的工作绩效予以评定；[3]针对受到港口投资建设影响的民众，斯里兰卡总理表示项目占用的农民土地仅占整个项目 5%，所有被征土地的农民都将获得政府补贴的新房和耕地。针对反对党所采取的抗议活动，政府对其在合法范围内的抗议表示理解，对于抗议中的违法和破坏行为，如前文所述，已采取相应的法律措施予以惩戒。

(四) 政府稳定性低—社会支持度低：缅甸马德岛港

缅甸位于中印之间，深受两国影响，历史上也曾被英国殖民。从 1842 年至 1885 年，英国对缅甸先后发动三次战争，将缅甸逐步侵蚀为其殖民地，缅甸被合并成为英属印度管理下的一个省。在英国统治下的缅甸，经济出现了畸形繁荣。缅甸成为英国的米仓，矿石石油等原料产地和英国商品的倾销市场。而缅甸的钢铁、化工、机器制造等基本的近代工业部门发展迟缓，缅甸人在本国经济中毫无地位。与此同时，为了保证缅甸充足的劳动力，英国政府从英属印度迁入了大量印度移民，致使缅甸成为除南亚次大陆印度人口最多的地区。一方面，随着缅甸经济的快速发展，缅甸民族情绪不断高涨，印缅民族矛盾激化，缅甸民族主义运动频频发生；另一方面，在缅甸的英国资产阶级集团也要求直接与英国统治集团进行政治、经济沟通，而不再通过英属印度政府。最终，英国议会批准了《1935 年缅甸政府组织法》，规定从

[1] 中国商务部：《斯媒持续关注中斯签署汉班托塔港特许经营协议有关情况》，2017 年 8 月 2 日，http://www.mofcom.gov.cn/article/i/jyjl/j/201708/20170802623206.shtml。

[2] Daily News：《Already 50 Chinese Financiers to Invest in Sri Lanka-China Industrial Zone》，2017 年 1 月 9 日，http://www.dailynews.lk/2017/01/09/local/104178/already-50-chinese-financiers-invest-sri-lanka-china-industrial-zone。

[3] Daily News：《Cabinet Nod for Hambantota Port Lease》，2017 年 7 月 26 日，http://dailynews.lk/2017/07/26/local/123230/cabinet-nod-hambantota-port-lease。

1937年4月1日起，缅甸与印度分治，缅甸成为受英国直接管理的殖民地。此时，缅甸国内的民族解放运动已经全面高涨。但是，1941年12月，日本入侵缅甸，打断了缅甸民族解放的进程，日本开始统治缅甸。随着战争的发展，中国远征军、英军在缅甸相继开始对日作战，缅甸的“反法西斯人民同盟军”也在不断壮大。1945年，日军撤离缅甸。英国借此机会企图重新殖民缅甸，但经过战争洗礼的缅甸，民族意识已经彻底觉醒。最终，缅甸人民经过斗争，于1948年赢得独立。[1]

独立后的缅甸，虽然采用了议会民主制，但基本是由反法西斯人民自由同盟掌握政权。在面对缅甸新的民族矛盾、阶级矛盾和党派斗争时，执政党内部政见不一，外部无法调和好国内各种力量的关系，缅甸的政治、经济和社会发展面临重重问题。最终，缅甸的议会民主政治在1962年被军人政权取代。在这之后的几十年中，缅甸国内虽有不同程度的民主化运动，如1988年缅甸“八八人民大起义”等，但这些运动并未从根本上撼动军政府的统治。军政府统治下的缅甸出现了较为稳定的政局，缅甸经济得到了一定的发展。2003年8月，军政府宣布七点“民主路线图”计划；2008年，缅甸进行全国宪法公投，并获得通过；2010年，缅甸举行全国多党制大选；2011年，缅甸议会选举吴登盛为国家总统；2016年，缅甸议会再次大选，选出首位非军人出身总统吴廷觉；2018年3月21日，吴廷觉辞职。3月28日，温敏当选为总统。但以昂山素季为代表的民盟仍旧面临国内各方政治力量的重重挑战。[2]

在经济领域，战后初期(1948—1962)，缅甸在战后初期的经济措施主要在于恢复经济，其政策方向包括发展民族工业、解决殖民遗留土地问题、积极发展对外经济关系、制定经济计划等。虽然，政府制定的经济计划并未得到彻底的实施，但这一时期经济有了显著的发展。在奈温统治时期(1962—1988)，奈温采取了极端的“缅甸社会主义”经济制度。实行计划经济，大力

[1] 范宏伟：《中缅关系的转折：1954年——以外交部解密档案为视角》，载《东南亚研究》2008年第5期。

[2] 李晨阳、陈茜：《影响缅甸民主化进程的主要政治势力》，载《当代亚太》2006年第4期，第19—26页、第40页。

发展国有经济，加强对农业、农村、农民的控制，外国资本和部分民族资本收归国有，严格限制私人经济发展，几乎禁止外资进入、仅接受外国的援助和贷款。这一时期缅甸的经济发展速度远远低于同在东南亚地区的东盟国家，使经济社会发展受到严重损害。1988 年以来，缅甸军政府开始以市场为导向的经济改革，其内容包括废除"缅甸社会主义"计划经济制度，鼓励私人经济发展，实行对外开放，调整农业和金融政策，经济状况较以前大有好转。[1]

中国在缅甸马德岛港的投资建设属于中缅油气管道项目的一部分，该项目可拆分为中缅天然气管道、中缅原油管道和马德岛港建设三个部分，本案例仅涉及缅甸马德岛港的投资建设项目。早在抗日战争时期，中缅已有石油管道合作。1942 年 1 月，日军大举进攻缅甸；1942 年 6 月，盟军被迫撤往印度。为了更好地支援中国战场的作战，1942 年，史迪威带领盟军开始修建途径缅甸的中印公路，后称史迪威公路。在修建公路的同时，为了向前线和中国输送燃油，盟军开始修建从印度经缅甸进入中国云南的输油管道，因为与史迪威公路平行，也被称为史迪威管道。这一工程自 1942 年 10 月开工，1945 年 4 月贯通，数十万军民参与输油管道的修建。史迪威管道全线 2 900公里，至 1945 年 8 月 15 日日军投降为止，总计向中印缅盟军提供了4.8 万吨各类油料。[2]

2004 年，中国开始筹备中缅油气管道项目。2004 年 10 月，中石油和中石化开始进行中缅石油管道的前期调研工作。2005 年 4 月，国家发改委能源局副局长张玉清带队，带领中石油、中石化等公司的技术团队前往缅甸考察中缅油气管道的可行性。2005 年 7 月 4 日，缅甸能源部时任部长吴伦迪应邀访华，中缅两国政府签署《中缅关于加强能源领域合作的框架协议》，该协议中第五条写明，双方同意在适时就启动中缅输油管道前期研究开展进一步的磋商。2005 年 9 月 28 日，缅甸能源部长建议，中方在考虑修建原油管道的同时也可考虑一并修建天然气管道的问题。2006 年 6 月 19 日，我国

[1] 卢光盛：《中缅政治经济关系的发展、现状及其意义》，载《国际关系学院学报》2009 年第 2 期，第 18—24 页。

[2] 武魏楠：《"史迪威管道"建设始末》，载《能源》2013 年第 10 期，第 106—109 页。

发改委提交国务院《关于开展中缅石油管道有关工作的请示》。国务院很快批复了这一报告，明确了中石油作为该项目的承建单位。2009年6月，中缅签署《中国石油天然气集团公司与缅甸联邦能源部关于开发、运营和管理中缅原油管道项目的谅解备忘录》等一系列备忘录。根据双方签署的一系列协议规定，中缅原油管道项目包括原油管道、储运设备、附属设备，以及在马德岛建设一个30万吨级的石油码头和60万立方米的油库等附属设施。中缅原油管道从缅甸马德岛港向北经云南瑞丽进入中国境内，全长1 631公里，其中缅甸境内771公里，设计输油能力为2 200万吨/年，缅方下载200万吨/年，总计投资15亿美元，中方占股50.9%，缅方占股49.1%。同时，与中缅原油管道平行修建中缅天然气管道。中缅天然气管道从缅甸皎漂港向北经云南进入中国境内，全场1 727公里，其中缅甸境内793公里，设计输气能力120亿立方米/年，缅方下载20亿立方米/年，总计投资约10亿美元，中方占股50.9%、缅方占股7.4%、韩国占股29.2%、印度占股12.5%。2010年6月3日，时任总理温家宝访问缅甸，中缅两国总理共同宣布中缅油气管道项目正式开工建设。[1] 2013年6月5日，中国石油天然气公司宣布由中国、缅甸、韩国、印度四国六方投资的中缅天然气管道施工完毕，具备投产试运行条件；彼时，由中国和缅甸投资的中缅原油管道项目完成94%。中缅石油管道在此之后的两年，官方无任何进度更新。两年后，2017年5月19日，中国石油天然气集团公司宣布中缅原油管道将原油输送入中国。

马德岛港是中缅原油管道起点，是为海外油轮卸载原油专用码头。马德岛港位于缅甸南部的若开邦皎漂市，是位于孟加拉湾东南侧的天然良港。得益于得天独厚的自然自理环境，在英国殖民缅甸时期，皎漂港、马德岛港就被开辟为英国皇家海军军港，后来缅甸海军承接了这一港口。随着中缅油气管道项目的建设，港口的建设运营转交中方企业。2011年6月30日，中国港湾工程有限责任公司开始码头施工。2013年6月28日，主体施工完

[1] 中国石油新闻中心：《张国宝：十年磨一剑的中缅油气管道》，2017年5月8日，http://news.cnpc.com.cn/system/2017/05/08/001645802.shtml。

成，[1]2015 年 1 月 30 日，马德岛港正式开港，同时中缅原油管道正式启用，这标志着马德岛港建设的顺利结束。然而，马德岛港自从 2015 年 1 月 30 日开港以来，始终无法接收远洋油轮的原油。中缅原油管道迟迟未能真正意义的运行，直接导致整个马德岛港及配套设施建设完工后无法开展实际运作，两年内未向中国输送任何油料。直至 2017 年 5 月 19 日，来自中东和非洲的油轮首次将原油通过中缅石油管道输送入中国。中缅石油管道被搁置的两年间，两国官方和投资企业均未明确说明原因，中方媒体也无详细报道，外媒认为中缅关系降温和社会抗议是造成搁置的原因。[2] 考虑到几乎是同步同地建设的中缅天然气管道早已在 2013 年顺利开通并不间断运行至今，所以基本可以排除如战乱、征地、环保等施工环境因素的阻碍；考虑到搁置长达两年的时间且项目由中国政府、中国石油天然气公司作为支撑，基本可以排除资金和技术不足的阻碍。外媒这一猜测具有一定可信度。本文认为，马德岛港的运营之所以受限，与缅甸国内政府稳定性低和社会支持度低的情况是分不开的。

就缅甸国内政府稳定性而言，当前缅甸国内仍处于政治转型阶段，政府稳定性低。1948 年独立以来，缅甸先后尝试以建立西式议会制民主国家、“缅甸式社会主义”、军人政府等多种政权组织形式，军人政府领导之下的缅甸政府处于一种高压下的稳定状态。2003 年 8 月，缅甸军人政府宣布了以实现全国民族和解、推进国家民主进程为核心的“七点民主政治路线图”计划，缅甸将在 2008 年制定宪法，2010 年举行多党制大选，开始由威权政体向民主政体的转型。自 1992 年丹瑞将军发动军事政变建立军人政府以来，军人政府始终存在统治合法性问题，对此，军人政府一直试图通过政绩来巩固其统治合法性。但当政治体制不能推动经济发展、缓解社会矛盾时，无论军政府如何维护政权，其统治合法性必然会招致民众的质疑甚至是反对。除此之外，国内的激烈民族冲突、西方国家长期的经济制裁都使缅甸政治制度

[1] 新华网：《中缅原油管道工程 30 万吨级原油码头主体完工》，2015 年 1 月 30 日，http://www.xinhuanet.com/2015-01/30/c_1114200352.htm。

[2] BBC 中文：《闲置两年后中缅原油管道终于开通》，2017 年 4 月 10 日，https://www.bbc.com/zhongwen/simp/chinese-news-39559135。

面临极大的压力。可以说，在内外压力之下，缅甸军人政府不得不考虑向民主化转型。举办全国性大选是国家走向民主的重要标志之一。2011 年 2 月 4 日，吴登盛被选举为缅甸总统，开始了一系列大刀阔斧的改革。这些改革包括改善与民盟的关系、推进民主化、推进私有化、解除媒体管控、改善与西方国家关系等措施，这些措施明显带有西式民主的偏好，也得到了西方国家的普遍赞誉，却对中缅关系形成了冲击，中国在缅投资首当其冲。中国在前军人政府时期所投资的多个重点项目，均出现了不同程度的波动，如 2011 年被缅甸总统吴登盛叫停的密松水电站项目、2012 年开始因政府原因和当地民众不满反复停工的莱比塘铜矿、2014 年缅甸铁道部宣布取消的中缅铁路项目，以及被搁置 2 年的中缅原油管道项目。

就缅甸国内社会支持度而言，虽然中石油在建设中缅油气管道期间针对社会反应做出了一些努力，但民众中仍然存在不满情绪，整体社会支持度低。2013 年 7 月，云南大学缅甸研究中心对缅甸民众做了关于中国对缅甸投资援助的调查问卷。问卷分别在缅甸内比都、仰光、曼德勒三地发放，总计发放 100 份，回收 86 份，问卷结果具有一定的代表性。其中，在关于"你认为中缅油气挂到对中缅两国而言是互利共赢的项目吗?"一题中，60%的民众认为中缅油气管道项目并没有实现中缅的互利共赢，28%的民众认为缅甸可以从项目中获利但这并非是急需的，仅有 12%的民众认为该项目是互利共赢的。从调查的整体结果看，缅甸民众对中国在缅投资总体持有负面看法，一些具体的大型投资项目缺乏民意支持。[1] 这一调查结果与缅甸国内的实际情况也是总体相符的。2011 年 12 月 2 日，吴登盛总统签署《和平集会与游行法案》，这一法案的签署使民众可以更加便利地发起抗议、示威和集会。[2] 在这一法案的支持下，中缅油气管道项目自动工开始，就经常遭到各类非政府组织(NGO)和当地居民的抗议，他们认为项目沿线地区的

[1] 卢光盛、李晨阳、金珍：《中国对缅甸的投资与援助：基于调查问卷结果的分析》，载《南亚研究》2014 年第 1 期，第 17—30 页。

[2] 中国中央电视台：《英媒称缅甸议会通过法案允许举行和平示威》，2011 年 12 月 3 日，http://news.cntv.cn/world/20111203/116873.shtml。

多数居民未能从油气资源中获益。[1] 缅甸国内的一些非政府组织往往在抗议示威和舆论影响中起到所谓“民意领袖”的作用，如国际地球权益组织(Earth Rights International)[2]、瑞天然气运动(Shwe Gas Moverment)[3]均在其网站连续发表反映民众对中缅油气管道抗议和不满的报道。缅甸民众对于中缅油气管道的抗议活动也扩散到了国外，如2012年3月1日，约100名缅甸籍民间人士在缅甸驻泰国大使馆门前抗议示威，要求吴登盛叫停由中缅油气管道建设项目。[4] 在缅甸发起的针对中缅油气管道项目的抗议示威活动，其人员构成极为复杂，非政府组织和当地民众是主要力量，随着缅甸民主化改革的加深也不排除海外势力在背后的支持；在其意图上，当地民众的意图多为要求补偿或更高的补偿，非政府组织则较为激进的希望取消或是暂停项目建设；在其动因上，民众或是对补偿措施不满，或是对高度重视环境和人权，但也存在听信传言、不明真相的民众跟随抗议，或是被西方非政府组织和媒体所蛊惑。对于此，中国政府和中国石油天然气公司都高度重视，积极做出努力，但并未从根本上扭转这一情况。政府层面，2013年4月5日，缅甸总统吴登盛对中国进行国事访问并出席博鳌亚洲论坛，在此期间中缅发布联合新闻公报，公报中提及要加强中缅媒体、非政府组织的友好合作交流。[5] 2013年6月，中国便邀请包括缅甸反对党在内的多个非政府组织访问中国，加强沟通。[6] 在中石油层面，2013年，中缅油气管道项目负责人在缅甸举行的当地媒体招待会上表示，中石油及相关公司已累计向缅甸投入了近2 000万美元，援建了43所学校、2所幼儿园、3所医

---

[1] 王立彬：《浅析国有石油企业海外危机公关的策略》，载《化工管理》2014年第15期，第9—11页。

[2] Earthrightsinternational：《“There is no benefit, they destroyed our farmland”》，https://earthrights.org/publication/there-is-no-benefit-they-destroyed-our-farmland-2/。

[3] Shwe Gas Movement：《SUPPLY AND COMMAND》，2006年6月16日，http://www.shwe.org/。

[4] 凤凰周刊：《中缅油气管道前景未卜》，2013年9月5日，http://www.ifengweekly.com/detil.php? id=1022#0-tsina-1-36396-397232819ff9a47a7b7e80a40613cfe1。

[5] 中国政府网：《中华人民共和国和缅甸联邦共和国联合新闻公报》，2013年4月6日，http://www.gov.cn/jrzg/2013-04/06/content_2370914.htm。

[6] 环球网：《缅甸反对党领导人昂山素季6月不随团访华》，2013年5月13日，http://world.huanqiu.com/exclusive/2013-05/3965330.html。

院、21所医疗站及马德岛水库和若开邦输电线路。[1] 2017年5月，中石油发布《中缅油气管道（缅甸）企业社会责任专题报告》专门用来总结回顾中石油在该项目中所承担的社会责任，报告从本土化创造共享价值、减少环境足迹、管道运行安全、社区发展四个方面回顾了中石油所做出的贡献。然而，这些举措并未彻底改变缅甸民众中缅石油管道项目长期以来的负面看法。获取缅甸民众的支持和理解，还需中国政府、中石油持续不断的投入。[2]

四、结论与讨论：关键问题与应对策略

基于上文分析，可以发现上述三国的历史和现实存在诸多共性。从历史上看，巴基斯坦、斯里兰卡、缅甸均属于曾经被英国殖民统治过，后经抗争、独立于第二次世界大战时期的发展中国家。21世纪以来，三国的政权均处于从相对权力集中向民主化分权过渡的状态，国家各项政治制度并不成熟；三国的经济进入高速发展阶段，国家将恢复和发展经济放在优先位置。在中国与三国关系上，中国与三国均保持良好的政治和经济往来。在政治层面，中国与三国在20世纪50年代60年代建立外交关系，21世纪以来，中国与三国陆续建立了合作伙伴关系，双边政治互信不断加深；在经济层面，中国与三国在新世纪以前均已签署对外直接投资中影响最大的双边投资协定，双边贸易合作领域、贸易范围不断扩大，在“一带一路”倡议中三国均向中国表达出积极的合作意愿。众多的共性因素为本文分析控制了众多变量干扰因素，也排除了众多变量产生影响的可能性。

[1] 中国商务部：《中缅油气管道项目负责人在仰光举行记者招待会》，2013年5月1日，http://www.mofcom.gov.cn/article/i/jyjl/j/201305/20130500126949.shtml。

[2] 中石油新闻中心：《中国石油发布中缅油气管道社会责任报告》，2017年5月26日，http://news.cnpc.com.cn/system/2017/05/26/001647946.shtml。

通过案例的介绍和从东道国国内政治角度的剖析，中国在印度洋地区三国四港的投资案例基本验证了本文的核心假设，即中国在巴基斯坦、斯里兰卡、缅甸的港口投资中，东道国的社会支持度、政府稳定性与中国对三国四港的投资项目稳定性呈正相关关系。

印度洋国家的发展面临复杂的政治和社会情况，给中国在这一地区的投资带来极大的不确定性。政府稳定性的背后有着复杂的构成原因。民主化浪潮下的印度洋国家国内政治空前活跃，政府的更迭换届、民众的举旗抗议，背后都充满了各自的政治考量。国内民族冲突、党派竞争、改革调整、政策变化，国外大国施压、外交调整等矛盾冲突常在政府换届选举中集中爆发，政府成为各方压力的承载地。这些压力中不乏对中国投资不满势力，或重或轻的通过政府的手施加到中国在东道国的投资项目上，增加了项目投资建设的风险。社会支持度的背后也隐藏着种种问题。经济发展和民主化改革让民众参政议政的意识大大增加，民众学会通过抗议游行来表达自己的不满。但这种不满存在对信息的片面理解和主观性误判，造成这种情况的原因可能确有问题存在，但也不排除媒体、东道国政府、反对派、非政府组织和境外势力的作用。无论出于什么样的动因，民众抗议或是直接或是通过国家机关转化将压力同样施加到了中国在东道国的投资项目上，增加了项目投资建设的风险。

对于刚刚起步的中国印度洋港口投资建设，来自政府和社会的力量以不同的组合形式影响到中国在印度洋地区港口投资建设的实际进展，造成一定经济损失，甚至是战略损失。首先，是“上层路线”的失效。政治经济转型下的印度洋沿岸国家，政权的更替更加频繁，政治力量更加多元，只通过与政府建立良好关系来保证项目投资建设稳定的“上层路线”不再奏效。长期以来，中方重视与印度洋地区国家政府建立良好的互动关系并取得了良好的效果。然而，新世纪以来，南亚和东南亚国家民主化转型迅速推进，政治和经济变革不断深入，东道国国家内部各方势力不断涌现，政府的权力不再是由一方势力长期稳定地把控，而是随着大选结果在党派之间传递，新的变化导致中国以往的外交方向不再奏效。面对政治和经济发展的新情况，中国以往以“上层路线”为核心的外交思路需要适时做出调整。其次，是“下层路线”的不足。第三波浪潮席卷下的印度洋沿岸国家民主化进程大大加快，各种社会力量如雨后春笋般出现在各国的政治舞台上。民众作为社会力量最广泛的代表，其地位和作用与以往大不相同，然而中方长期致力于建立和改善政府间关系，对非政府组织的“下层路线”重视存在不足。中方一贯重视与各国民众的良好关系，但随着时代的进步，中方在于非政府组织的在广度、深度和持久度上仍需努力。

从中国政府和企业机构投资的应对策略角度分析，主要有以下三个层面的建议。首先，在政府层面，中国政府应继续强化政府间关系，更加重视开展公共外交，以此来提高东道国的政府和社会对中国投资项目的支持度。中国政府的政府间外交工作成效显著，应继续保持。中方在尝试拉近与东道国政府和社会关系时，应加强对公共外交的重视。就具体到中国在印度洋地区投资建设的港口项目或其他大型项目而言，中方应尝试以公共外交的形式积极地向东道国社会传达项目信息、项目进度、项目影响等具体情况，增加项目透明度，在宣传项目给当地带来的利益的同时，不回避可能产生的问题。同时，对于社会上存在的反对声音，要积极听取，进行分类，确认其需求和诉求，并有深度地进行回应，切莫以外交辞令不加分辨地回应或以一条线的标准一刀切地操作。中国的海外投资建设、“一带一路”项目正在从“大写意”向“工笔画”进发，公共外交之所以能获取人心，不在于规模和声势的庞大，而在于手法的灵活和细腻。

其次，在企业层面，中资企业作为投资主体，积极承担社会责任是中方在印度洋港口投资建设的题中应有之义，也是企业获得当地民众支持的重要途径。2018 年 8 月，习近平总书记在出席推进“一带一路”建设工作 5 周年座谈会时发表重要讲话强调，在“一带一路”建设中，企业要规范投资经营行为，合法合规经营，注意保护环境，履行社会责任，成为共建“一带一路”的形象大使。同时也指出，在“一带一路”建设中，要开展卓有成效的民生援助，建设当地老百姓受益的民生工程。部分中资企业在海外已经通过帮助当地修建学校、改善当地用电用水情况、保护自然环境等手段履行自己的社会责任。然而，据《中资企业海外社会责任蓝皮书（2016—2017）》统计，在抽取的 100 家企业中，六成企业处于“旁观者”阶段，多数企业未将海外社会责任纳入日常工作和经营管理。[1] 中资企业作为东道国社会直接接触、了解的对象，其在履行社会责任方面所采取的行动，不仅直接影响当地民众的社会支持度，更是关系到中国的国家形象，因此履行并承担应尽的社会责任、加强投资项目的社会风险评估应得到中资企业的高度重视。

第三，制定合理的投资方案，可以最高程度的降低因为东道国国内政治变化导致的项目损失。面对难以预测的东道国国内的政治变化，除了从政府和企业两方面采取行动外，中方还应从在制定投资方案时对可能的风险进行技术性规避。通过以上中国在三国四港的投资，中方在制定投资方案时，可以在如下四方面做出技术性设计。

(1) 注意项目分段设定。大型基础设施投资建设，一般会将一个项目按照时间先后或项目组成横纵拆分成多个施工阶段，本文讨论的案例亦是如此。在纵向时间轴的划分上，在根据项目投资建设的专业要求的前提下，也可适当的参考东道国政府的任期，尽量使项目在政府的一个任期内完成一期项目的建设，降低政府换届对项目产生的影响。在横向项目轴上，在根据项目投资建设的专业要求的前提下，考虑优先或同步对惠民利民效果显著的项目进行施工。

(2) 注意项目股份安排。在现有的中国对外投资项目中，可以尝试更深入的采用政府与社会资本合作的模式(PPP)。这不仅有助于缓解融资难的问题，更是将东道国社会资本、政府资本，甚至是国际资本引入到项目。多元化资本的进入，将中国、东道国、国际、本地利益捆绑到一起，东道国社会可以分享到发展的成果，东道国政府的违约成本也大大提高，这从技术上真正实现了共商共建共享的原则。

(3) 东道国工人的比例安排。海外大型基础设施建设需要较多的劳动力，国内工人赴海外工作企业成本较高，积极雇用当地工人，不仅能够提升工人技术水平、增加收入，而且这使企业与当地民众的利益联系在一起。当因为东道国政府、社会原因导致工程出现变故时，同时也在影响当地民众的

[1] 赵新利：《公共外交视角下的中国企业海外社会责任》，载《公共外交季刊》2018 年第 1 期，第 55—62 页，150 页。

利益，这将增加民众对项目的支持度。

（4）注意信息公开。中方企业在海外投资经营中存在的信息不透明、发布不及时等问题，屡遭东道国社会民众、媒体和非政府组织的诟病，特别是负面性新闻几乎难以查到。对于东道国社会而言，信息不公开或不及时、准确公开为制造阴谋论等负面信息提供了空间，也会滋生和扩大社会的不满情绪。当负面言论充斥媒体和街头巷尾时，亡羊补牢式的信息公开早已失去先发优势，被动式的解释往往难以取信于民。

总之，中国在印度洋的港口投资建设是中国对外直接投资的重要组成部分，也是“21世纪海上丝绸之路”建设的重要节点。长远来看，通过对影响中国印度洋港口投资建设的政治风险和对策分析，让我们可以清醒地认识到下一步“一带一路”投资项目建设需要注意的问题和可避免的教训。在国际环境不确定性不断加剧的背景下，更加注重投资稳定性和安全性，更加重视当地政治社会风险评估，更加深刻地分析当地的政治社会走向，是今后中国政府和企业推动“一带一路”项目投资建设的关键前提和重要环节。

“一带一路”沿线中外合作园区发展路径探索

——兼论国内园区经验对境外园区建设的启示

余敏江　林跃勤*

境外合作园区是中国企业主体为拓展和优化自身资源配置并获得更佳经营效果而在境外特定区域集中投资经营的一种国际经济合作模式。该模式既包含了以往企业传统对外投资活动的特点，又具有一些新的特点、要求和约束。要让国外合作园区行稳致远，需要在功能清晰定位，顶层协同规划，落实优惠政策，优化要素配置，运行管理互动，有效招商引资，合理市场竞争，大力培育人才等方面进行深入思考。

一、境外园区及其在国际经济合作体系中的地位

建立和发展境外合作园区是深度参与“一带一路”建设的优势所在。在发达国家贸易壁垒增多、自然资源制约加剧和劳动力成本上升的背景下，推进境外合作园区建设一方面能为中国传统产业生存开辟新空间，另一方面也能为中国创新型产业发展构筑国际先进要素利用的境外平台。因此，有必要全面梳理境外合作园区与“一带一路”建设基本关系，园区合作对“一带一路”建设的驱动作用，成功共建园区的基本要素和重要条件，国内中外合作园区成功经验对于境外合作园区的借鉴意义，并在此基础上探索境外合作园区建设有效模式。

---

* 余敏江，同济大学政治与国际关系学院教授、博士生导师；
林跃勤，《中国社会科学》杂志社对外传播中心主任、研究员。

(一) 如何理解境外合作园区

一般认为，境外园区这一概念最早源于“自由贸易区”(Foreign Trad Zones，FTZs)[1]，境外园区是一国或多国(合作主导国)政府及经营主体等为实现一定目标与对象国协商并利用各自资源并在对象国指定的特定区域和特定政策框架下开展科研、投资、开发、生产经营、贸易、流通服务等各种合作活动的国际合作经营模式。通常由主导国家及其经营主体负责合作区域的规划、出资、设备、参与主体、建设、运行管理等。因经营场所处于主导国(合作发起国或者主要合作者、资本等输出者)的国境外，因而从主导国的视角称之为境外园区或者境外(跨境)合作园区，也是合作倡导国或主要合作国经营主体走出去开展国际经营合作的形式。

跨境合作园区的出现与国际合作的发展变化有着紧密关联。过去数十年间国际合作主要体现为个体企业对境外的绿地投资或者并购为主，往往以单一个案为主。这种以个别企业为主的投资行为尽管具有灵活、便捷等特点，但只具有点状效应，缺乏面或者块状及集群性和区域性优势和效应。随着东道国对区域经济发展诉求以及对外资利用水平的提高，集群投资的出现展示了其对区域经济的强大溢出与带动效应。自 20 世纪 70 年代以来，两国或者多国主体在某一国境内的特定区域建设投资合作园区这种国际经济合作模式应运而生并得到快速发展。

2008 年，由无锡红豆集团牵头投资管理、多家中柬企业共同开发建设的柬埔寨西哈努克港经济特区(简称西港特区)是全国首批考核确认的国家级境外经贸合作区，目前已成为“一带一路”建设的重大标志性项目和中柬务实合作的典范，得到了两国领导人高度评价。截至 2019 年 2 月，西港特区现有 153 家企业，包括 139 家工业企业和 14 家服务企业，以纺织工厂、箱包皮具、木业制品等为主。

西港特区的建设发展有以下几个鲜明特点。一是民营企业主导建设。西港特区公司作为园区开发建设主体，由中方控股股东红豆集团全权负责。

[1] 施一峰、王兴平：《境外园区与地方城市互动发展及影响因素研究——以中国—白俄罗斯工业园为例》，载《城市发展研究》2019 年 3 期，第 49—58 页。

2008年，红豆集团联合光明、华泰、益多三家无锡民企，利用东南亚人力资源优势，在柬埔寨启动建设境外园区，从无到有逐步发展壮大。二是坚持互利共赢理念。在开发模式上，吸纳了柬埔寨国际投资开发集团加盟，形成了双方优势互补、合作双赢的共建模式；在发展定位上，推动实现产业规划与当地国情、发展需求的深度融合；在投资政策上，积极争取柬埔寨给予充分优惠，打造低成本竞争优势；在项目建设上，西港特区整体规划面积达到11.13平方公里，但目前只开发了5.28平方公里，培育形成纺织、机械、电子、五金等产业，构建了初步的工业体系。经过多年发展，西港特区公司运营已达到收支平衡。三是政府层面支持推动。西港特区的快速发展，得益于中柬两国全面战略合作伙伴关系及各级政府的坚定支持。随着"一带一路"建设的深入实施，省市政府制定出台多项政策举措，着力打造和完善配套服务，包括"一站式"行政服务中心、培训中心、社区卫生服务中心、协调中心、劳动力市场中心、法律服务中心、邻里中心、柬中友谊公益志愿者联盟等，支持推动西港特区建设。

"一带一路"沿线国家设立的合作园区是在促进"一带一路"建设目标框架下，由中外政府推动、中国国内企业主导、与"一带一路"沿线国家和地区发挥资源优势互补、合作建设、基础设施较为完善、产业链较为完整、产业特色鲜明、辐射和带动能力强的各类经贸合作区的统称。园区建设旨在通过中外政府引导，提供政策优惠引导与发挥各自优势，实现平等共赢发展。这些园区借鉴国内产业园区发展经验（如通过政府引导、园区搭台、创新工作机制以实现信息高效整合与交流，提升园区整体规划、建设运营、融资模式、综合服务等发展水平，进而推动相关国际产能合作机制的持续深化和项目的务实落地等），在国际产能合作机制下打造为承接国际产能合作的重要载体和平台。境外合作园区是中国政府支持、统筹指导有条件的企业在境外建设或参与建设的基础设施较为完善，辐射和带动能力强的经贸合作区域，包括工业园区和经贸园区等。既是中国实施"走出去"对外投资战略的一条重要途径，也是一种全新的国际合作方式。在国际产能合作机制的支持下，通过充分发挥政府的高层协商、共同引导作用，不断丰富和完善现有的政府间产能合作交流机制，可以在很大程度上避免单个企业与投资所在国政府的沟通不畅等问题，有助于为投资企业争取到尽可能低的投资成本、更加优惠的政策支持、更为便捷的管理服务、更加可靠的安全保障等。通过模式创新以落实相关机制，推动产能合作项目顺利落地实施，是当前及未来一段时间推进国际产能合作的重要任务。大力推进“一带一路”相关国家产业园区类的载体平台建设，具有非常积极的现实意义。

以产业园区的集聚式发展来吸收转化外部资金和技术辐射带动周边经济发展，促进区域乃至国家经济发展是中国与“一带一路”广大发展中国家深化合作较为现实可行的发展思路。也是中国与“一带一路”相关国家互学互鉴、精诚合作、构建命运共同体的基石。[1]

1. 境外园区的特点

与其他跨境合作方式相比，境外合作园区具有其自身特点。(1)特定空间性(在合作之一国商定的区域内建设运行，具有经济特区的特性)；合作建设对资源与市场条件互补性要求；较强特殊政策环境要求(参与合作的政府尤其是落地国家的政策友好)；(2)特殊政策性。跨境产业园区一般拥有特殊的政府政策优惠，较好软硬件环境，可降低企业经营成本、降低经营风险；(3)资源配置集约性，在特定区域内配置较多资源、基础设施条件、吸引较多投资经营者以及配套服务等；(4)发展指向性(合作园区往往具有一定的发展方向，或集中发展单一产业领域，如某一产业；或综合发展多产业领域；或单纯生产(服务)，或‘工—贸—服’一体化综合功能)；(5)较强辐射影响力，合作园区对合作各方特别是所在地的产业、区域及经济社会发展具有广泛溢出与带动效应；(6)较高管理运行要求。合作园区涉及一定空间范围内多要素整合、多主体协调、多环节顺通等，对制度政策协调以及具体事务管理配合提出较高要求，需要借鉴成功经验并基于自身特质和目标要求，探索建构科学有效的运管模式。

2. 境外园区的类型

从园区综合设立动机、产业功能、经营内容和形式，以及现有实践看，既有单一功能的合作园区，也有综合功能园区。综合功能性园区居多。主要

[1] 谢琳灿：《创新推动境外园区发展》，载《人民日报》2018 年 6 月 15 日，第 23 版。

有如下五类：以轻工、纺织、机械、电子、化工、建材等为主导的加工制造型园区；以矿产、森林、油气等资源开发、加工和综合利用为主导的资源利用型园区；以谷物和经济作物等的开发、加工、收购、仓储等为主导的农业产业型园区；以商品展示、运输、仓储、集散、配送、信息处理、流通加工等为主导的商贸物流型园区；以高新科技研发为主导的开发型园区。如：(1)加工制造类合作园区。其产业定位主要是家电、纺织、机械、电子、冶金、建材等产业，旨在转移国内过剩产能，同时规避贸易摩擦和扩大出口创汇。如巴基斯坦海尔家电工业区，以轻纺服装、机械电子等为主导产业的柬埔寨太湖国际经济合作区，以电子信息和服装加工为主导产业的越南中国(深圳)经济贸易合作区，以冶金、建材、机械为主的埃塞俄比亚东方工业园等。(2)资源利用型类合作园区。主要以开发当地富集的资源和能源为导向，产业定位主要是矿产、新能源开发等国内相对紧缺的资源能源。如中国有色矿业集团在赞比亚设立的赞比亚中国经贸合作区，以有色金属、型材加工、仓储、物流为主导产业。(3)农业开发型园区。主要以当地特色农业产业开发为主要导向，利用谷物和经济作物等生态资源，开发适合当地环境的农业产业等，如俄罗斯乌苏里斯克。(4)商贸物流型园区。主要以提供商贸物流等综合服务为主导，通常集商品展示、货物分拨、物流、仓储、信息服务等配套功能于一体的现代化物流园区。如山东帝豪国际投资有限公司在匈牙利设立的中欧商贸物流合作园区。(5)科技开发型园区。中国企业为提高高新科技研发能力在科技发达地区投资设立的开发高新科技产品为目标的特定园区。旨在利用当地科技资源密集优势，共同开发高新技术产品。如华为在印度班加罗尔等地设立的软件开发园等。

3. 境外园区的功能

与单纯的投融资、贸易、开发及科研合作相比，合作园区具有更加广泛综合的比较优势，能够优化各方资源配置以及创造更大价值。有观点认为，合作园区由政策制度引导、资源要素匹配、产生空间重构、职住互动、产业互动，驱动当地产业与区域发展(图1)。

合作园区对合作各方具有重大支撑与促进作用：

第一，具有优化资源配置，对当地及区域具有多功能拉动作用。园区合

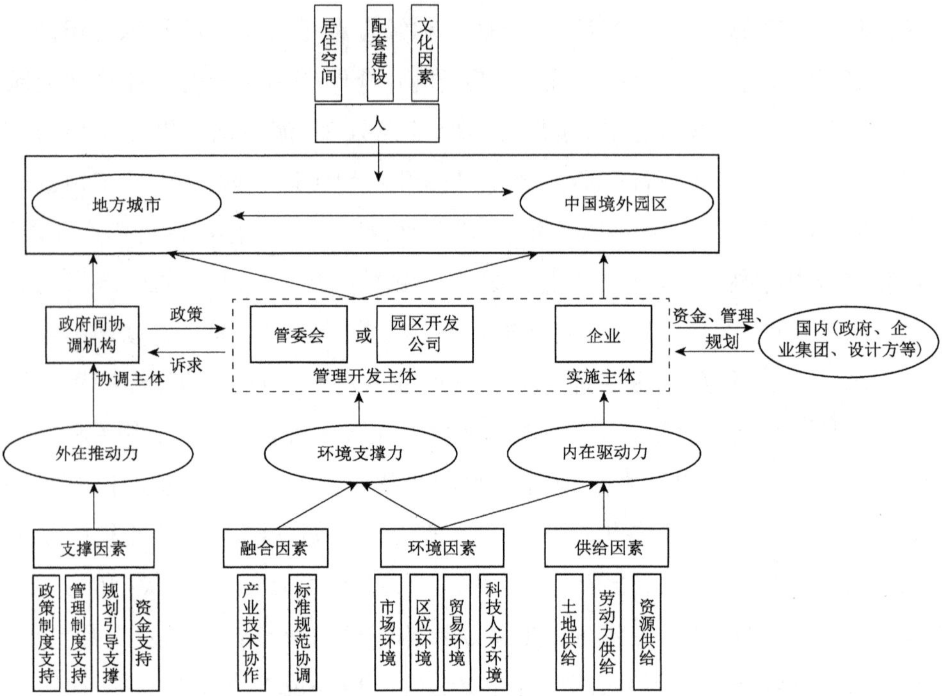

图 1　境外合作园区与区域(城市)互动机制模式图

作促进特定区域的开发与繁荣。通过在特定区域实施优惠政策以及大举投资开展基础设施建设和项目开发,具有集中指向功能与产业集群效应,能极大地营造一个“发展极”并发挥其辐射作用和示范带动作用;在某个待开发的区域通过政策优惠和双方(多方)投入,有助于加快改特定区域的基础设施建设以及新兴产业的培育与发展,并加强和带动毗邻区域经济发展。对引入国(园区所在国)而言,园区对土地开发和城市建设、交通、电力、商贸网络建设、绿色、可持续等基础设施产生多元支撑功能。园区对推动东道国解决融资难题、建设新的产业集群、功能示范区、培养新的发展潜能、就业机会、改善民生、增加财政收入和出口潜能、促进管理运行模式创新和培养人才等方面具有不可多得的作用。如过去 20 多年中国—新加坡合作管理的苏州工业园区的成功建设、运行成为苏州繁荣发展的重要动力源,给双方均带来了巨大的财富效应。对输出国而言,优化资本配置与产能合作,拓宽市场机会，强化国际竞争力，锻炼国际人才、获取新的国际合作红利等。境外园区作为产业集聚区，与区域产业间的互动及本地化发展是园区未来良性发展的核心增长动力，企业的本地化制造、本地化用工、本地化采购、本地化维护、本地化管理也将有助于实现园区与城市价值链、产业链、供应链的协同。

第二，具有促进当地建设技术进步、产业发展以及管理经验提升的作用。园区建设宗旨在于建成更先进、更高效率、和谐、可持续的区域经济增长和社会发展方式。通过以高新技术产业为核心、重点发展新兴产业，建设高水平的绿色产业、建设低碳经济、创新引领地域经济转型。中资企业以及第三方企业的进入带来先进技术等，对当地技术进步、填补技术空白、培养技术创新能力、开发高新技术产品等具有引导、带动效应。园区还能提升当地制度与政策创新、综合服务和管理能力及经验。园区建设与正常运行需要各种配套以及制度与政策完善，考验当地的产业基础与协作以及融资、税收、劳动、分配政策等及对园区管理机制创新的考验和锻炼。

第三，具有显著改善当地社会发展的作用。园区企业积极承担社会责任，可为当地增加就业、居民收入与市场供给、财政税收、社会保障等做出贡献。

第四，具有促进国际经济合作深化及创新国际合作范式的作用。在当前保护主义、单边主义持续蔓延，贸易和投资争端加剧并对全球产业与金融贸易稳定造成明显冲击之时，园区合作顺应经济全球化、经济一体化大势，秉持共商共建共享原则，坚持开放合作，园区在一个有限空间点上先行实现对注资友好的政策，相对完备的基础设施供给，减少了外商直接投资的交易成本。而且，通过基础设施、产业配套完善以及管理创新，对产业欠发达国家有较强溢出和示范效用。因而中外合作园区建设对参与国深化经贸投资及全方位合作具有以小见大的借鉴意义[1]。产业园区夯实“一带一路”内容和落实，推动落地国家乃至全球经济发展，优化所在国经济结构和运行管理模式，即以高新技术产业和现代服务业为主导，发展新型产业集群，创新

[1] 王超、瓦连京·巴布罗维奇：《中白工业园：区域合作的重要实践》，载《光明日报》2019 年 7 月 13 日，第 8 版。

产业园区发展以及加快转变经济发展方式和国际合作模式。

第五，具有丰富区域经济发展理论的作用。区域理论的精髓在于区域各主体发挥各自禀赋优势、区域发展创新、优化资源配置，发挥比较优势、创建有竞争力的产业群、获得最大化合作红利，实现区域后发赶超和促进均衡发展[1]。跨境园区建设是一个主权国家国土之外并取得落地所在国政府的同意的特定区域(往往具有地缘优势的区域)展开深度合作的新模式，是对传统区域理论的新探索和跨越，两国及更多国家参与能更好地发挥所在区域的发展潜能，实现特定区域的发展并带给各方红利。合作园区建设将在吸收借鉴合作各方各自成功经验与规则基础上吸收借鉴世界上其他先进的区域经济、产业发展与综合治理规则制度、独具特色的园区开发运行管理合作模式。在“一带一路”沿线国家园区建设促进了产能合作，在带动东道国当地经济发展的同时，也开创了全新的对外市场空间与合作模式。中国与俄罗斯还探索了“一园两国”的模式，即两个国家在各自国家各设立一个合作园区，如中俄丝路创新园于 2018 年 4 月和 8 月分别在中国陕西西咸新区和在俄罗斯莫斯科州先后开园，形成了中俄合作园区分设两国的独特园区模式。园区立足国外国内两个大局，深入开展产学研合作。中方园区运用先进的“一园两地”创新型管理模式，积极探索使用“一站式国际企业服务平台”，覆盖全部独联体国家，拥有近百个国际合作伙伴，引入俄罗斯 13 家知名企业，涵盖科技、建筑、投资、金融、贸易、教育、文化等行业，为国际企业提供商务咨询、企业营业执照办理、人员签证咨询、财税法务等配套的优质咨询服务。沣东新城联合俄罗斯圣彼得堡国立经济大学及社会资本将设立“一带一路欧亚丝路基金”，全面对接欧亚经济联盟与丝绸之路经济带国家资源。俄方园区为入园中方企业提供办公场所租金减免、商务活动、法律、财务、税务、签证等特色服务。中俄丝路创新园承担着探索国际合作产业园区新模式的重要使命。中俄丝路创新园积极构建中外一流的科研合作平台，加速产业集聚和资源统筹，构建异地孵化器和“一园两地”“两地并举”协

---

[1] 李强：《区域经济结构转变中的核心竞争力导向研究》，载《工业经济技术》2004 年第 3 期，第 15—17 页。

同发展模式。

合作园区开发本质上属于直接投资活动，而且是一种在合作方仔细规划设定区域的集约投资活动，与单纯的对外投资相比，具有更加针对性、集约性和深度性等特点和优势，对于促进国际投资、产能、经贸合作以及带动基础设施互联互通等多功能的意义。在国际贸易保护主义回潮背景下，也有利于规避关税壁垒，深化价值分工，实现共赢。此外，园区具有多功能性、辐射广、合作强度大和长效性等特点和价值，对合作各方具有较大适应性和吸引性。尤其是在当代国际分工日益精细化背景下，产业、产能合作具有更为普遍和深化趋势。因而，具有产业与产能互补性的国家间开展园区共建合作无疑具有必然性并受到欢迎。

跨境合作园区已经具有较长实践，如源于增长极理论的保税区、出口加工区，这其中荷兰香农免税加工区早在20世纪50年代就产生了。此后，具有跨境合作园区特性的合作模式在国际实践中逐渐成熟，如新加坡在90年代初与中国合作建设的苏州工业园区。而中国在境外建设园区的实践始于20世纪90年代末，福建华侨实业公司1998年在古巴创办了合资企业，并于2000年在古巴投资占地面积6万平方米的境外加工贸易区；2000年3月，海尔在美国设立工业园；2004年6月，天津市保税区投资公司在美国南卡州设立了天津美国商贸工业园。从2005年开始，商务部出台多项政策鼓励中国企业开发投资境外经贸合作区。但2008年之前在境外设立园区仅为个案。

境外园区是中国境外投资平台模式输出的主要形式，截至2019年年中，中国投资的境外合作园区达100多个，"一带一路"沿线占70%以上，主导产业以机电、机械加工、商贸物流业、食品加工、纺织服装等居多。

二、境外合作园区建设运行管理的基本条件

跨境合作园区的建设和运行需要具备一些基础条件：中外政府友好关系与政策支持极为关键；对主导企业的实力与海外运作经验的要求很高、考验很严；运营模式合理有效对于境外园区建设与发展效率具有重要

驱动作用;精准的产业定位及科学规划,境外园区有序建设与发展的重要指引;境外园区持续建设与发展需要以取得良好经济和社会综合效应为基础。[1]

1. 特定区域遴选

合作园区的地点设定对于园区发展具有重要意义。设定的原则既要符合所在国优先促进其发展的愿景,又要具有优越的适合发展园区所选择产业方向的资源禀赋以及地理交通位置和潜能,还要符合主要投资倡议者的倾向以及吸引其他潜在投资者的要求等。位置合适的园区通常由合作方(政府及企业组织等)商定。如中俄丝路创新园区就由合作方依据合作项目特点及发展目标,商定分别设在中国西安西咸新区与俄罗斯莫斯科州。

2. 国家关系友好

园区选定及功能定位、建设和运行等涉及园区所在国家的主权等重大权益,合作各方未来较为长期的多方面合作,以及因此需要具备的制度与政策保障。因而,对主要合作方政府之间的协作关系要求较高,需要较为友好的政治关系作为保障。

3. 赋予政策指导和优惠支持

园区通常建设在新的或者经营环境和基础设施不够成熟的区域,因而,需要较多前期投入,并且存在较大的投资回报不确定性等风险。制度与政策协调是境外园区成功建设与发展的根本保障和动力;园区建设涉及诸多具体内容,如基础设施建设、土地开发、“七通一平”、物流商业和贸易活动、就业、项目融资、政策协调、产业开发等。它是微观区域内综合性开发,与“五通”有密切交集,是落实“一带一路”建设的平台和抓手。这些决定了合作园区投资方政府会给予本国投资者鼓励的优惠政策,同时,园区所在国也会赋予该区域特殊优惠政策。2013 年 12 月,商务部、国家开发银行共同发布《关于支持境外经济贸易合作区建设发展有关问题的通知》,明确指出:国家开发银行将在市场化运作、有效防范风险的前提下,重点优先支

[1] 沈正平、简晓彬、赵洁:《“一带一路”沿线中国境外合作产业园区建设模式研究》,载《国际城市规划》2018 年第 2 期,第 33—40 页。

持已通过《境外经济贸易合作区确认考核和年度考核管理办法》确认考核的合作区项目；有选择地支持我国与合作区东道国政府共同关注的在建合作区项目；除依托境内股东信用提供贷款模式外，将积极探讨依托境外金融机构信用、项目自身及其他资产抵质押、土地出让应收账款质押等模式，为合作区实施企业提供融资支持。国家开发银行将通过与东道国有实力的金融机构合作，以转贷款、银团贷款等方式，为入园企业提供融资服务等。同时，融资服务也需要通过与驻在国政府的磋商就合作区的土地政策、税收政策、劳工政策、基础设施配套以及贸易投资便利化措施等为合作区建设提供支持。

通过园区建设取得较好经济与社会成效是园区持续建设与发展的内在要求和基本保障。2008 年，国务院发布《关于推进境外经济贸易合作区建设的意见》；2015 年 8 月，中国商务部制定了《境外经贸合作区服务指南范本》；2018 年 1 月 2 日，中国发改委、中国商务部等 28 部门发布《关于加强对外经济合作领域信用体系建设的指导意见》，对境外经贸合作区从信息咨询服务、运营管理服务、物业管理服务、突发事件应急服务四个方面提出要求。比如，在运营管理服务中，明确提出了服务入区企业范围宜包括注册、财税事务、海关申报、人力资源、金融服务、物流服务等环节。合作区在符合商务部、财政部关于《境外经贸合作区资金管理办法》、《境外经贸合作区考核办法》的前提下，可享受合作区发展资金的支持。总体来看，该考核办法包括确认考核和年度考核。确认考核是根据规定要求对合作区建设和运营成效是否符合确认条件进行认定；年度考核则是根据规定要求对合作区的年度建设和运营效果进行评审。考核办法还对于不同类型的境外经贸合作区提出具体量化的考核标准。通过确认考核后，合作区可申请年度考核，通过确认考核或年度考核的合作区，可申请中央财政专项资金资助。中国财政部与阿根廷、俄罗斯、印度尼西亚、英国、新加坡等 27 国财政部核准了《“一带一路”融资指导原则》。

在实践中，园区所在地或所在国政府多数采取一系列特殊优惠政策吸引参与方建设该园区，如白俄罗斯政府对中白工业园区建设给予高度重视，以最快捷的方式解决园区建设法律障碍并给予特殊优惠政策，于 2012 年、

2014年和2017年颁布了3个总统令,对园区建设提出了比较系统的规划以及相关优惠政策。2018年12月,白俄罗斯总统卢卡申科再次签发总统令,授予中白工业园特殊经济区地位,享受在欧亚经济联盟海关法的框架内报关、清关、物流、生产等领域的手续简化和税费降低等优惠。这使得工业园通过经济合作突破国界限制,挖掘经济增长潜力,实现经济资源最优配置,建立成一个高新产业集群,成为欧亚地区多边合作的国际平台。这些政策指导和优惠支持均提高了企业走出去建设境外经贸合作区的积极性并促进了境外园区的快速发展。俄罗斯莫斯科州对中俄丝路创新园(俄罗斯园区)提供减免办公租金等。

4. 运管模式与机制完善

第一,共同规划设计。科学规划及精准产业定位是境外园区有序建设与发展的重要指引;中外政府友好合作及协同顶层规划是合作园区顺利建设与发展的先决条件;中国—新加坡共建的苏州工业园区取得成功的重要原因之一就在于两国政府的合理顶层定位和科学规划设计。第二,合作方资源投入与合理配置。合作园区的开发建设往往是在特定带开发的区域从零起步,建设成具有较强功能的基地或产业集群,为此需要大量资源投入。中国—新加坡苏州工业园、中国—德国青岛生态园,中新苏通科技产业园等,均明确了参与各方的出资份额、权力责任,最大限度地集聚和优化国际先进生产要素;2011年,中国与马来西亚合作建设中马钦州产业园,园区探索"两国双园"(中国钦州产业园和马来西亚关丹产业园)合作机制和"以资本为导向的开发模式",积极推动战略性新兴产业的发展。第三,建构科学合理的运行管理机构。园区建设和运行涉及诸多领域和环节,合作各方人员及资源调配等,因而,各方合理参与、权责清晰的管理架构至关重要。第四,设立各方协调高效有序的运行管理机制。园区运行管理机制就是为了保障园区各环节各主体整体运行有序高效而设置的经营管理流程设计以及相应的执行规定(图2)。

图2 合作园区发展基本条件

三、“一带一路”引领境外合作园区发展

2008年之后尤其自2013年中国提出“一带一路”倡议之后，在境外设立合作园区迎来了发展高峰。截至2018年年底，中国在境外投入建设以及建成运行的全部100多个合作园区。其中，2014年之后开建的占到70%以上，在“一带一路”沿线20个国家56个合作区，占境外全部合作区总量的72.7%（截至2017年3月）。2019年4月，第二次“一带一路”国际高峰论坛期间又达成了包括建设中国塞尔维亚友好工业园区，开展中国阿联酋产能合作示范园产业、迪拜物流商贸综合体及科技合作等多个具有带动作用的园区合作项目。数据显示，2019年1—7月，中国企业对“一带一路”沿线的52个国家新增投资合计79.7亿美元，占同期对外投资总额的12.5%；对“一带一路”沿线国家并购36起，投资额13.8亿美元。截至2019年7月，中国在沿线国家包括通过共建园区等方式实现对外投资及工程承包等，增加当地就业81.7万人。这说明“一带一路”倡议正成为新时期我国拓深对外经济贸易与产能合作的新动能，也是境外合作园区蓬勃发展的关键引导。究其原因，在于“一带一路”倡议与合作园区建设具有很强的相互依存内在关系及交互促进作用。

1. “一带一路”倡议为园区建设提供目标指向与政策支持

（1）“一带一路”倡议为共建园区提供目标指引。“一带一路”建设是一个具有多目标、涉及广领域、历经长时段的综合系统工程，需要多方面的支撑，如为实现基础设施、金融、贸易、制度、民心等的互联互通，并在此基础上释放最大合作潜能实现最大合作红利，就需要在投融资、产能、科技、物流、贸易等宽领域、全链条展开广泛深刻的合作，而非仅集中在贸易、投资、融资等单一功能的合作上，从而更大限度地释放合作潜能并获得更高的附加值和合作红利。同时，作为一种宏观政策构架，中国与沿线国家政府签署共建“一带一路”合作协议可以为中外合作园区建设创造宏观环境和氛围，为共建园区奠定法律、政策基础和保障。

(2)“一带一路”倡议为园区建设提供政策支持。“一带一路”倡议是个包含“五通”甚至更多内涵的长期性系统性大框架,为包括各类合作园区建设等在内的各类合作行动提供广泛目标指南以及相应的政策激励。

“一带一路”倡议通过与沿线合作国家签署共建协定,并提出重大合作的方向性规划,为各类园区建设提供了中政策和融资等支持。合作园区建设运行涉及两个或多个国家及企业主体等,体制完善与政策支持至关重要。由于按照市场规则、平等互利、循序渐进、注重实效的原则目前已形成了较为完善的境外经贸合作区政策体系。“一带一路”沿线国家提出全面加强双边政府沟通、深化完善园区合作机制、科学制定园区产业规划、聚力推动园区配套建设、大力培育引进国际化人才等对策思路。2017 年,“一带一路”国际高峰论坛成功期间及论坛后,中国政府陆续出台了一系列新的鼓励政策,如 2017 年决定增拨丝路基金 1 000 亿元人民币。除了国家开发行、丝路基金、亚投行与中国进出口银行对于“一带一路”走出去的企业予以资金支持外,中国的四大国有商业银行正在筹措数以百亿美元的资金用以支持“一带一路”建设。2019 年 4 月,在北京举办的第二届“一带一路”国际高峰论坛达成的共识中指出,秉持共商共建共享的“黄金法则”和政府引导、企业主体、市场运作的原则,发展经贸产业合作园区……充分遵守各国法律法规,推动企业在项目建设、运营、采购、招投标等环节与广泛接受的国际规则标准接轨,以零容忍态度共同打击腐败,使高质量的要求与各国的国情相互结合,切实落地。

中方不再采用招标方式建设境外园区,而是由企业自主先行建设境外园区,达标后由商务部、财政部考核确认。这一考核方法改变了境外经贸合作区建设方式,财政部、国家开发行、商务部等还先后发布了多项旨在促进中国企业参与境外合作园区建设的鼓励措施,如中国对外投资经营的园区,经过商务部和发改委认证确定的对外经济贸易合作区,将可获得 2 亿~3 亿元人民币的财政支持,中长期人民币贷款最多可以达到 20 亿元。2015 年 8 月,商务部制定了《境外经贸合作区服务指南范本》,对境外经贸合作区从信息咨询服务、运营管理服务、物业管理服务、突发事件应急服务四个方面提出内容要求。比如，在运营管理服务中，明确提出了服务入区企业范围宜包括注册、财税事务、海关申报、人力资源、金融服务、物流服务等环节。合作区在符合商务部、财政部关于《境外经贸合作区资金管理办法》《境外经贸合作区考核办法》的前提下，可享受合作区发展资金的支持。总体来看，该考核办法包括确认考核和年度考核，确认考核是根据规定要求对合作区建设和运营成效是否符合确认条件进行认定；年度考核则是根据规定要求对合作区的年度建设和运营效果进行评审。考核办法还对于不同类型的境外经贸合作区提出具体量化的考核标准。通过确认考核后，合作区可申请年度考核，通过确认考核或年度考核的合作区，可申请中央财政专项资金资助。对企业从事境外投资和对外承包工程，用于投资国或地区的境外项目经营一年及以上的贷款，按照不超过企业投资贷款或工程贷款总额5%的比例给予贴息支持；对“一带一路”项目按不超过投资额的6%给予支持。对企业为从事境外投资，境外农、林、牧、渔、矿业合作，在项目所在国注册（登记）、购买资源权证之前，或对外承包工程签订合同（协议）之前，为获得项目委托具有相应资格的专业机构提供服务而发生的前期费用，按照不超过实际发生费用的50%的比例给予补助。

国家鼓励保险机构根据国内“一带一路”核心区和节点城市建设中的特殊风险保障需求。支持保险资金通过债权、股权、股债结合、股权投资计划、资产支持计划和私募基金等方式，直接或间接投资“一带一路”重大投资项目，促进共同发展、共同繁荣。支持保险机构通过投资亚洲基础设施投资银行、丝路基金和其他金融机构推出的债权股权等金融产品，间接投资“一带一路”互联互通项目。2017年4月27日，中国保监会发布关于保险业服务“一带一路”建设的指导意见，致力建构“一带一路”建设保险支持体系，为“一带一路”建设提供全方位的服务和保障。综合运用中长期出口信用保险、短期出口信用保险、海外投资保险、资信评估等产品和服务，加大对“一带一路”沿线国家的支持力度，对风险可控的项目应保尽保，推动国家重大项目加快落地。属于“一带一路”的项目，按不超过投资额的60%给予补助，单家企业可获得最高支持金额为200万元。

2. 合作园区促进“一带一路”倡议落地

(1) 合作园区与“一带一路”建设具有相同目标。“一带一路”倡议包涵多方面的目标指向，包括打通基础设施瓶颈、促进资金、贸易、政策和产业合作发展以及改善民间交流、理解等，通过共建“一带一路”分享发展红利。中外合作园区具有多功能性，通过共建园区，合作方可以在一个高度资源密集的区域内开展资金筹措、资源优化，产业合作、改善基础设施、开发高新技术和高端产品及服务培养，以及改善当地就业和管理创新，在满足本地市场需求的同时致力扩大国际市场，共同提升国际竞争力，而且园区开发还可以对当地经济社会的发展产生很强的拉动和辐射作用。因此，园区可以很好地、多维度地实现“一带一路”倡议及其目标指向。合作园区的建设与发展不仅对当地经济与社会产生全面的综合影响，还为“一带一路”建设营造良好宏观环境，如政策环境、民心基础，示范效应，并夯实微观基础，包括产业支持、交通设施、商品及服务等。

“一带一路”倡议的根本宗旨是通过与沿线国家在平等互利基础上开展优惠互补资源优化配置以及共享市场等实现共享繁荣与发展。大力推进经济走廊建设，办好经贸、产业合作园区是深化“一带一路”建设过程中的实体经济合作，进一步促进投资、聚合产业、带动就业，创新发展之路。

第一，加快推进国际产能合作和对外投资合作是“一带一路”倡议的重点指向。中资企业通过在境外建设加工制造型、资源利用型、农业产业型、商贸物流型、科技研发型园区等，有助于自身拓展国际市场空间，提升国际竞争力。建设“一带一路”沿线境外合作产业园区是我国深入推进“一带一路”建设和国际经贸合作、促进与沿线国家经济深度融合和互利共赢的重要平台[1]。其对于“一带一路”建设的突出意义显而易见，符合国际产业转移与合作的规律要求也发展趋势，也适合当代中国与周边国家的合作要求以及优势互补的国情，为共建“一带一路”提供了很好的选项。跨境合作园区是我国政府支持、统筹指导有条件的企业在境外建设或参与建设的基础设

[1] 沈正平，《“一带一路”沿线中国境外合作产业园区建设模式研究》，http://www.jsthinktank.com/zhikuyanjiu/201805/t20180502_5348215.shtml。

施较为完善，辐射和带动能力强的经济、贸易合作区域，包括工业园区和经贸园区等，既是中国实施"走出去"对外投资战略的一条重要途径，也是一种全新的国际合作方式。中国—新加坡在共同设计规划和管理运行过程中经过不断磨合和协调，探索出了符合国际经贸合作发展潮流、中国国情以及双边管理经验的国际合作园区模式和经验。

第二，"一带一路"利好前景对共建合作园区具有很大驱动力。"一带一路"倡议是一个直接惠及60多个国家占世界近半人口、间接惠及全球的长期全面的国际合作规划，广泛而长远的合作潜能和前景，具有强大动员参与感召力和远大潜力。世界银行研究组的量化贸易模型结果显示，共建"一带一路"可使"发展中的东亚及太平洋国家"的国内生产总值平均增加2.6%～3.9%，而对于中亚国家、巴基斯坦、菲律宾、柬埔寨、越南、老挝、俄罗斯和蒙古等国的贸易吸引外来投资以及经济增长等具有更大的直接拉动作用，如"一带一路"解决了蒙古、中亚国家缺乏国际出海口等进出口运输瓶颈问题。

第三，中外双方均对合作园区建设给予强大政策支持。联合国组织、国际金融机构以及数十个国家均已与中国签署共建"一带一路"协议。因而，广阔利好前景对"一带一路"沿线投资经贸合作以及中外园区建设带来巨大驱动。

(2) 合作园区为"一带一路"提供落地支撑。"一带一路"倡议旨在深化与沿线国家在产业、贸易、科技、金融、政策等方面的融通实现资源互补和共享发展，合作园区建设能较好地将"一带一路"提出的五通提供实现的坚实基础和手段。"一带一路"建设是涉及数十个国家的巨大空间和诸多领域的长时段综合系统工程，需要努力运筹经营，园区建设与运行是"一带一路"沿线巨大空间框架下的一个个具体微观平台和抓手。园区合作各方通过这种合作方式实现资源优化和优势互补，提升商业活动价值链，实现效益最大化(图3)。

合作园区所在国政府为了吸引中方和其他参与者的投资等，一般均会在合作园区提供类似经济特区的优惠政策。

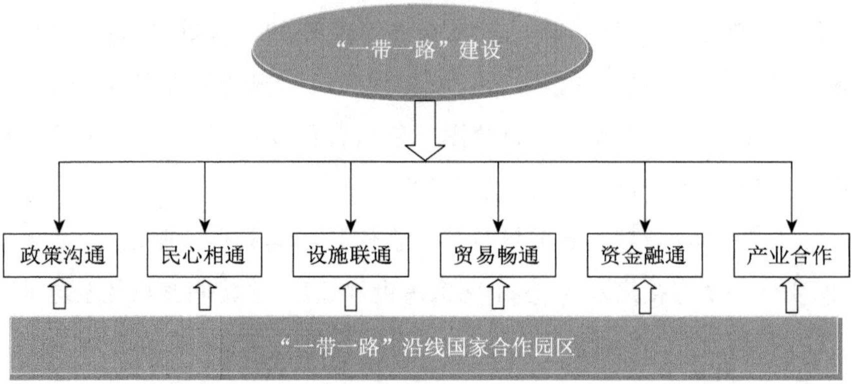

图3 "一带一路"沿线合作园区对于一带一路建设互动关系

四、国内园区成功经验可助境外合作园区稳健发展

(一) 境外合作园区建设运行和管理存在诸多难题和挑战

作为在境外非主权特殊空间环境下开展的一种深度国际合作模式，合作园区的建设和运行管理面临诸多困难和挑战。

1. 基础设施建设开发投融资难

国外园区建设中由于土地大量开发以及园区配套设施建设需要投入大量资金。如埃塞俄比亚东方工业园约 2 300 万美元/平方公里，而泰达苏伊士经贸区约 7 000 万美元/平方公里。而且，境外园区建设资金以企业自筹为主，政策性投入力度要远小于国内开发区。我国银行境外分支机构少、能力不足，银行全球授信体系不完善，国内母公司不能为其境外子公司在我国银行境外机构贷款提供担保，企业境外投资形成的资产不能作为抵押担保在境内贷款等都使企业面临融资难、投资回收期长的问题。比如，某商城集团在坦桑尼亚拟开发的商贸合作区，因当地的官僚主义，原先承诺的项目用地时隔两年多仍未得到落实，新指定地块也因拆迁、土地性质变更、债务问题等而无限期搁置，最终使得项目失败。

2. 法律政策协调、权益分配、近期与远期利益处置等难题

例如，白俄罗斯明斯克中白工业园区存在政策落实细则经常滞后的问题。白俄罗斯总统为了加快园区建设扫清政策障碍，以及减少经过议会漫长立法程序时间，颁布了多个给园区优惠政策和经济特区地位的总统令。但总统令只是粗略框架，落实细节还得由立法机构和政府制定并由政府部门落实，而这个过程的滞后会使一段时间内优惠政策难以落实到位。还存在境外中央政府和地方政府间对园区选址管辖权限不一的问题。中国某农垦集团先后多次组织工作小组到印尼实地考察，印尼某县县长许诺零地价供地，只需以10%合作股份进行交换。但核实后发现在该县的拟选地块权属于印尼林业部，县长越权。园区土地开发和租赁方面也是经常出现问题的方面。因俄罗斯收紧外国劳务输入政策，分配给远东地区的劳务许可证（打工卡）数额减少以及申办时间长，影响了俄罗斯乌苏里斯克经贸合作区内中资企业的正常生产计划的落实。此外，工程审批项目程序复杂、物资进口通关效率低等，都加大了合作区建设发展的难度。

3. 产业配套差导致园区经营成本升高

境外一些合作园区因当地经济发展水平低、配套差，物资匮乏，建材等要从中国国内或其他国家高价采购、运输，增大了园区的建设成本。尤其是在非洲的一些合作园区，因当地产业发展不成熟，很多原材料、半成品等需要从中国国内运送或者从第三方采购，抬升了经营成本，使园区运营前景不确定性提高。

4. 园区管理框架和模式的合理建构难度大

园区开发与管理机构设置、人员配置、权力分配、运行流程等的安排，中外人员因语言文化、经营理念差异大，容易产生摩擦，问题均十分棘手。境外经贸园区开发某种程度上就是境外工业地产、商贸地产或科技地产的开发，与土地开发运营关系极大。能否处理好同土地相关的一系列问题，成为境外园区开发成功与否的关键。以中白工业园区为例，关于园区土地租赁价格问题，中方与白方存在不同态度，白方为了吸引企业人员要求园区开发公司以不考虑土地开发成本的极低价格出租，而中方则希望按照不高于成

本价出租。同时,园区还面临着东道国内部派系斗争以及政局变化带来的政策和法律风险[1]。境外园区往往设立开发公司与管委会两套机构,园区开发公司不具备政府职能,很难快速整合、调配政府和当地社会资源,无法控制管委会的服务效率,从而会影响整体开发节奏和效果,面临的挑战要远大于在中国国内。中白工业园管委会虽然也承诺提供一站式服务,但实际执行中和国内的一站式服务存在很大差距。

(二)借鉴国内园区成功经验促进境外园区稳健发展

各国经济合作区建设运行既有特殊国情和条件差异,如区位、目标,也有共同规律和要求,如科学规划定位、招商引资方法、适当的运行管理模式等,这些是任何国际合作园区的成果运行均需要具备的基本条件。不同国家的不同园区有一些需要共同克服的难题和需要建构的共同模式,在探索建构适合自身特殊条件和环节的运行管理模式过程中有些经验和规律性的东西可相互借鉴。对于诸如中国这样的非市场成熟型发展中国家而言,更强调政府特别是欠发达东道国政府的初始推动作用,以基础设施投资、公共设施投资和政策环境营造来吸引企业进入亟待开发的地区,推动产业发展、城市建设、导入人口等要素,以促进市场形成和民生改善。中国境内的园区发展较早在运行管理模式探索方面积累了相当多的经验,可以给在境外的合作园区的建设、管理、运行等提供参考和借鉴,有助于少走弯路,提高成功概率,并促进境内外园区的协同发展,有助于促进"一带一路"和人类命运共同体的建设。

在这方面苏州工业园区的创新发展经验对境外合作园区建设尤具启发意义,主要体现在四个方面:

(1)政务服务环境方面。苏州工业园区不断完善政务服务环境,早在1995年,苏州工业园区就在国内率先针对落户企业成立一站式服务中心,公开招募社会监督员,招募在中心有过办事体验的园区企业工作人员或居民,

---

[1] 宋哲:《如何打造"一带一路"标志性项目——对中白工业园开发的思考?》,载《理论视野》2017年第6期,第59—61页。

行使行政服务监督工作，使行政服务公开透明。苏州工业园区自开发之初就建立了精简、高效的扁平化行政管理体制。2015年又率先构建起大部门制工作格局和集中审批-分类监管与服务-综合执法的现代基层治理体系。苏州工业园区充分利用互联网和共享数据，构建政务服务网络，建立互联网数据库，运用互联网受理行政审批事项，审批效率走在了全国前列。苏州工业园区深化“放管服”，实施了“2333”改革，即开办企业、不动产登记、工业建设项目施工许可分别在2个、3个、33个工作日内完成。企业审批项目周期缩短，资金成本下降，企业研发的新产品可以抢时间生产，提前上市，提高了企业的经济效益。同时建立了“三库”“三通”（人口库、法人库、地理信息库和政务通、居民通、企业通）的“城市大脑”，一般项目审批不到现场踏勘即可做出行政决定。并在全国率先设立中小企业服务中心，围绕投融资、项目申报、企业认定、知识产权等事项开展“代办制”服务，打通了政府服务的“最后一公里”。

（2）贸易投资环境方面。近年来，苏州工业园区不断完善贸易投资环境，“当好企业‘店小二’，提供保姆式服务，构建‘亲’‘清’政商关系”。为了优化内部体制改革，园区着手建设高端制造与国际贸易区，对接上海自贸区建设，借鉴自贸区制度创新成果，落实了“简化无纸通关随附单证制度”“简化统一进出境备案清单制度”“批次进出和集中申报制度”等一系列监管创新举措，完善了海关特殊监管区域外汇监测服务系统，与海关、检验检疫等部门一同打造了低成本、高效率、智能化的综合服务平台，营造了开放、便利、高效、透明的国际一流营商环境。苏州工业园区支持企业转型升级，制造研发营销服务一体化，打造成为高端制造的集聚地，成为改革创新的先行区。

（3）产业创新环境方面。苏州工业园区充分利用现有产业优势，抓住全球产业梯度转移的机遇，聚焦战略性先导产业，不断完善科技创新研发体系，大力引进创新资源平台。园区坚持引进和培育相结合，完善产业生态，涌现了一批拥有良好市场前景的创新型企业。园区出台了管理新办法，创新完善科技金融体系，加强知识产权保护，设立全国开发区首个知识产权法庭,加快推进国际创新平台建设。园区实施"人才安居"工程,创新高层次境外人才及本地居民出入境政策。建设高技能人才工作体系,帮助企业开展高技能人才的申报和培训工作,采取一系列措施培育高技能人才,拓宽人才培养工作的内涵和思路。优化产业空间资源配置,建立差别化土地资源分配制度,开展税收审慎监管试点,降低社保缴费比例,全方位降低企业的运营成本。

(4) 城市发展环境方面。苏州工业园区始终坚持"无规划不开发""一张蓝图绘到底""规划即法",为投资者营造可预见、低风险的投资环境。坚持"绿水青山就是金山银山""环保一票否决制",持续优化生态环境,成为全国首批生态工业示范园区。园区积极探索"互联网+政务服务"新模式,建立"三库""三通"(人口库、法人库、地理信息库和政务通、居民通、企业通)的"城市大脑",初步实现了让信息"多跑路"、让企业和群众"少跑腿"。园区在完善城市硬件设施提高城市颜值的同时,注重加强社会治理,高质量建设教育、医疗和养老项目,建设海归人士子女学校,提升城市宜居软实力水平。

自 1994 年创立至今,苏州工业园区 GDP 增长 200 多倍,人口增加近 10 倍,开发区环境和公共服务水准与国际接轨,这与苏州工业园区管委会借鉴新加坡公共行政管理经验,搞好科学规划,构建与国际接轨的营商环境以及运行管理模式,吸引投资和人才,不断推进园区产业发展和转型升级密不可分。苏州工业园区从新加坡汲取先进理念,通过向异地输出的方式加以推广。这给"一带一路"沿线国家境外合作园区提供发展样本,开拓出全新的合作领域。苏州工业园区对境外合作园区可资借鉴的经验主要表现在以下方面:

(1) 做好可持续性的园区发展科学规划和精准定位。苏州工业园区借鉴新加坡科学的城市规划体制和裕廊工业镇的标准,建立专家依法治区的规划管理体制,形成了从概念规划、分区规划到控制性详细规划、重点地段城市设计、各类专项规划以及相配套的规划技术规定的一套完整的规划体系,制定了苏州工业园区总体规划。坚持规划的前瞻性、延续性和高环保性,避免了"拆建—建拆"的重复浪费,奠定了首批进入国家生态工业示范园区的基础。而且,苏州工业园区的规划有法可依。苏州工业园区先后编制了《城市规划建设管理办法》《建设项目环境保护管理办法》《公用事业管理办法》《施工现场管理办法》《建筑工程质量管理办法》《建筑企业管理办法》《危险废物污染防治管理办法》,非常容易操作,同时又注意留有余地,有一定的伸缩性。苏州工业园区规划不仅对土地的用途、规模提出了开发准则和严格的管理要求,而且具体的控制指标大多也是定量化的。如对道路的停车口、红线,对建筑物的容积率、层高、门户朝向都作了明确规定。但是,任何规划都不可能十全十美,必须根据不断变化的形势适当调整。在编制规划时,考虑到了长远的需要,并为此留下了足够的余地。

境外园区的选址、发展目标定位一定要有深入详细的前期调研和规划,制定较为长期的高标准的目标,包括产业、配套、绿色环保等,避免过于短视而造成不断修改规划并造成大拆大建、重复建设等以及因不符合政策要求而受到惩罚或者被取消或被禁止运行等的发生。近年,一些境外合作园区因规划设计不到位、对环保要求以及基础设施建设难度估计不足等原因导致民众抗议或被政府取消或者追加预算而无法实施等。

(2) 注重高效的集群招商方法。苏州工业园区发展初期依靠新加坡相关招商机构在全球各地的招商网络和客户资源,通过"一站式"服务和税收优惠政策将他们吸引到园区。而且,园区招商团队一半人有专业知识背景,对国家产业政策有非常到位的理解,针对强,效率高,避免了与其他开发区产业同构。园区最重要的战略是在"亲商"观念的基础之上提高竞争力。"亲商"的目的是使客商在对投资环境与服务方式认同的情况之下进行投资。在招商引资方面,苏州工业园区管委会基本做到了这三点:政策和办事程序规范化、透明化;手续的简便;严格执行已形成的各项政策。

这种招商方式不仅在产业集聚和园区发展方面产生显著效果,而且大大增强了外商对园区政府的信任。对于一带一路沿线国建建设合作园区吸引全球资本同样具有启发性。从经济学视角上看,社会信任更多地体现为交换与交流的媒介,它有助于降低交易成本,是经济交易的润滑剂。一般认为,由信息不对称诱发的机会主义是导致较高交易成本的重要因素,而信任能够使交易双方，即使在缺乏信息的情况下，出于长期利益的考虑也会对机会主义行为进行约束。因此，从社会信任的经济学内涵来看，夯实“一带一路”建设的信任基础，主要表现为下面两个方面：第一，从信念角度，沿线国家应该互相尊重，彼此信任，切实秉承共商、共享和共建的原则。沿线国家应该相信对方国家不会利用其信息优势来采取机会主义行为，并损害的自己利益；或者说，应该对对方国家保持信任与合作的乐观预期。同时，坚持和谐包容，加强不同国家和不同文明之间的求同存异、兼容并蓄、和平共处和共生共荣，全方位推进务实合作，打造政治互信、经济融合、文化包容的利益共同体、命运共同体和责任共同体。第二，从偏好的角度，沿线国家应该加强自身的社会信用建设，构筑诚实守信的经济社会环境，秉持开放的区域合作精神，致力于维护全球自由贸易体系和开放型世界经济。同时，政府应该积极宣传诚信价值观，营造诚信的社会风尚。因此，在“一带一路”沿线国家园区建设过程中，社会互信与合作是基础。借鉴苏州工业园区的招商引资方式和经验，夯实“一带一路”的信任基础，才可能解决境外合作园区的投融资难题，才能促进境外合作园区又快又好发展。

(3) 建设高水平的合作平台。苏州工业园区致力开放创新，依据 2015 年 10 月 13 日国务院批示的《苏州工业园区开展开放创新综合试验总体方案》先行先试开放创新实验，主动对接自由贸易试验区标准，通过建设更高水平的国际开放平台等措施，加快对外开放与合作的步伐。一是搭建中新金融创新合作平台，在国资管理和国企运营上，园区在借鉴新加坡淡马锡的经验上加以创新，组建了新建元、元禾、兆润、市政、物流、科发等一批规模大、实力强的国资公司，对这些国资国企实行分级分类管理，建立经营业绩考核机制，提升了国资国企的市场竞争力。国企之中的邻里中心公司在借鉴了新加坡公共管理理念的基础上，结合园区的开发建设情况和园区商家居民的实地需求，与时俱进，不断创新，形成了具有园区特色的社区商业开发模式，开创了全方位、多层次、综合性的社区商业经营理念，打造了全国驰名的商标品牌。二是打造国际化的城市风貌，发展现代化的城市管理，提升城市功能形象和内涵，建设了金融商贸区、科教创新区、国际商务区、旅游度假区等功能板块，建成圆融时代广场、久光百货、苏州诚品、凤凰书城、新光天地等高端商贸载体，集聚园区人气商气，让产业高端化和城市现代化形成良性互动。三是依托中新合作优势，探索建立面向新加坡、辐射东盟的投资贸易平台，提升对外开放水平。同时，鼓励本土企业与跨国公司构建战略联盟，搭建跨国公司技术转移平台，提升企业研发能力。四是生产生活平衡发展。苏州工业园区在开发建设的过程中，始终坚持生产、生活、生态协调发展，注重环境保护和管理，从污染预防、总量控制入手，强化环保前置审批，强调绿色招商，对能源、资源消耗高、环境风险大的项目实施一票否决，从源头上减少了污染，节约了末端治理成本。在生产中，园区推广清洁生产和绿色技术的应用，提高资源利用效率，鼓励节能技术的开发与创新。园区也充分调动全社会参与环境保护建设，大力开展绿色社区、绿色学校、绿色建筑创建活动，倡导低碳出行，建设绿色交通体系。严格的环保监控和社会的大力参与，使园区保持了良好的大气、土壤、水体质量，形成自然、清新、生态的城市环境风貌，让园区的生态环境质量位列国家经济技术开发区前列，优雅的人居环境也成为园区吸引人才的重要因素。

（4）探索适合运行管理模式。在境外尤其是“一带一路”沿线国家设立合作经贸产业经济园区等是极为复杂和充满不确定性与风险的实践探索。包括开发与管理机构的设置、权力配置、日程运行管理流程等核心内容在内的园区运行管理模式的探索和建构对于园区正常稳定运转具有关键性意义。苏州工业园区在探索高效运行管理机制和独特模式方面进行了探索，如建立权力结构合理的园区管委会以及多部门协调配合机制，致力于建设公开公正公平、透明规范的环境，按照“小政府、大社会”的要求，打造精简、统一、高效的服务型政府，为投资者和居民提供全天候高效服务。而树立亲商理念，营造法治化、国际化、便利化的一流营商环境，是园区学习新加坡经验的重要成果和精髓，也是园区能经受经济全球化汹涌浪潮种种考验的立身法宝。

总体而言，中国在“一带一路”沿线国家建设各类合作园区是落实和推进“一带一路”倡议的重要抓手和平台。鉴于这些园区具有综合功能性、规模性和长期性，区域带动性示范性、其建设和运行的稳定有效直接影响到“一带一路”建设整体状况。因而，在未来一段时期内，合作园区建设将是“一带一路”走深走实的重要选择。但是，中外共建合作园区目标定位共同规划、资源投入、基础设施建设、开发与管理架构及运行机制设定，体制与政策协调，中外管理人员互动、权益分配等诸多挑战与问题，迫切需要依据自身环境和条件加以研究探索。同时也可以研究、借鉴国内园区的成功建设运行管理经验以及其他国家的相关经验与成熟理论，以摸索出更适合的、有效的境外园区开发建设和管理路径，为促进中外经贸产业合作做出应有贡献，为“一带一路”建设提供示范和驱动力。

“一带一路”
建设的软实力方略

“一带一路”倡议背景下国家软实力提升路径

李　舒　姚　旭*

“一带一路”倡议提出后的六年间，中国与世界的接触越来越主动。中国以开放与自信的姿态，在世界人民眼中展现出越来越鲜活的形象，得到国际社会的积极支持和响应。随着合作的推进，效果逐渐显现，倡议越来越受到国际社会的关注。

然而，以美国为首的部分国际主流舆论对倡议持负面评价，他们将关注点转向中国推动建立国际新秩序时面临的严峻形势和挑战，“掠夺论”“霸权论”“破坏论”“威胁论”“殖民论”等多种论调严重影响了沿线国家公众对倡议的认知，阻碍倡议在海外落地执行。事实上，这些论点忽略了一个重要事实，即中国的倡议蓝图中从来没有将美国及其西方盟友排除在外；相反，中国希望在最大程度上融通全球各国资源，共同应对层出不穷的新挑战。相关论断在很大程度上损害了中国的国家形象。

“一带一路”倡议作为中国提出的国家级顶层合作倡议，是一个有代表性的研究样本，借此可以观察到中国的国家形象是否能够得到他国的认知与理解，以及应该如何更加有效地塑造。以“一带一路”倡议为代表的中国方案的推行，不仅需要投入大量资金、技术，也需要营造国际社会认同的舆论环境。中国亟须整合国际、国内新型传播力量，构建“一带一路”话语软实力。

---

*　李舒，同济大学同济特聘教授、同济大学国家创新发展研究院副院长；
姚旭，同济大学国家创新发展研究院副研究员。

一、国家形象的理论框架：他国认知与本国塑造

从概念看，国家形象理论主要探讨的是一个国家的政治精英和公众对他国的印象。对于国家形象的概念的研究已有诸多学者贡献智慧，有学者认为国家形象是指一个国家在国际间的政治、经济、文化、军事、科技等诸方面相互交往过程中，给其他国家及其公众留下的综合印象。[1] 国家形象的形成既受宏观因素如国家实力、文化等的影响，也受微观因素如个人接触的环境、个人特质的影响。[2] 因此可以认为，国家形象形成应该是依赖国内变量和社会建构两条路径。[3] 从这个角度来看，国家形象的概念及其形成有不同的解释与路径，但总体而言已经从理论性研究迈向了实践性与政策性研究。从理论上讲，构成国家形象的政治、经济、文化和社会诸要素可以拆解开来，一一甄别、评判。然而，事实上，作为整体国家形象的组成部分，各要素并不是相互孤立的。[4] 在具体实践过程中，诸项要素很难在国家形象的构建与传播过程中分割开来，必须将它们放置在系统性的框架内一并考量。

从目标与作用看，国家形象的构建与传播直接指向外国民众。要让国外民众真正"接受"一国政府想要表达的观念与意愿，不仅要通过一对一、面对面的信息交流，更需要通过信息传播手段了解、获悉并影响目标国的社会舆论，减少他国政府与民众对本国的误解与错误认知，避免引起两国关系的突变甚至倒退，并提高本国在他国公众中的正面形象，进而增进本国的国家利益。[5] 当然，国家形象对内塑造也是一个重要的课题，但是相对而言实操难度更低，因此在国际舆论大环境中，各国都在极力构建自己良好的国家形象，使得本国以更低的成本、更便捷地在他国与国际组织中获得更大

[1] 门洪华：《压力、认知与国际形象——关于中国参与国际制度战略的历史解释》，载《世界经济与政治》2005年第4期，第17—22页。

[2] 季乃礼：《国家形象理论研究述评》，载《政治学研究》2016年第1期，第104—113页。

[3] 陈世阳：《"国家形象战略"概念分析》，载《国际关系学院学报》2010年第1期，第20—23页。

[4] 金正昆、徐庆超：《国家形象的塑造：中国外交新课题》，载《中国人民大学学报》2010年第2期，第119—127页。

[5] 王文：《公共外交离不开国际传播》，载《对外传播》2011年第2期，第39—40页。

收益。

当一个国家的国家形象主要对外进行构建与传播时,可以认为此时谈论的国家形象即"国际形象"。以这个概念为基准进行研究,会发现一国的国际形象是"本国形象"与"他国形象"的辩证统一,因此国际形象不但需要"本国"积极塑造,更需要获得"他国"的理解认同。[1] 换言之,只有"本国形象"与"他国形象"之间形成有机互动,才可以使一个国家的国际形象正面、丰满且令人信服。基于上述分析,可以从两个维度解答本文的核心问题:一是"他国"是否理解并认同中国的国际形象;二是"本国"应如何积极塑造良好的国际形象。

二、针对中国国家形象与他国认知的实证研究

(一)"一带一路"相关国家媒体对华舆论环境

外国媒体与国际舆论环境直接反映出"他国"对中国国家形象的接受与认同程度,而"一带一路"倡议在很大程度上代表着中国的全球治理新方案,因此,通过对相关国家媒体舆论对"一带一路"倡议的反应及对华态度的研究,便可以管中窥豹"他国"眼中的中国国家形象。

据统计,"一带一路"沿线国家现有 65 个,分别是 13 个东亚与东南亚国家、18 个西亚国家、8 个南亚国家、5 个中亚国家、7 个独联体国家和 16 个中东欧国家。[2] 同时,"一带一路"相关国家的范围远比沿线国家更加广泛。截至 2019 年 10 月底,中国已与 137 个国家和 30 个国际组织签署 197 份"一带一路"合作文件。

为了有针对性地研究"一带一路"相关国家媒体的涉华报道和舆论环境,课题组优先提取了 16 个在全球比较具有代表性的国家进行研究,其中包括美国、俄罗斯、日本、英国、法国、韩国、印度、德国、新加坡、泰国、越南、加

[1] 王啸:《国际话语权与中国国际形象的塑造》,载《国际关系学院学报》2010 年第 6 期,第 58—65 页。

[2] 新华丝路:《一带一路沿线国家都有哪些》,https://www.imsilkroad.com/news/p/76186.html。

拿大、以色列、澳大利亚、尼日利亚、埃及。挑选这些国家时，综合考虑了不同地区与国际舆论影响力等要素。

研究设计伊始，依据国外资料与相关报告等材料，在上述16个国家当中分别确定了40家具有影响力的传统媒体、自媒体和智库。具体研究过程中，主要的分类包括媒体类型（传统主流媒体、主流网生新闻网站、政经精英社交媒体账号、主要智库）、媒体政治倾向（左派、右派、中立）、媒体对华态度（亲华、反华、态度模糊）、规模（人数、是否是全球性媒体）、性质（专业性、综合性）和资本关系等。依据上述分类对各国家重点媒体展开分析，形成对特定重点媒体的客观认识，进而形成对海外新闻媒体涉华报道的基本认识。通过筛选出近三年对应媒体的稿件列表并以时间排序，抽样选取出100篇新闻报道，展开编码分析，初步形成阶段性的数据库。

从现有编码情况分析，以美国为主的国际主流舆论“反华倾向”明显，对“一带一路”倡议的态度不容乐观。

美国的40个主流传统媒体、网络平台、政经精英的社交网络账号与主要智库当中，无一明确对华友善，其中明确反华的占半数以上。相关研究表明，主流媒体是否刊登中国领导人的撰文与专访，与其对华态度并无关联。综合排名前10位的主流传统媒体当中有8家曾经在过去三年间刊登过中国领导人的撰文与专访，其中包括《华尔街日报》《华盛顿邮报》《洛杉矶时报》《纽约时报》等，只有《波士顿环球报》和《明星论坛报》没有刊文案例。但除了这两家媒体对华态度中立外，剩余8家当中有5家是较明确的“反华派”。如果将视角放宽到新闻网站，会发现发行量与浏览量排名最靠前的10家美国媒体有7家明确对华不友好。

相比美国，其盟友的态度不尽相同。虽然总体对华称不上友善，但英国、德国、加拿大、澳大利亚、韩国与日本的多数媒体在多数涉华议题上保持中立，虽少有赞扬，但亦非完全负面。日本20家主流媒体当中，有13家在涉华问题上基本中立，反华的急先锋主要以《读卖新闻》和NTV News为主。法国虽是美国西方盟友之一，但其媒体对华态度有较大分裂，虽然有40%的主要媒体持反华态度，却也有25%的媒体对华友好，这与日常观感没有重大误差。印度是美国所有盟国当中媒体对华态度最接近美国的，超过三分之一的主流媒体持有较为明显的反华倾向，对华总体友好的媒体几乎无法找到。

对华较为友善的依次是东南亚国家、非洲国家和俄罗斯。越南、新加坡、泰国、埃及等国家的媒体对中国的负面情绪总体较少。泰国和新加坡有少数媒体明确反华，尼日利亚虽然有四分之一的媒体反华，却也有四分之一的媒体明确亲华。俄罗斯和埃及媒体对华总体友善许多，均有超过四分之一的媒体持友好态度，剩下的所有媒体都至少保持中立态度，这样的比例在现今的国际舆论整体大环境下已经是较为理想的结果。

通过对现有数据的分析，"一带一路"相关国家媒体对华态度总体并不乐观，从极端反华到较为亲华，依次是美国、美国的一众盟友、东南亚、非洲与俄罗斯。"一带一路"相关国家媒体的对华态度依旧受地缘政治与意识形态影响，呈现出较为明显的倾向性色彩。在此种情形下，可以认为中国在深入推进"一带一路"倡议的过程中，国际舆论环境依然有较大的改善空间。

(二)"一带一路"信息量少，对负面舆论缺乏回应

以"One Belt One Road"和"Belt and Road Initiative"为关键词，通过谷歌(Google)搜索工具统计自 2013 年 9 月至 2019 年 4 月间"一带一路"相关新闻信息并进行抽样分析发现，"一带一路"相关的新闻热度总体呈现上升趋势。尤其是从 2017 年 5 月"一带一路"国际合作论坛召开后，热度开始激增。2019 年 4 月，"一带一路"国际合作论坛召开前，热度再次出现迅猛增长。呈现如下特点：

一、从全球搜索度来看，中国和东南亚国家居世界首位，其他发达国家和部分发展中国家对此也较为关注。2013 年 9 月至 2019 年 4 月间，"一带一路"相关的新闻热度总体呈现上升趋势。2013 年到 2015 年，"一带一路"在世界范围受关注度较低，从 2015 年 6 月开始出现增长，2017 年 5 月热度激增，2019 年 4 月热度再次出现迅猛增长。

二、项目落地较多的国家和地区，对"一带一路"相关信息关注更多。在沙特阿拉伯、哈萨克斯坦、俄罗斯以及东南亚地区等，"一带一路"一直处于热搜状态，说明这些国家和地区对"一带一路"项目信息的需求量较大。

三、传播态势和信息量相对低迷。中国企业实际参与的"一带一路"项目覆盖世界六大洲，总数接近 3 120 个，但媒体报道覆盖面有限，只找到了 215 个项目有相关媒体报道，仅占总数的 6.89%。大多数项目存在"只做不说，多做少说"的情况。

四、通过对"一带一路"合作国家在建或已建项目数量和新闻报道数量进行统计比对，发现沙特阿拉伯、哈萨克斯坦等签署"一带一路"合作协议较早的国家各类建设项目多、进展快，与之对应的新闻报道较多。在非洲、南美、大洋洲等地，虽然在建项目多，但相关报道量却极少，且报道类型多为消息，一稿多发，涉及深度报道的项目很少。旺盛的信息需求与相对薄弱的信息供给之间形成反差，导致沿线国家都出现了较为明显的"信息饥渴"，各国获取"一带一路"相关项目的信息渠道仍相当缺乏，当地政商界人士几乎都有"信息不足"的抱怨。

课题组选取 25 家参与"一带一路"建设的主要央企作为样本，对央企在海外社交媒体、传统媒体开展海外传播情况进行抽样分析后发现，各企业海外传播力度仍存在较大差异，总体传播效果不突出，对负面新闻缺乏应对机制，导致"一带一路"项目的实际开展状况与国际舆论形象不符。

此外，为探测外媒报道对"一带一路"项目的价值倾向，课题组对美联社、BBC、路透社、《金融时报》《华尔街日报》等 10 家西方主流媒体进行了梳理，获得了与"一带一路"央企相关的新闻 5 748 条信息，其中路透社的相关报道为 2 202 条，仅 2018 年就有 455 条，但近半数新闻涉及环境污染、债务、输出落后产能、金融腐败、项目缺乏透明度等负面内容。面对外媒大量的猜测性、否定性报道，中国的出海央企极少正面回应，相当一部分企业秉持"事实胜于雄辩"的看法，认为项目运作是否成功重在实际工作，不愿在媒体关系、公关宣传上投入太多资源，几乎将公共话语权拱手让人，普遍存在对负面信息回应缺位，社会责任不到位的情况。

三、他国认知与中国国家形象的变化：以美国舆论为例

"一带一路"倡议的内涵深厚、外延广泛，其中的重要作用之一是支撑中

国对外构建正面积极的国家形象，希望以此促进中国以全新姿态走向世界，让世界通过“一带一路”倡议识读中国国家形象。[1] 但这一过程并不太顺利，在美国看来，“一带一路”倡议是在重塑国际政治生态，建立以中国为首的国际政治新格局。可以观察到，从美国前任总统奥巴马到现任总统特朗普在不同阶段针对“一带一路”倡议表现出的不同态度，直接影响着美国乃至西方舆论对“一带一路”倡议及中国形象的评论倾向。美国在全球舆论场拥有强大的话语权，对于“一带一路”倡议和中国国家形象有重要影响，抹黑甚至封杀“一带一路”倡议更是会对相关国家决策和公众认知产生重要影响。因此，有必要梳理这种变化及其表现形式，借由“一带一路”建设，通过机制化合作进行有效应对，讲好中国故事，重构中国形象。

(一)“一带一路”倡议在奥巴马时期

在“一带一路”倡议相关概念刚刚提出之时，美国并没有提出明确的反对。从奥巴马政府官员的表态来看，他们在彼时并没有将这一倡议放在重要的位置上加以考量，因此也就谈不上敌对，更多的其实是忽视。

进一步观察2014年至2016年的美国舆论关注点，会发现“中国”并非是美国舆论场议题设置的重点。美国等西方媒体在提到中国时，所有的论调集中于对所谓中国忽视“民主”“自由”“人权”等“普世价值”的批判上，并没有实质性的举措撕破面皮，甚至像是某种程度上的例行公事。因此中国议题在前特朗普时期，更多以一张明牌的形式出现，两国舆论似乎都习惯了一种范式：美国的某几个政客为了显示自身外交政策上的强硬姿态，公开发声挑刺造势，也就是常说的“打中国牌”，但并不耽误两国正常的政治、经济、贸易往来。

(二)“一带一路”倡议在特朗普时期

特朗普就任总统后，美国对待“一带一路”倡议的态度开始转冷，但这也是一个逐渐累积变化的过程。

在2017年举办的首届“一带一路”国际合作高峰论坛上，特朗普派

[1] 秦龙、赵永帅：《“一带一路”让世界重新认识中国》，载《前线》2019年第6期，第13—16页。

出了白宫亚洲高级事务官员马修·波廷格带领美国代表团参加。波廷格宣称美国的公司“准备参与‘一带一路’相关项目”，并会为相关项目“提供很多东西”，称美国“在全球基础设施发展方面有长期的、成功的记录”。

然而，积极的表态并没有持续很久，美国政界的高官和国务院的反华声音不断交杂，迫使中美关系朝着负面方向一路疾驰。首届“一带一路”国际合作高峰论坛闭幕不到半年，时任美国国防部长马蒂斯就在参议院的听证会上表示：“在全球化的世界中，有许多‘带’和‘路’，但没有任何一个国家可以直接发出‘一条带和一条路’的命令。”

自此以后，美国政界对华的声音越发强硬，步调统一。特朗普在2017年年底的环太平洋领导人峰会上开始明确表示反对，批评“一带一路”相关项目是“完全由一个国家主导的举措，同时附带了许多条件”。为了能够遏制中国“一带一路”倡议及全球性规划方案，美国制定了一系列针锋相对的措施，其中就包括抛出“印太战略”概念，并重组相关金融机构体系以支持印度和太平洋地区国家进行基础设施发展与建设。可以看出，其核心是向发展中国家提供一个美国版本的方案，替代并消除“一带一路”倡议在沿线国家的影响力。

（三）美国舆论批评“一带一路”倡议的典型论调与案例

就批评“一带一路”而言，五角大楼亚太地区高级官员施里弗在2017年的言辞很有代表性：“我们看到的‘一带一路’倡议的成果，实质上体现的是掠夺性的经济学。”随后，时任美国国务卿的蒂勒森在整理了一份关于中国“一带一路”相关项目的清单后，声称中国的基础设施项目带给受援国的并不是对当地就业的促进，而是为受援国增加了“巨额债务”。

这样的表述正式发出后，西方媒体舆论场中便多了一个议题：“‘一带一路’倡议如何使沿线国家背负巨债，无力偿还就必须答应中国的其他条件。”与之相配合的是指控沿线国家政府接受中国援助时产生了严重腐败，使得中国以此“迫使”当地政府同意各种“不平等条约”。

美国媒体在涉华报道中预先设置立场与议题，不顾事实，扭曲观点并先入为主的做法在近年来屡见不鲜，英国卡车集装箱偷渡命案等突发新闻事件便是典型案例。

2019 年 10 月底，英国发生卡车集装箱偷渡命案，39 人以极端悲惨的方式结束生命。在本该一同哀悼并查找真凶，捣毁横跨欧亚大陆的偷渡利益链条之时，CNN 的一篇捕风捉影的文章引起轩然大波，在其《为何世界第二大经济体中国的民众要冒着生命危险进入英国?》一文中，CNN 预设了惨死的 39 人都是中国人，并开始煞有介事地分析来自中国的移民不只是穷人而是来自各个阶层，表示是"社会发展不平等"甚至"政治压迫"使得中国移民冒险离开中国。[1] 事实证明，39 名受害者无一来自中国，均是越南人。该文作者艾米・刘易斯却若无其事地继续撰写别的文章，CNN 也并无更正和声明，更罔论道歉。

(四) 美国舆论场的倾向变化引起中国国家形象变化

在奥巴马时期，中国在美国乃至整个西方世界被解读成以下形象：

"一个快速发展的亚洲巨头，但缺乏对'普世价值'的基本尊重，民众被反复'洗脑'的同时普遍生活水平不高，完全没有'言论自由'。"该形象根深蒂固，使得来华访学和旅游的西方人抵华后往往瞠目结舌。他们难以想象一直被告知是"专制危险落后"的中国，大多数城市的现代化和数字化便利程度、治理能力与安全程度已经远超一般西方国家。当然来中国亲身体验过的西方人毕竟是极少数，他们的感受无法在西方世界得到快速传播，仅靠他们无力扭转中国的国际形象，因为彼时西方主流媒体几乎很少报道中国的快速发展。西方话语体系下的中国，甚至还屡有"傅满洲"[2]之类的宣传流毒出现。可以认为在奥巴马时期及以前的美国，中国虽然没有被视为美国最大甚至唯一的对手，却被极力妖魔化，且这套方法论如今更是炉火纯青。

[1] CNN, "Why would people from China, the world's second-biggest economy, risk their lives to enter the UK?" https://edition.cnn.com/2019/10/24/uk/essex-truck-deaths-chinese-gbr-intl/index.html.

[2] 英国漫画家萨克斯・罗默创作的《傅满洲》小说中的反派人物，西方人眼中"黄祸"的拟人化符号。

在特朗普就任总统并对华发动贸易战的一到两年间，中国在美国和西方世界的形象较以前再次发生变化：

"'傲慢'的中国依靠'窃取美国的核心技术'快速发展，变成美国的头号敌人，美国的就业流失、制造业凋敝都是因为中国人抢走了岗位和机会、赚走了本该美国人获得的财富。"上述为中国重新构建的形象与传统的"专制"印象叠加后，形成了完全失真的国家画像。因此，在这个逐渐趋于极端化、本土化的世界，中国人在世界各地遭到了各种不公平对待。

面对这些复杂多变的新情况，中国纵使委屈却也无法任性地与世界割裂，重新封闭国门。"闭关锁国"将使中国丧失全球化的广袤市场，失去与国际顶尖专家、业界精英的思维碰撞，最终将会回吐改革开放四十多年来的巨大成果。中国现阶段比以往任何时候都需要深化改革、扩大开放，也比以往任何时候都需要讲好中国故事，重新构建并传播良好的国际形象。

四、他国认知中"一带一路"倡议形象扭曲原因

除了国际舆论场上西强东弱的格局外，近年来国际政治、经济形势的不确定风险增加，也是造成"一带一路"倡议被妖魔化的重要原因。

（一）担忧因发展状况不均等而带来的"债务陷阱"

在推动"一带一路"倡议不断前进的过程中，中国合作与投资的目标国大多以第三世界欠发达国家为主，包括东南亚、中西亚和非洲。中国企业的投资在起初往往受到当地的欢迎，但基础设施项目通常回收利润较慢、周期较长，加之当地政治经济情况常有变动，并不能保证盈利。在这种情况下，受西方舆论的影响，目标国容易对可能出现的所谓"债务陷阱"产生担忧。

2017 年，中国葛洲坝集团在取得了装机容量为 1 200 兆瓦、价值 25 亿美元的尼泊尔布达甘达基水电站项目，却在两年多的时间里问题频出。在 2017 年合同敲定后不到半年，当时的尼泊尔政府就撕毁了合约。直到 2018 年 2 月新一届政府上台，决定重新将项目交还给葛洲坝集团，但后续推进情

况始终不明朗。尼泊尔能源部的官员曾经对《南华早报》表示,政府面临着反对党的强大压力与指责——没有通过竞争性招标程序便将项目重新授予葛洲坝集团,以及对尼泊尔这样的一个小国产生巨大的财政与债务压力,并借此形成对尼泊尔的政治控制。这样的情况并非孤例,类似案例还有马来西亚的东海岸铁路线、缅甸的深水港和巴基斯坦的铁路建设借款等。

(二)对地缘政治现状改变的警惕

虽然"一带一路"倡议不是中国的"称霸"计划,但是其重要表现之一是会部分打破现有的、由美国及其西方盟友控制的世界秩序。由于"一带一路"倡议旨在与沿线和相关国家一同合作、共同分享经济发展成果,对于地缘政治现状一定会产生重要影响。一个曾经的小国一旦有了良好的基础设施、投资项目和经济发展成果,会极大改善其在周边区域的定位,因此"一带一路"倡议遭到西方媒体的围追堵截。

以斯里兰卡与中国合作建设开发的汉班托塔港口为例,汉班托塔港是位于斯里兰卡南端的海运港口,一期项目由斯里兰卡港务局负责建造和管理,但因为斯里兰卡政府大举借债修建却又无法有效运营,最终陷入债务泥潭。招商局集团在"一带一路"倡议的框架下,于 2017 年 7 月注资取得了汉班托塔港 99 年期的租约。这本是合则两利的双赢,却遭到了西方尤其是美国媒体的一致攻击,《纽约时报》在《中国如何令斯里兰卡将汉班托塔港拱手相让》一文中,从军事和政治的角度分别批评中国:"这次转让使中国得以控制距其对手印度的海岸仅几百英里的一片区域,以及重要的商业及军事航道沿线战略立足点。""中国在全球投资和借贷的项目实际上是为全世界的弱小国家设下的债务陷阱,助长了各个陷入困境的民主国家的腐败和专制行为。""本次事件是中国利用贷款和援助增加国际影响力最为生动形象的案例之一,也是中国愿施展强硬手段收款的例证。"[1]类似的攻击先是上升到对"一带一路"倡议的怀疑,继而是中国支持"腐败政权"的所谓"铁证",最后落脚于中国"插手"东南亚事务和对南海的"军事威胁"。

---

[1] New York Times, "How China Got Sri Lanka to Cough Up a Port", https://www.nytimes.com/2018/06/26/world/asia/china-sri-lanka-port-hans.html.

这种焦虑某种程度上源于中国在周边地区依然存在朋友，而且对"一带一路"倡议和双边合作持正面态度。

以巴基斯坦为例，巴基斯坦是"一带一路"倡议沿线国家中的重要支点，同时中巴经济走廊项目也在快速推进。2018 年，新上任的巴基斯坦总理伊姆兰·汉的态度，对于中国"一带一路"倡议在周边的声誉有着重要意义。就此前的情况看，伊姆兰·汉对于中国的态度总体正面，对于特朗普和美国态度消极。伊姆兰对"一带一路"倡议总体持肯定态度，虽然表示上台后也要重新考虑从中国借款的可行性，但仍公开表示"一带一路"倡议及相关配套措施给了巴基斯坦"很大的机遇"。

因此，现在的重要任务是以"一带一路"倡议和中巴经济走廊为抓手，共同加快建设速度，扩大建设规模，把控基础设施建设质量，帮助伊姆兰·汗在巴基斯坦创造更多的就业岗位，以"一带一路"倡议和中巴经济走廊齐头并进的形式从实质上帮助巴基斯坦推进脱贫进程。主动邀请巴基斯坦代表团来华访问学习，以民间交往的形式为巴基斯坦的工程师等专业技能人员的培训提供便利；邀请巴基斯坦企业在华合作投资，体现双方经济的互相依存。这些都是值得参考的切实可行的方案。

（三）目标国国内政治舆论环境不佳导致的全盘否定

美国等西方国家对"一带一路"倡议的否定，很大程度上源于其国内政治舆论环境。这中间有历史、文化和意识形态等多方面因素，尤其不能忽视的是近年来中国的高速发展引起的西方国家的心理落差与失衡，继而形成警惕性的全盘否定。

这样的变化趋势有一个较为明显的增强信号，即美国自 2018 年 3 月开始正式发起并渐次升级的对华贸易摩擦。特朗普政府为了争取"沉默的大多数"，从 2017 年起便逐渐将矛头指向中国，开始酝酿对华"301 调查"。美国对中国发动贸易摩擦的根本原因是为了凝聚其国内共识，因为美国两党在特朗普上台后已经完全割裂，随着"通俄门"调查的不断深入，美国民众也纷纷割席，极端"站队"的趋势已经出现。在这种时刻，中国问题是几乎唯一可以达成跨党派共识的议题。随着美国国内政治与舆论场的彻底撕裂，贸易战不断升级无法收手，对华强硬的态度已经变成了美国国内全新的“政治正确”，致使对华亲善的美国精英也无力发声了。因此，某种程度上很难分辨“贸易摩擦的不断复杂化”与“美国舆论对华不友善”这两者之间到底谁是因，谁是果。

事实上，两者之间是互相影响的，因为不断在被传播的始终是“观念”（opinion），而非“真理”（truth）。真理被篡改的难度远高于观念，观念总是容易受到各方面的影响。特朗普政府的极端主义强硬话语表达体系，给了美国互联网时代“失落的大多数”表态的机会，美国政客和名流发现对华强硬就可以成功转移国内怨气，而民众爱听“邪恶的中国偷走了美国的发展成就”这样的故事，进一步给了精英们固化对华强硬立场的理由，最终使得中国的正面国际形象传播受阻，在西方世界变成了负面的刻板印象。

（四）美国国家民主基金会等美国组织对中国的重点“关照”

美国国家民主基金会（NED，The National Endowment for Democracy，下文简称“基金会”），是在里根政府时期基于中情局（CIA）背景主导成立的，所谓的“私人的、非营利性”的一个基金会，其目的“仅是为了增强、提升全球范围内的民主化组织和民主性活动”，实质上发挥着给予中情局等美国公共部门在全球范围内的公开或非公开行动以资金支持的作用，依靠代理人对抗美国眼中焦点地区的现有合法政权，扰乱现有合法政权的既有部署，进而服务美国的全球战略。

基金会创立至今，一直担任基金会总裁的卡尔·格尔什曼是一位“民主化运动”的狂热宣传者，不惮于在任何场合宣扬基金会“推动全球民主化进程”的理念。其董事会成员包括有美国前国会议员、前参议员、前任大使等外交官员、前美国总统国家安全事务助理、退役将军、知名教授学者、劳工领袖、跨性别者与环保人士，也包括布鲁金斯学会、卡内基世界和平基金会等顶级智库的重要研究人员。美国前国务卿亨利·基辛格和世界银行前行长罗伯特·佐利克也曾经是基金会的董事会成员。虽然基金会不断宣称自己的非政府属性，但从董事会成员的构成上便可以看出基金会与美国政府间的紧密联系。所以，值得注意的是，从1983年成立至今，几乎全世界每一个国家和地区的反政府抗议、对抗乃至颠覆性活动，背后都有基金会的活跃身影，中国更是其特殊攻势的重中之重。

美国国家民主基金会作为一个名义上的民间、私人基金会，实质上的资金来源中私人款项十分有限。首先，其最大的资金来源是美国官方每年的专项拨款，并且常常由美国国会年度拨款、美国国会和美国国务院的人权相关项目专项拨款组成。这一行动几乎是美国难得一见的跨党派统一协作，并不受到政党更迭的直接影响。其次，美国的一些跨国企业巨头也会参与款项捐赠，其中比较知名的除洛克希德公司和波音公司之外，还有诸多金融行业、汽车工业、零售品行业以及新晋的高科技网络信息技术跨国公司。最后，基金会也接受私人捐款，但其中所占份额不大。基金会每年接收的具体资金数量并不对外公开，但据公开报道称基金会平均每年拿出的资助额度都会超过 1 亿美元，经过董事会的遴选，视不同情况（项目的“规模”与“眼界”）给予不同的额度资助，年均资助全球范围内 90 多个国家超过 1 400 个项目。

基金会的款项资助对象是美国以外的非政府组织（NGOs），而非某一个个人。如果是海外的机构在美国本土采取有关的活动不但不会受到资助，甚至很有可能被直接取缔；但即使某一个机构总部设在美国境内，只要他的项目活动范围在美国境外，都符合申请资助的基本要求。申请基金会资助的组织集中于“民运”领域，诸如与外国的“人权”“独立”媒体、国内法律修订，“公民教育”和“公民社会”相关的非政府组织。资助过程中，基金会始终保持很强的隐蔽性，重点项目在公开资料中很难直接获知具体的受助 NGO 的名称，而是以该项目的侧重点一笔带过，基金会也并不讳言这样的做法是为了保护其受助者“盟友”的安全。值得注意的是四个基金会所谓的“核心受助方”，分别是“美国全国民主研究所”（NDI，National Democratic Institute）、“美国国际共和学会”（IRI，International Republican Institute）、“国际私营企业中心”（CIPE，Center for International Private Enterprise），以及“团结中心”（Solidarity Center）。这四家机构值得特别警惕，因为基金会的大部分资金会通过这四家机构转手，继而进入特定的 NGO。

同时，基金会的资金主要流至七个方向，按照年均占比大小分别是：①亚洲地区；②中东及北非地区；③除北非外的非洲地区；④拉美及加勒比海地区；⑤欧洲地区；⑥欧亚地区；⑦全球性区域组织。其中，按照基金会 2015 年的年报显示，亚洲区域"民运"组织接受资助占比超过五分之一；在亚洲区域 22％的资金投入中，与中国直接相关的"民运"组织便使用了 650 万美元，超过四分之一。

中国与俄罗斯有着类似的局面，均与美国在意识形态上有强烈冲突。中俄两国都是美国意识形态攻击的重点地区，因为美国无法利用常规武力有效压制中俄两国，不得不寻求软实力上的突破。

但与俄罗斯不同的是，中国相对而言已经有了政治经济法制方面更高的发展水平，所以遭受到的是美国全方位的强势压力。近年来，《中华人民共和国境外非政府组织境内活动管理法》（以下简称《管理法》）在规制境外非政府组织在境内的活动上已经有了相当细致的规定，类似于基金会这样的组织在背后资助的、直接站在台前的项目和组织几乎都被精确囊括在《管理法》当中。基金会从不直接公开资助个人，也从不在台前组织运动，本身就是为了规避他国的国内法规中的对应条款。

五、他国认知的突围路径之一：关注"一带一路"倡议下借由欧洲声音构建中国正面国家形象的路径探索

无法得到世界秩序的实际控制者美国的认可，是中国的"一带一路"倡议现在面临的核心问题之一。在这种情况下，中国的外部环境可谓非常恶劣，在系统层面的他国认知很难有"异见者"敢于突破美国的压力，正面看待中国。某种程度上，这也是中国软实力被牢牢束缚的重要原因之一。因此，中国在包括"一带一路"倡议在内的所有提案都遭到美国全面弹压之时，应想办法尝试欧洲路径，构建正面国家形象。

以位于德国首都柏林的墨卡托中国研究中心（Mercator Institute for China Studies，MERICS）为例，2018 年 5 月 27 日，其在官方网站发布了任命通知，荷兰莱顿大学中国研究中心教授彭轲（Frank N. Pieke）及墨卡托研究中心国际关系项目负责人胡谧空（Mikko Huotari）成为中心的"双总裁"。

墨卡托中心此次高层更迭的主要原因是成立五年来的成绩难以令人信

服。该中心由德国本土基金会创建，虽然身为欧洲最重要的中国研究机构之一，但是在欧洲的中国研究领域的影响力每况愈下，甚至引发了部分中国媒体和学者对其的反感，最终导致赞助方的忧虑，决定进行高层的人事变动。以墨卡托中心为代表的一批欧洲的中国研究机构开始从闭门造车的负面态度趋向积极沟通的客观态度。在某种程度上，这也提醒中国应提高对欧洲的中国研究机构的重视与注意。

(一) 墨卡托：曾经的反华研究机构转变方向

目前被认为欧洲规模最大的中国研究机构墨卡托中心 2013 年由德国最大的私人基金会墨卡托基金会(Stiftung Mercator)投资成立，已经投入超过 3 300 万欧元，一度垄断了德国舆论场上的中国问题话语权，但对中国态度并不友好。主要表现在以下几个方面：

第一，该机构本身持反华立场，且缺乏华人背景。该机构虽然自我标榜为“致力于改善中国与西方的关系”，却持偏向负面的对华立场，甚至提出“中国渗透欧盟”的论断，多次受到中国媒体和学者的质疑。据《环球时报》报道，该报记者近年来多次申请实地采访这家智库，无一例外遭到回绝。

目前，在墨卡托中心的网站上(www.merics.org)可以查询到中心现任的所有研究人员、访问学者以及顾问委员会名单。其顾问委员会中包括了德国多位著名中国研究学者以及德国企业、媒体、政界代表。令人惊讶的是，不同于其他许多中国研究机构，墨卡托中心的现任人员中，没有任何一名来自中国的学者。这些任职人员中，有相当一部分并没有长期在中国生活的经历，他们的中文水平也存疑。

2018 年 1 月，墨卡托中心发出通报称，从 2018 年 9 月开始，韩博天(Sebastian Heilmann)教授将不再担任该中心总裁。韩博天是墨卡托中国研究中心的创始总裁，也是德国政治学名校特里尔大学的中国政治经济学教授。他曾在德国慕尼黑安全峰会上担任分会场主持人，并向时任中国全国人大常委会外事委员会主任傅莹大使提问，被傅莹评价为“你的问题充满了冷战思维”。

第二，该机构新高层开始具有显著的中国相关背景。墨卡托中国研究中心的新任总裁彭轲是荷兰人，目前担任荷兰名校莱顿大学当代中国研究教授，也是该校亚洲研究中心执行主任。此前，他在牛津大学担任了15年的当代中国政治和社会讲师(1995—2010)。1982年，他在荷兰阿姆斯特丹大学获得文化人类学博士学位。此后，他前往中国，在北京外国语学院(现北京外国语大学)和北京大学学习中文以及中国历史。他多次用中文接受媒体采访，并用中文发表媒体评论文章，2003年曾在云南进行过田野调查，对中国的党校和政党体制有过比较深入的研究。

新任副总裁胡谧空是目前墨卡托中心外交项目的负责人。他在德国弗莱堡大学国际政治系获得博士学位，此后，留校担任讲师。他曾于2004年到2005年获得奖学金在中国南京大学学习，并有过在德国驻华使馆的工作经历。

第三，该机构的对华态度可预期将转向。该机构为了改变五年来的颓势，开始注重两位机构新高层的中国特色与背景。不仅如此，彭轲和胡谧空两人都对中国有更多的了解，和中国的官方和媒体有更多的接触意愿与实践，对于中国的态度总体而言是客观并积极的。

彭轲曾多次访问过中国，也接待过一些国内机构的领导，对中国发展的态度总体比较客观，他在著作中提出：“中国共产党已经用市场的力量来改革自身体制，中国社会、中国共产党和市场之间并不矛盾。新社会主义则是一种‘治理方式’，是党对于国家的社会和经济问题的治理方法、处理方法。”

胡谧空在墨卡托中心当研究员时曾频繁就中国相关问题发声，2016年9月，在中国杭州举行的G20期间，他曾评价中国的反恐及安全保卫能力十分出众，针对中国在欧洲的投资报告和采访也作了比较客观的评价。他在接受路透社采访时曾经表示：“鉴于中国政府打击资本外逃、很多中国投资者债台高筑，2016年也存在一些风险，但这并不会改变中国企业继续其国际化的战略。”这样的评论和欧洲普遍盛行的对中国的批判态度有很大差别。可以预期的是，这两位高层中的“新人”作为中国研究的“老人”，将为德国乃至欧洲的中国研究带来一些新的思路与声音。

(二) 在欧洲的中国研究机构的普遍缺陷

世界范围内，美国对中国研究的重视程度与已有的成果深度是首屈一指的,美国的大批顶级高校都有专门的中国或东亚研究中心,顶级智库也有专门的部门或者研究力量时刻关注中国问题。同美国相比,欧洲的中国研究机构存在几处硬伤。

第一,机构数量较少。在美国的众多大学中,专注于中国或是中美关系的研究中心、研究机构不胜枚举,包括最负盛名的哈佛大学费正清中国研究中心(Fairbank Center for Chinese Studies)、哈佛燕京学社(Harvard-Yenching Institute)、哥伦比亚大学东亚研究所、加州大学伯克利分校中国研究中心、密歇根大学中国研究中心等。普林斯顿大学也于 2015 年成立了当代中国研究中心。大学以外,美国也有许多智库拥有中国研究机构,如布鲁金斯学会的约翰桑顿中国研究中心等,知名的兰德公司也拥有一批中国研究人员。

与此相比,欧洲的中国研究机构数量要少得多,无论是在大学内还是大学外,都不能同美国相提并论。欧洲不少高校没有中国研究的相关机构,即使有,规模也并不是很大。牛津大学最近才成立了中国研究中心,并为新中心建造了一栋大楼。而英国不少研究中国的学者,尤其是年长一些的,大部分都毕业于伦敦大学亚非学院(SOAS, School of Oriental and Asian Studies, University of London),因为此前很长一段时期,在众多英国大学中,只有包括亚非学院在内的部分学校拥有中国研究机构和师资。而在欧洲大陆,类似于荷兰莱顿大学、德国海德堡大学、法国高等社会科学院这样的中国研究重镇屈指可数。

大学以外,欧洲本土建立的专注于中国研究的智库也寥寥无几。欧洲对外关系理事会(European Council on Foreign Relations)亚洲项目主任顾德明教授(Francois Godement)和同事经常发表一些中国政治经济研究报告,是目前较为出色的智库。位于布鲁塞尔的欧洲亚洲研究院(European Institute of Asian Studies)尽管时常举办一些同亚洲有关的活动,但本身并没有太多研究人员,绝大部分为兼职,且活动也并非完全专注于中国。这也是为何墨卡托研究中心在成立短短几年之后,就能够成为欧洲最重要的中国研究机构的原因之一。背后的深层原因除了意识形态因素之外,还有对中国的重视程度。

第二，机构活动较少。由于研究人员和研究机构数量的欠缺，导致欧洲的中国研究机构没有能力也没有经费频繁开展相关学术和研究互动。美国的众多大学都会提供一定的奖学金或是研究补助，欢迎中国以及世界其他国家的中国研究学者前去担任博士后研究人员、访问学者或是交换学生。最为知名的是哈佛燕京学社的访问学者项目。另有其他许多资助项目，例如由普林斯顿大学和哈佛大学联合发起的"中国与世界研究项目"，每年选拔若干名博士后研究人员，在普林斯顿或者哈佛完成一年的博士后研究。又例如，普林斯顿大学分别同北京大学、复旦大学和香港中文大学(深圳)共同推出的三个针对不同领域的中国研究博士后项目，入选者可以在美国和中国完成两年的博士后研究。

这样的学术项目和人才流动，极大地促进了美国开展中国研究。大批的中国学者和其他国家研究中国的学者，在美国的校园内交流学术研究成果，进行思想碰撞，产生新的研究灵感和观点，也为未来的合作搭建了重要的学术人际网络。而类似这样的项目，在欧洲极度缺乏。绝大多数的大学和智库都没有足够的资金来运作这些学术项目，也没有同中国各大高校建立长期、稳定、高质量的合作关系。一些前往欧洲大学担任访问学者的中国学者，也往往因为语言和环境问题，无法在短期的访学期内，融入当地的学术团体。因此，资金、机构数量、科研环境等各方面因素都限制了欧洲中国研究机构开展活动。

第三，研究类别转型和对中国的认知转型较为缓慢。欧洲不少中国研究机构和师资还停留在"汉学"研究的阶段，专注于研究中国的诗词歌赋、文化历史。现在在欧洲提起"China Studies"或者"Chinese Studies"大家的第一反应一定还是中文学习、中国哲学、中国历史等，布鲁塞尔自由大学东亚研究中心经常举办相关活动。这当然有利于欧洲对于中国文化和历史的了解。但是，对于"故纸堆"的研究，并不能有效帮助欧洲学界加深对"当代中国"的了解。摆在欧洲面前的现实问题是，要认识当代中国必须对现有机构进行转型，更多地关注现实问题，关注真实的中国。

近年来，尽管中国同欧洲学术界有大量交流，也有众多孔子学院在欧洲设立，但不可否认欧洲学术界对于中国依然缺乏足够的了解，对于中国的政治、经济、科技、教育、医疗等各方面的认识都有待提高。而学术界和智库界对中国的研究及评价将很大程度上左右舆论的整体趋势，进而影响中国对欧公共外交成效。

（三）应着重加强对欧洲中国研究机构与人员的重视程度并加以积极引导

在当下的国际关系大背景下，日益凸显欧洲与中国的外交与经贸关系的重要性。

第一，中国应重视同欧盟及欧洲国家的交往，提升中欧关系在中国对外关系中的重要性。在中美之间将维持相当长时间的“低烈度摩擦”之时，争取欧盟和欧洲国家的支持应成为中国外交战略的重要方向。同时，欧洲大部分地区处于“一带一路”倡议的核心动线上，维持良好的中欧关系将为“一带一路”倡议下的中国文化与资本出海提供重要价值。在美国对华政策整体转向的背景下，应重视并倡导中欧关系良性发展，以在欧洲的中国研究机构为突破口，提升对欧洲内部舆论与民众对华态度的关注，进而加以有效引导。

第二，中国应加强与欧洲已有的中国研究机构与智库的沟通与联系，重视与欧洲的中国问题研究传统重镇增强深层次和高层次合作。更多地促成双方高级别领导与官员的互访，增加普通科研人员的互派频率，更多地举办学术交流活动和论坛，共同发布政策报告，采取多重举措提高著名机构间的交流与互信。

第三，在已有基础上协助欧洲的学术机构建立更多欧洲的中国研究中心。目前，欧洲研究中国问题的知名高校与机构总体较少，应有区别地寻求突破，协助建立更多具有声望的中国研究中心。复旦大学与丹麦哥本哈根大学共同合作创立的“复旦—欧洲中国研究中心”就是很好的尝试，双方各派一名中心主任，协调中欧两方的学术科研与智库资源，频繁举办学术论坛、发布报告，获得了欧洲智库的高度认可。

第四，做好“打持久战”的准备，为欧洲相关机构提供切实的资助。在中资企业收购欧洲公司的同时，可以考虑在欧洲的各所大学设立中国研究讲席教授职位，甚至在欧洲创办中国研究机构，帮助欧洲大学提高中国研究的师资数量，进一步提升欧洲学界和民众对于中国的认识，帮助中欧关系未来持续健康发展。

第五，应重视拓展与深化中英关系。总体而言，英国首相约翰逊可能是迄今为止所有西方主要国家领导人中对华态度最为客观甚至友好的。在其早年的署名文章中，已经透露出与彼时西方世界对中国“政治正确”不符的客观评价与分析。2005 年，作为亨利区国会议员和杂志主编的约翰逊在《电讯报》发文，抨击西方世界对中国充满偏见而无理由的恐惧与担忧，认为中国对于称霸世界而言既缺乏能力也没有意愿，中国希望的是自由贸易，而西方世界恰恰应该鼓励中国，而非陷入泛政治化的偏执。在《南华早报》的评论中约翰逊表示“英国政府将非常‘亲中’”。当然，西方政治领袖不可能无条件亲中，但约翰逊显然是更灵活的一位。

另外需要强调的是，关于“一带一路”倡议，他在接受凤凰卫视采访时支持以基础设施建设为纽带的“一带一路”倡议，表示英国政府将为中国投资者和学生保持开放。“我们对‘一带一路’倡议非常感兴趣，对习主席为该计划所做的事情非常感兴趣。”“不要忘记，我们是最开放的国际投资目的地，尤其是对中国投资。例如，我们有中国公司来做欣克利角核电站。”

六、他国认知的突围路径之二：关注西方主流媒体反华舆论的表现并有效应对

2019 年年中以来，香港局势动荡，事态不断升级，形成了几波较大规模的街头暴力事件。在此过程中，西方主流媒体不断推波助澜，反对派人士以脸书(Facebook)、推特(Twitter)及 Telegram 为主的网络社交媒体炮制出各种各样的“假新闻”。

西方反华势力在香港所为之所以炉火纯青，很重要的一个原因就是进入 21 世纪后，以美国为首的西方国家已在世界各地通过多次“颜色革命”创造了一套“方法论”，反复实践打磨。以所谓的民主自由法制的名义，依靠多重形式、路径和平台发布的“假新闻”，顺次达到对目标国或地区正常治理秩

序的扰乱，煽动民众激起对当局的强烈不满，协助甚至指导街头暴力向当局施压，最终使当局难堪甚至颠覆政权。

中国在"一带一路"倡议推进的过程中面临的各种形象被污名化，都可以在香港这个离我们地理距离极近的样本中找到具体体现。

（一）空穴来风的假新闻

完全失实的假新闻，源于制造者对民众两种重要心理的精准把握，分别是"恐惧"与"逃避"：激起恐惧就容易失去理智，给出一个简单的答案就可以甩脱责任。西方政府和媒体恰恰精于此道，往往依靠舆论优势无中生有、制造阴谋论。

1."无中生有"制造恐怖气氛

案例一，谣言"特首请辞被拒"。英国《金融时报》2019 年 7 月 14 日称："特首林郑月娥在过去数周曾数度提出请辞，但遭到北京拒绝。"尽管特首办回复《金融时报》查询时就已经明确否认了这一论断，中国外交部也回应坚定支持林郑和港府依法施政。但该谣言在香港广为传播，一度在本地论坛热度很高，作为反对派互相加油打气的论据。

案例二，谣言"林郑表示，'一国两制'比人命更重要"。7 月份开始，香港本地青年中流传一张海报，文字部分写道："林郑表示，'一国两制'比人命更重要"，配图是被警察打倒在地的流血民众。从常理判断特首不可能说出这样的话，但此谣言被做成配图海报后，迎合了反对派"以暴制暴"的宣传思路。

2."阴谋论"造成对立局面

案例一，谣言"北京指使中联办策划黑帮殴打无辜抗议者"。在这则通过自制海报上传社交平台并广泛传播的谣言中，短短一句话同时击中了几个港人的痛点：如果元朗事件的反击民众是黑帮假扮，似乎顺理成章的就是"官黑勾结""北京借中联办干预香港"。谬论也在顺利为其他相关的假新闻铺路，将暴徒冲击元朗甚至损毁议员祖坟的恶劣责任轻巧地甩脱掉。

案例二，"中联办新界工作人员是黑帮打人的指挥者"。在 2019 年 7 月 27 日的所谓"光复元朗"中，违法暴徒的嚣张气焰被完全打掉，却始终希望找回主动。很快,反对派媒体在路边被砸毁的一辆私家车上发现了此前元朗"白衣人"用的藤条、公安的帽子和疑似中联办工作人员的信,便声称找到了中联办指使黑帮的证据。虽然所谓的证据都完全经不起推敲,例如公安帽还是20世纪80年代的款式,但是进一步迎合了好事者的倾向与口味。

(二)篡改后的假新闻

凭空捏造的假新闻在某种程度上还是易于识破的,但是"加料"的假新闻就没那么容易对付了,因为篡改关键数据、张冠李戴的视频图片、倾向性的选择性报道,都可能确实基于部分现实情况,十分故事七分假,诱使民众深信不疑。

1. "黑白颠倒""视而不见"地选择性报道,转移重点

案例一,"数千人的护港集会使香港进入更加暴力的阶段"。在2019年7月20日香港市民冒雨举行"守护香港"的大型集会上,BBC记者麦克唐奈进行现场直播,不但忽略了之前街上暴徒的凶行,还给正义市民的反暴呼声贴上"更加暴力"的标签。同时,他说参加集会的只有"数千人",而这和现场逾30万市民的事实也严重不符。这种"拉偏架"本质上是西方"双重标准"的典型体现。与之类似,在2019年7月21日暴徒冲击中联办并泼污国徽后,外媒基本只报道了同日晚间发生的元朗冲突事件,鲜有提及暴徒侮辱国徽和政府机构的罪行。

案例二,"一名警察在用手指挖抗议者眼睛时,一根手指被部分咬断"。2019年7月14日,一名警察的手指被暴徒残忍咬断,令人愤恨。然而《纽约时报》记者在文章中用笃定的口吻说:"一名警察在用手指挖抗议者眼睛时,一根手指被部分咬断。"这则报道明显在暗示抗议者并不是暴徒,只是为了"自卫"。同时,警察伤势并没有那么严重,只是"部分"被咬断,不应该小题大做。如此为暴徒洗白的方式屡见不鲜。CNN和BBC的报道均未提及此事,只是轻描淡写地说在沙田的商场内发生了暴力冲突。

2. "张冠李戴""移花接木"的标题党与过时"证据"

案例一,"驻港部队出动准备镇压抗议者"。在2019年6月中上旬的一波暴力冲突前后,社交平台出现了一些视频,显示运兵车在高速公路上疾

驰、装甲车开上街头，或是防暴军警抵御冲击，配文多为“驻港部队终于出动镇压游行示威”“香港暴徒冲击驻港部队军营”。但实质上，视频来源或是此前驻港部队常规演习视频，或是韩国军警的反恐防爆演习视频，均与此次“反占中”无关。

案例二，“调查视频显示警察对无辜市民施暴”。在2019年6月12日的冲突中，暴徒用雨伞、砖块攻击警察。《纽约时报》的记者就此做了一番“调查报道”，搜集了多个视频“证据”，指出至少有7起警方过分使用暴力的情况。但是这种所谓的视频证据，只是西方和本地反对派媒体对此类事件的惯常操作：先播放一个手无寸铁的示威者的画面，再切入警察追着“殴打”此人的画面，绝口不提示威者先行攻击，也不播放暴徒施暴画面。

这一点在7月1日暴徒冲击立法会时也非常明显，当日，《纽约时报》记者随同暴徒一同进入立法会，进行了视频拍摄和采访。最终的报道大部分内容是立法会内暴徒兴奋、雀跃的画面，但标题却是“香港抗议：警方镇压示威者”。并且，唯一播出的采访对象说的话是：“警方和解放军将对抗议者进行暴力镇压。”

3. “添油加醋”的混淆视听

案例一，“港警过度执法，甚至动用橡皮子弹和催泪弹，令人震惊”。在港警涉入的每一次街头冲突之后，西方和当地媒体都会以几乎类似的标题反复宣传。首先先入为主地强调港府和港警是过度执法，造成民众大量伤害，然后不管橡皮子弹本身的杀伤力到底有多低，只是强调橡皮子弹也是一种子弹，激起警民对立。大部分报道都把重点放在了警察使用的镇压手段上，对冲突爆发原因不做详述，甚至在有些报道中展现“互不相识”的示威者们如何“互帮互助”抵抗警方暴力的“温情故事”。经过类似的狂轰滥炸般的宣传，要求港府和高校校长谴责港警的“暴力行为”竟成为香港高校某些学生的诉求之一。

案例二，“建制派宁愿把钱洒在海里也不会给民众”。香港社交网络和论坛上此前出现过一批海报传单，声称“建制派支持1万亿港币搞‘明日大屿’，如果给大家发钱每个人能分到13万港币，他们宁愿把钱扔在海里也不会给民众”。这是典型的添油加醋以混淆视听。第一，大屿填海工程总预算在 6 000 亿港币左右，并没有万亿之多；第二，工程预算投资会分摊在 15 年，每年只占港府预算的 1.5%，并不是什么负担；第三，填海可以更好对接珠港澳大湾区建设，同时新建用地上的各种收益基本可以收回投资，对于港民的生活和环境而言都是好事情。在关键数字上和预期收益上动手脚虽然很容易制造出一则大新闻，然而经不起推敲。

案例三，谣言"中国 70%的外资来自香港但还不知感恩"。香港社交媒体曾广泛传播的这条消息 2013 年香港占中时就已出现，2019 年再次被挖出，新唐人、大纪元、阿波罗等反动媒体纷纷依托此言论造势，塑造央港对立的局面。这条谣言的迷惑点在于，70%的外资从统计口径上确实来自香港，但其中绝大部分都是由香港过境转手的外资，而非港商的自有资金，这样带有明显倾向性的表述很容易激起香港年轻人的愤慨。

（三）中国应积极应对，主动出击，而非被动挨打

第一，应明确"以舆论战对抗舆论战"的后续外宣总体思路，不但要敢于发声，更要敢于公开对话。香港舆论的主阵地为西方媒体和西方社交网络平台所把控，这在短期内是难以改变的现实。所以，中国要做到"以我为主"，及时应对。舆论阵地"我们不去占领，敌人就会占领"，不能因为全球通用的社交媒体不在我们手中就放弃阵地，不能因为中国在外宣上长期被西方联手压制就丧失信心，任由香港舆论态势发酵。

第二，应高度重视脸书和推特等网络社交平台上的信息传播，一方面要积极主动发声，另一方面要做好辟谣和答疑解惑的应对工作。西方媒体的各种偏见和观点，最终大部分都会通过两个社交媒体平台传播至本地论坛，因此，必须要用好这两个平台，不能放弃。事实上 700 万香港市民中绝大多数的中产阶级没有参与这场暴力，但是他们也在等待最及时的准确信息与分析报道。毕竟香港市民并不是人人都使用微信、微博，因此，宣传上不能把他们和少部分暴徒混为一谈。

第三，在宣传策略上要"守得住"，及时辟谣。"守得住"，指的是面对铺天盖地的谣言要及时回应，谣言散播的初期或被牵着鼻子走，但是及时的回应会慢慢扭转社会风气，越来越多的市民会开始等待"官宣"，这也是政府公信力和治理能力重建的重要过程。内地基层政府近年来的实践已经证明，这个过程不会一蹴而就，但是已经产生了非常积极的转变。

第四，在香港主动建立舆论宣传研究阵地，主动“攻出去”。香港形势情况复杂，从另一个侧面讲也最适合建立中国自己的外宣新阵地。近年来，俄罗斯的今日俄罗斯(RT)电视台总是直戳西方政府和媒体的要害，取得了非常显著的成果。建议国内高校或独立智库在香港建设中国研究中心，与香港学术界和学生直接交流乃至对撞。外宣既需要敢于对话也需要善于对话，这需要在主阵地上一刀一枪地磨炼才可达成的。

第五，协助港府增强其治理能力，锁定西方势力派驻的指导员和本地反对派领袖，掌握足够证据后择机曝光。相关内容每次曝光都会引起本地论坛的讨论，尤其是举英国旗、美国旗的更应注意，中华民族整体对“汉奸”都是没有包容度的，这点应该作为思考的逻辑起点。

七、国家形象的本国塑造：构建“一带一路”话语软实力

中国的国际形象重构与传播虽然箭在弦上、势在必行，但必须遵循客观的现实情况与传播规律。当今世界，中国和平发展的进程已成为一个不争的事实，并逐步从国际舞台的伴舞者转变为领舞者之一，从世界大家庭的次要成员转变为主角之一，美国发起的贸易摩擦恰恰印证了这一点。一方面，“中国道路”“中国模式”日益成为国际社会热议的议题；另一方面，“中国主张”“中国行动”也越来越深刻地影响世界的发展变化。因此，当下的关键点落在如何更有实效地向世界说明中国的发展是世界发展的福音，如何平等互利地与世界对话。

软实力是推进“一带一路”建设的重要助力。“一带一路”倡议的落地，一直受到舆论和民意因素的牵制。如果不能扭转他国对“一带一路”倡议的种种错误理解或刻板印象，中国企业在海外拓展将步履维艰，“一带一路”倡议可能遭到抵制，中国的国家形象也会受到严重损害。因此，扩展“一带一路”议程设置，高效整合境内外媒体、高校、企业、智库与社会组织等新兴传

播力量，利用大数据、社交媒体、广告、电影、文学等多重传播渠道，构建"一带一路"话语软实力迫在眉睫。

必须看到，作为一个国家软实力的体现，在掌握国际话语权方面，中国的影响力仍然远未达到世界第二大经济体应有的地位。中国的媒体、高校、科研机构与智库，应该也必须发挥自身的优势，把建设与大国地位相适应的国际影响力和话语权作为使命与责任，讲好中国故事，重构良好的国际形象。应持续深化"一带一路"倡议和数字丝绸之路的相关举措，向各国展示中国坚持开放的姿态。现况下，中国愈发需要通过"一带一路"倡议走出去，建立自己的"朋友圈"，为逐步建立以人民币为核心节点的货币支付体系和国际关系网络做好充分准备。鉴于世界舆论较为普遍认同中国的"强国"形象，并期待中国承担更多责任，"一带一路"国际传播的重点可以从塑造"强国"的形象转向创造和讲述"好国家"的故事，以帮助崛起的中国与世界和平共处、谋求共同发展。[1]

（一）整合多种传播力量，构建多学科融合支撑的"一带一路"软实力体系

"一带一路"倡议高瞻远瞩，体现出政治韬略，属于国际政治学范畴；但"一带一路"倡议对外传播则属于新闻传播学范畴；而话语研究则属于语言学范畴。"一带一路"软实力体系的构建，呈现宽视角、多领域、多角度、综合性等特点。目前，中国缺乏对"一带一路"倡议对外传播话语的跨学科的整合研究，尚未建构起从理论到实践的无缝全流程体系。而美国在提出一项重大国家（国际）战略之前，一定会对其政治意义、战略目的、国际影响、传播亮点、步骤、流程、渠道和传播语言等进行综合性分析。因此，中国应尽快打破学科界限，整合智库、研究院、大学、媒体等研究和传播力量，构建完整的"一带一路"对外传播研究体系，做好从理论到实操的顶层设计。

（二）有效利用社交媒体平台，建立立体的传播矩阵

良好的国家形象最终需要进行有效的对外传播，最终促成他国的认知

[1] 钟新、令倩：《从塑"强国"形象到讲"好国"故事："一带一路"国际传播的重点转向》，载于《新闻与写作》，2019 年第 7 期，第 5—11 页。

与理解。中国应充分发挥海外社交媒体的传播效应，逐步实现全覆盖，并建立起包括企业官网、官方自媒体发布平台、海外主流媒体与地方性媒体新闻报道等在内的海外传播全媒体矩阵，增进与境外媒体和公众的内容交互。利用海外社交媒体账号互动，讲出鲜活的企业故事，生动的工作体验，才可以打造更贴近当地民众的企业形象和国民形象。作为全球覆盖面最广泛、使用率最高的社交软件，推特、脸书等社交平台虽然掌握在西方资本手中，却也是不得不去全力攻占的高地。建立从国家到央企、民企和个人账号的联动，更多地分享工作和生活的体验，加强传播方式创新，用漫画、长图和短视频等形式贴近他国群众，重视与网友留言互动，激活央企、央媒及海外受众传播的活性，讲述更加鲜活的中国故事。

（三）有选择地设置“一带一路”倡议的媒介议题

“一带一路”倡议是希望向世界传递中国和平发展、开放包容、和他国互利共赢的理念，但此前的传媒传播主要聚焦在政治建设（中国制度、中国道路、中国模式）和经济建设（基础设施建设、贸易互惠、产品展会）等范畴，显现出较强的“功利性”。美通社《中国企业海外传播白皮书（2017）》显示，包括央企在内的中国企业海外新闻发布的主题相对集中在“新产品/服务”和“参展信息”，而“社会责任”只占到了2%，“环境相关”则仅占“0.3%”。要做到真正的民心相通，“一带一路”传播的议程设置上应大量增加更具人文关怀、更具企业社会责任和国家责任的内容，例如消除贫困、公共健康、公益环保等全球性议题，应针对性投放公益广告，寻求公众和舆论支持的“最大公约数”。

（四）及时有力反击反华媒体的恶意言论

在美国等西方国家，长期存在对中国极不友善的媒体，中国从官方到民众都与之进行了长久的对抗。早在2008年的北京奥运火炬传递时，海外留学生就已经开始针对CNN等反华媒体对中国的一系列诬蔑，组织了“反对CNN”（Anti-CNN）等群体，当年的网络名句之一便是“做人不能太CNN”。面对恶劣的国际舆论环境，中国的官方媒体必须如俄罗斯的“今日俄罗斯”（RT）电视台一样，像一根钉子牢牢扎在西方舆论中心，用最西方的方式回击西方反华媒体的恶言相向。也只有建立了"正规军",才可以在反华媒体露出破绽时及时"打脸"并扩大影响力。

(五) 多角度大力支持互联网企业及产品出海

互联网企业作为非官方力量,出海参与国家形象构建与传播的工作,可以有效加强国际传播能力建设,融通中外地讲好中国故事。互联网企业及其产品可以更有效地利用新理念、新策略和新方式,能潜移默化地影响年轻一代,这一点不分中外,诸如抖音(Tiktok)等产品已经在全球短视频社交赛道撕开了一道口子,产生了相当的影响力。同时,互联网企业出海携带的不仅是文化娱乐产品,更是生活方式、习惯与理念。因此应该从技术、资金、政策监管与引导方面给予出海互联网企业以更大支持,帮助出海互联网企业实现本土化和规模化,在海外扎根发芽,就地塑造中国积极正面的国家形象。

(六) 建立海外媒体数据库并持续追踪分类甄别不同媒体

在国家形象的构建与传播主要依靠媒体这一背景下,相关工作开展的难点之一是对对手的不了解。因此,有必要集合具有较丰富媒体传播工作经验和国际政治关系背景的专业实践人才,建立并持续更新海外媒体数据库,仔细分类并甄别不同国家、不同属性的媒体,观察其对华态度与立场,并基于此进行跟踪分析,制定不同的应对策略,视不同情况采取联合发声、转化争取、揭露批判、持续打压等不同方式,并在媒体准入政策和信息资源获取上区分对待。由于国际涉华舆情往往具有突发性特征,包括出海企业在内的涉及方经常措手不及,丧失第一时间或表态、或回击的窗口期。因此,应组织来自媒体和学界的专家,共同编制与"一带一路"倡议直接相关的传播语料素材库,以内部手册的形式作为参考,对出海企业和机构职员进行定期培训。其中既需要包含可能引起国际舆情的事件类型与场景预设,也需要做好多种预案,模拟国际舆情发生后如何尽快、得体地发声回应,将舆情影响降至最低。

(七) 良好国际形象需要"一带一路"机制性媒体合作

从舆论影响政治经济交往的角度来看,在"一带一路"倡议不断推进、深化的过程中，既要格外注意外国尤其是西方媒体对华报道的内容与倾向变化，也要警惕议题的设置与外溢。

在这个过程中，需要建立一种促进媒体合作的稳定、常态化机制，为今后国际间的广泛合作打下坚实的基础，并在此之上增加人文交流，增强互信与认知。充分的非官方交往的管道与基础，有助于加强参与倡议的国家之间、民众之间的相互交流与了解，可促进更好的联系与融合。

现今已经有了高规格、大规模、常态化、定期性的“一带一路”系列论坛与峰会，并以之为基础成立了诸如一带一路新闻网（BRNN，Belt and Road News Network）等与国际媒体合作直接相关的组织。一带一路新闻网联席理事会的成员由来自25个国家和地区的40家媒体和制作机构组成，旨在促进媒体机构之间进行信息共享、交流、合作，提供新闻发布和版权交易的平台，拓展全媒体行业的跨领域合作。一带一路新闻网已经建立了官方网站和移动新闻的信息聚合与分发平台，以成员机构为主体提供相关内容的上传和共享，进而打通周边服务，其中既包括支持媒体组织成员交换资源、渠道和规划框架，也包括帮助成员进行新业务开发、新技术落地，以及共同应对媒体转型挑战等一系列工作。必须看到的一点是，类似的组织能够成型的重要原因，源于通信技术与其他的周边外围技术快速发展的支持，促使合作的门槛在不断降低。5G网络和4K分辨率等技术的逐步应用，加强了国际间通信领域的合作，使得跨国间的媒体沟通更加便捷，而应用场景的丰富也在反推技术的持续发展。有了这样的基础，媒体便可以在促进并明确社会责任方面起到更大作用，因为媒体本身就理应是“一带一路”倡议的核心参与者，是对外传播建构中国形象的重要推动者。在“一带一路”这个绝佳的平台上，应该通过深化国际交流合作以提升国际话语权，尤其是通过媒体机构的力量，借由现代技术的不断发展加强国内与国际间的媒体整合，发展与国际媒体的交流与合作，而这也将是连接中国与不同文明、不同文化的国家与民族间的重要桥梁。针对现已成型的媒体合作组织，应该主动推进相关会议与论坛的定期举行，设定有针对性的议程并及时解决各国重大关切的问题，不但使相关的国际媒体机构合作机制完全融入“一带一路”框架，更使得类似机制的落地实践可以有效地推动“一带一路”建设不断前进。

国家形象建构与对外传播的根本目标是为推进国家治理体系和治理能力的现代化,为积极参与全球治理打好基础,弘扬人类命运共同体理念,以此增强国际话语权。"一带一路"倡议便是人类命运共同体实现的重要支撑与实践抓手,只有深刻理解人类命运共同体的内涵,广泛了解"一带一路"现有的积极成果,才可以不断增强自信,在国家形象的对外传播过程中令民众信服。想要重构中国国家形象并有效传播,就必须有信心、有意志、有策略地加强顶层设计、创新话语体系、引领世界潮流,利用好"一带一路"这一广阔的平台,将其搭建成展示中国国家形象的新舞台,有效地、积极地塑造自身的正面国家形象。

(八) 讲好中国故事需要从大处着眼、小处入手

首先,讲好中国故事要有信仰和自信。一个人的自信不在于其处于顺境时,关键是看其处于逆境和挫折时是否仍有坚定的信念,这才是真正的自信。一个国家也是这样,只有深信自己的发展理念与发展路径代表着未来的方向,有着强大的自我革新与纠错能力,暂时的艰难就不会动摇继续前进的路线。

其次,要清醒认识什么是"好的中国故事"。中国从改革开放四十多年波澜壮阔、筚路蓝缕的发展历程到"一带一路"这个大舞台,有太多的好故事可以讲。但选取什么样的故事需要着重考量。讲故事不是欺骗,更不是瞎编,而是利用新闻和日常生活中的事件,把大道理讲给民众听,使民众真正接受且信服。凡是欺骗的东西最终都经不起考验,民众一旦明白了就会适得其反。因此,需要挑选的应该是小人物的故事,这会使民众产生亲切感和代入感,可以有效拉近与各国民众的距离。相反,如果叙事宏大、泛泛而谈,会让人产生疏离感,对国际形象构建并无裨益。

最后,要更深刻地理解"如何把中国故事讲好"。在这一点上,西方主流媒体其实一直在做很好的示范。遇到任何案例,西方媒体都可以"借题发挥",将其归并到自身的逻辑体系当中,做到"以我为主"。以"民主"这一概念为例,其本身便是马克思主义和社会主义运动的核心价值之一,且近代以来推动世界民主运动的力量主要是社会主义运动、民族解放独立运动和中国民主建国的实践。因此，在对外重构形象时应强调中国民主的正统性逻辑，强调中国民主是原创的、内生的，而非移植过来的。类似的案例还有很多，关键点在于争夺、稀释、重构重要理论概念的缘起、定义与解读，主动抢占高点，降格西方概念，破除其优越感。“一带一路”的不断推进将会提供大量的优秀案例与实践机会，因为世界各国的发展模式本来就是因地制宜，没有灵丹妙药和“一招鲜”。“一带一路”为各国搭建的沟通桥梁将为世界展现不同的发展图景，也将为破除对西方发展模式的“迷信”提供充足弹药。

（九）坚定数字“一带一路”，落实出海“本土化”

从全球各国出海企业的经验教训来看，制约出海发展前景的关键多出于本地化程度不够。真正的本土化应该是建立国内核心领导团队和本土团队的有效沟通机制，利用本土化团队来协调当地关系、优化当地资源。不同的企业有迥异的情况，需要探索的是适合自身发展现状与模式的沟通机制与领导架构，核心评价指标就是国内团队和本土团队之间的沟通成本是否足够低，本土团队是否可以及时提供必要信息，提供给本土团队的自由裁量权是否可以转化为明显的有效用户增长与盈利。

“世界上最难的事情有两个，一个是将别人的钱装到自己口袋中，一个是把自己思想装到别人大脑中。”想要重构中国国际形象并有效传播，就必须有信心、有意志、有策略地加强顶层设计，创新话语体系，引领世界潮流。

“一带一路”语言安全战略研究

沈 骑*

一、“一带一路”建设中的语言安全问题

“一带一路”,语言铺路！语言规划,安全为本。“一带一路”建设中的语言安全问题主要由语言本身及其使用中的问题,以及语言外部相关的社会因素构成。这些社会因素包括科技革命、社会转型、地缘政治、经济发展、文化冲突、民族关系以及语言政策等诸多变化。基于非传统安全理论,一国所面对的非传统安全风险和威胁类型,根据其发生源和问题属性,主要分为内源性、外源性、双源性和多源性四类。[1] 为此,“一带一路”建设中的语言安全问题也可分为如下四类。

(一) 内源性语言安全问题

内源性问题主要是指“一带一路”国内地区的语言安全问题,主要涉及“一带一路”建设国家的语言资源、语言服务和语言能力等领域。这类问题若处理和应对不当,可能在境内外乃至国际上都会产生影响,甚至会激发一系列安全问题,需要国家开展语言管理和规划工作来应对和防范。具体而言,内源性语言安全问题主要体现在以下两个方面。

第一,“一带一路”建设中的外语资源安全问题。“一带一路”倡议的提

---

* 沈骑,同济大学外国语学院教授、博士生导师。

[1] 余潇枫:《平安中国:价值转换与体系建构》,载《中共浙江省委党校学报》2012 年第 4 期,第 12—17 页。

出，意味着中国由“本土型”国家转变为“国际型”国家，这给中国外语规划提出了新的任务和挑战。必须清醒地看到，我国至今还没有完全覆盖“一带一路”沿线国家和地区的主要官方语言，更不能奢谈具备较高水平的对象国语言和文化人才。外语语种严重不足、外语资源质量不高这两个问题，正凸显出我国外语资源安全的危机和风险。改革开放以来，我国外语教育事业发展迅速，但在国家外语能力和外语资源建设方面还存在一些结构性问题。就结构性问题而言，除外语语种和外语高水平质量之外，国家外语能力的范畴还有待进一步扩大。对此，我们不妨重温下许国璋先生在20世纪90年代对国家外语人才培养规格和模式的质疑：

> 自从某年某月有了“翻译干部”这个概念起，对于外语界人才，只要求你会外语，此外别无所求。从那时起，外语人才是外事大员的附庸，似乎已经定局。这是要自省的。五十年代以后第一批外语人才出山，我们不曾听见培养出英国通、美国通、法国通，也没有听说有什么国际法专家、海事法专家、保险法专家，只听见培养出翻译干部。局面既定，学外语取得专业技能的这个主流方面受到忽视，甚至不予置理。1978年时，曾有跃跃欲试之势。那时有人出来说，还是训练翻译干部牢靠，外语好了，什么都可以学会，外语不好，两头落空——依然是翻译干部万能论。十四年过去，翻译学校生源愈来愈狭，档次愈来愈低，陷于困境而不知自拔，背于时代而不知转身，徒唤奈何而已。[1]

从许先生的观点看，国家外语能力建设不能忽视在外语资源类型和领域维度两个层面进行拓展。在服务于“互联互通”建设过程中，我国需要大量精通外语，懂得国际规则，熟悉对象国文化的法律、经贸、科技、金融和文化等多领域的高层次国际化精英人才，这就对国家外语能力建设提出了“类型”和“领域”两个新的维度。从类型维度看，精通多种外语的“复语型”人才、精通专业+外语的“复合型”人才以及精通国际区域与国别问题的“研究

[1] 许国璋：《外语界的自省与自强》，载《外语教学与研究》1992年第4期，第1页。

型"人才将是国家外语资源建设的新重点。从领域维度看,国际基建、能源、航空、铁路等重点和关键领域的行业人才外语能力尤其值得关注,这些都是亟待解决的外语资源安全问题。

第二,"一带一路"沿线地区语言资源安全问题。"一带一路"建设将给国内沿线西北、东北、西南以及广大中部地区带来重要发展机遇,而城镇化建设则是大势所趋。在当前以及今后相当长的一段时期内,我国社会面临着快速发展的城镇化进程。在这一进程中,人员不断流动和城乡二元结构的打破,都会带来语言生活的重要变化,伴随着城乡地图的快速变化,在不长的时间内,中国"语言地图"必将大幅度改写。[1] 在"一带一路"互联互通大势之下,沿线地区的少数民族语言和地方方言保护值得关注。所谓语言资源安全问题,主要就是各类中华语言及其方言可能出现的濒危和消亡问题。这些问题如果处理不好,就会在一定程度上造成语言不安全,更将造成国家语言资源的严重流失,这将是中华文化难以弥补的损失。因此,对语言资源的保护、利用和开发工作必须提上议事日程,而且任务艰巨。

(二) 外源性语言安全问题

外源性语言问题主要发生在"一带一路"国外沿线国家和地区,国境之外的语言障碍重重,在陌生的语言环境之中,由于语言使用不当或是语言交际受限而带来的语言冲突在所难免,这些问题会对国内乃至世界产生影响或是连锁反应,直接影响到我国海外利益安全和公民人身安全问题。欧洲有句古话:"入境而不通其文,只能如孩提学话。"在建设"一带一路"过程中,中国企业走出去将会面临更多跨语言和跨文化沟通问题,语言安全问题会随之而来。

首先,语言障碍影响中国企业海外利益。从 2002 年到 2015 年上半年,中国企业对外投资总案例数为 2 018 起,其中跨国并购案例数为1 817起,企业在"走出去"的过程中,所面临的文化和语言的障碍以及文化认同障碍,都

[1] 李宇明:《当代中国语言生活中的问题》,载《中国社会科学》2012 年第 9 期,第 150—156 页。

能左右企业的兼并是否能够最终成功。[1]

其次，语言能力成为企业国际化战略的“短板”。以“高铁出海”为例，我国高铁在技术上已领先于世界，在“一带一路”沿线拥有广阔市场。然而，“高铁出海”，语言是第一道难以逾越的“门槛”。由于语言能力不足，对当地语言文化不了解，成为高铁国际化的最大短板。再以近来中国企业在乌兹别克斯坦生存和发展境遇为例，中国企业遭遇到的语言障碍就与“语言”知识储备、语言能力密切相关，给合资企业或独资企业的生存和发展带来消极影响，甚至导致企业的倒闭和破产。

最后，语言文化风险严重制约海外企业的生存和发展。在对我国海外直接投资风险评估中，在众多风险因素之中，与语言紧密相关的文化风险覆盖率高达 71.3%，甚至高于主权风险(46.9%)。[2] 例如：泰国是东南亚一个以旅游文化闻名的佛教国家，但是其南部却持续了十数年的穆斯林分裂运动，当地的分离主义势力和极端主义分子往往因为语言问题引发冲突，仅 2014 年就造成 330 人死亡，600 余人受伤，[3]这对当地投资和旅游环境，特别是人身安全带来重大隐患。

针对上述外源性语言安全问题，有关部门首先要对语言安全问题及其影响进行必要的识别、评估、预判和应对。由于这类问题的发生和出现具有不确定性，还涉及外交外事工作，乃至国家利益，对其应对往往具有滞后性。因此，更有必要提前启动相关准备和预案研究，需要建立常态化的语言和文化风险预警监测机制。

(三) 双源性语言安全问题

双源性语言安全问题主要发生在我国周边国家与边疆区域(特别是民族自治地区)。双源性语言安全问题的主体往往是双重的，甚至是内外联动

---

[1] 徐蔚冰：《中国企业走出去要注重文化融合和人才国际化》，载《中国经济时报》2015 年 12 月 3 日第 6 版。

[2] 汪段泳、苏长和：《中国海外利益研究年度报告(2008—2009)》，上海：上海人民出版社 2011 年版。

[3] 李捷、周鹏强：《泰南分离主义与极端主义：工具化与结合的趋势》，载《南洋问题研究》2015 年第 1 期，第 21—34 页。

的,应对往往有两难性质,且治理方式复杂。我国边疆地区多为语言、文化和信仰不同的多民族聚居地,不仅存在"守边、管边、控边"的分散性和明显的涉外性,而且"固边、治边、富边"任务的复杂性和自治性突出。[1] 不少边疆民族地区的语言问题与国际关系和民族问题相互交织在一起,牵涉到内政外交工作,个别语言问题甚至会被境内外分离主义势力和极端主义分子利用,倘若处置不利就会对国内乃至世界产生负面影响。目前,我国与"一带一路"周边国家跨境分布约 50 种语言,相比而言,跨境分布的同一民族语言,存在族群内部语言文化认同和不同国家语言文化认同的问题,也存在由于国家不同而带来的语言本体规划和地位规划的差异,因此这些跨境语言在语言身份及语言社会使用功能等方面存在差异。[2] 这些差异造成语言活力和语言地位的变化,在"一带一路"核心区不少跨境语言的语言活力有限,有的语言受到威胁,面临转用;有的甚至处于濒危和几近消亡状态,[3] 语言安全问题较为严重。语言安全问题同样还体现在我国媒体在包括少数民族语言在内的国际传播实力仍处于绝对的弱势地位,境外敌对势力利用少数民族语言文字媒体对我国的宣传和渗透力度不断加大,我国所占话语权十分有限。[4] 此外,由于周边地区政治和军事动荡,也会给边疆、边境地区带来难民问题,以 2015 年初缅甸果敢地区战乱为例,有 10 万左右难民涌入我国境内。尽管从目前情况来看,果敢难民的涌入对我国边境地区的影响处于可控范围内,尚没有引起社会混乱等严重不良影响。但是,果敢难民问题在近年屡屡发生,而且从世界范围看,难民问题处理不当,就可成为暴恐温床,会形成公共安全问题。因此,积极开展难民语言服务和语言融入工作,未雨绸缪,是防范和避免语言安全问题的关键。

[1] 余潇枫、徐黎丽:《边安学刍议》,载《浙江大学学报(人文社会科学版)》2009 年第 5 期,第 5—18 页。

[2] 黄行、许峰:《我国与周边国家跨境语言的语言规划研究》,载《语言文字应用》2014 年第 2 期,第 9—17 页。

[3] 黄行:《我国与"一带一路"国家核心区跨境语言文字状况》,载《云南师范大学学报(哲社版)》2015 年第 5 期,第 1—8 页。

[4] 黄行、许峰:《我国与周边国家跨境语言的语言规划研究》,载《语言文字应用》2014 年第 2 期,第 9—17 页。

（四）多源性语言安全问题

多源性语言安全问题具有发生源及问题属性存在不确定性这一新特征。除了语言问题本身的复杂性、综合性等常规特征外，还更加典型、直接、明显地呈现出国内因素和国际因素交叉互动、自然与人为因素交叠共生、国家与非国家行为体相互冲突、虚拟空间与现实世界时空交错、常态与非常态危机交替转化等特征。

首先，“一带一路”的非传统安全领域的语言问题十分突出。例如：境内外“三股势力”若隐若现，全球恐怖主义最为猖獗和活跃的国家基本都在“一带一路”沿线。作为“一带一路”倡议的提出者，中国的国际地位日益提升，需要履行一个大国的国际义务和责任，在参与处理国际公共安全问题时，如派遣联合国维和部队、维和警察、国际医疗队等国际事务，都对相关人员的外语能力提出新的要求。为此，非传统安全领域的语言规划和语言应急机制亟待建立。以国际反恐为例，在中东地区臭名昭著的“伊斯兰国”正不断向世界各地渗透，这将会成为威胁“一带一路”建设安全的重要隐患之一。为此，我国必须立即启动针对“伊斯兰国”关键语言规划工作，提升国家语言安全防范措施。其中，库尔德语就应当成为关键战略语种，亟待开设课程，培养专门关键语种人才，以应对未来反恐之需。

其次，多源性语言安全问题还涉及网络与语言信息技术安全问题。语言信息技术在很大程度上决定了国家信息化的水平，是国家信息安全的保障，但由于我国语言文字技术标准严重滞后，现代语言技术的创造力、控制力和使用能力等不甚理想，[1]这制约着国家信息“红利”，是“一带一路”建设中信息安全的“隐患”。因此，在推进“一带一路”信息化建设中，语言信息技术安全将是国家网络安全的重要一环。

最后，多源性语言安全还涉及舆情和话语权问题。舆情的媒介和载体离不开语言，舆情的传播分析和评价离不开言语、修辞和语用策略，其本质就是一种话语权。在“一带一路”建设过程中，无论是汉语国际传播，还是话

[1] 李宇明：《提升国家语言能力的若干思考》，载《南开语言学刊》2011 年第 1 期，第 1—8、第 180 页。

语规划问题,都事关中国"文化走出去"大局,是现实"民心相通"的关键。为此,有关部门需要系统开展话语安全规划和传播研究,讲好中国故事,发出中国声音。

二、"一带一路"语言安全战略的基本内容

"一带一路"建设中的语言规划是分层多样的,大到区域、国际组织和各主权国家语言战略,小到企业语言管理或是学校语言教育,从宏观、中观到微观,各个层次的规划问题与任务也不尽相同。语言战略规划源于语言规划,但在规划层次和组织上明显属于宏观规划,属于典型的自上而下的(超)国家、政府或是机构组织的规划行为。基于语言规划理论,我们基本可以确定"一带一路"语言安全战略规划的六大基本问题。

(一) 语言地位的战略规划

面向"一带一路"建设的语言地位的战略规划问题主要体现在两个方面:一个是"一带一路"建设中不同场合和领域的语言功能的战略规划,另一个是"一带一路"所涉及的沿线国家语种的战略规划。

"一带一路"建设中的语言功能定位是一个战略问题。由于"一带一路"沿线国家至少有65个,涉及44亿人口,目前尚有不少国家正积极准备加入,呈现出开放扩大的格局。因此,有必要提前进行顶层设计,对语言功能开展战略规划工作。语言功能的战略规划能够在很大程度上降低语言沟通成本,实现语言"互联互通",达到互惠平等的目的。目前,"一带一路"建设中还没有充分考虑到语言互通的问题,相关企业和机构在实践中,往往受制于语言障碍,交流渠道并不通畅。在现有语言格局中,除了迥然不同的各国通用语或是民族共同语之外,在沿线主要语言中,俄语是中亚区域的通用语,阿拉伯语在中东和北非地区是跨区域通用语,法语在西非和北非等地也是实际上的跨区域通用语。而英语作为国际通用语,不仅在东南亚具有较大影响力,在中亚的影响力也在稳步提升。值得注意的是,英语目前在国际金融、世界贸易、科学研究和高等教育等领域都占有绝对主导地位,这一局面

暂时还无法改变。但是，中国作为“一带一路”倡议的发起者和重要建设者，应对语言功能早作战略安排与规划。语言功能战略规划的任务主要有两个：一方面，以各类通用语建设为抓手，加强“一带一路”区域通用语战略研究，调查沿线国家各类通用语使用现状、分布、活力状况等社会语言学问题，在尊重各国语言主权的基础上，尽早推动沿线国家确定“一带一路”通用语。具体可以确定若干个“一带一路”建设的工作语言，或者在友好协商基础上，通过划片方式，确定部分区域的通用工作语言。另一方面，应尽快着手将汉语确定为“一带一路”建设的通用语言之一，为扩大汉语在沿线国家政府和主要建设领域中的主导地位，提前布局规划，确保汉语在关键领域、重要项目和重大工程的基础文本、工作文件、谈判文书和国际会议中的主导地位和作用，这符合中国作为“一带一路”建设主要投资者和重要建设者的国家利益，具有重要战略意义。从长远看，世界语言发展格局并非一成不变，随着国际人口移动、经济发展、文化交融和社会变迁，英语作为国际强势语言地位并非不可动摇，“一带一路”建设是千秋大业，语言功能的战略规划更要放眼未来，未雨绸缪，尽早把汉语功能战略规划提到议事日程上来。

语言地位规划的核心议题就是语言选择。“一带一路”国家语言丰富多样，有些国家不仅有多个官方语言，还有重要民族或是部族语言、方言，在某些地区或是某些领域具有重要战略价值，在语种战略规划时都应重视起来。

首先，官方语言的语种规划成效显著。根据教育部统一部署和规划，截至2018年，我国高校的外语专业设置全面覆盖沿线国家官方语言，这对于我国扩展与“一带一路”国家官方层面交往意义重大。随着更多国家参与“一带一路”建设，我国外语语种专业建设也需要加快进度。

其次，地区通用语规划亟待改善。“一带一路”建设并不仅限于单纯的政府交往和外交事务，跨国合作和民间贸易都会涉及当地非官方语言。因此，从国际地缘政治和中国海外利益角度考虑，单单考虑官方语言语种规划还远远不够。仅以非洲为例，阿拉伯语、斯瓦希里语是官方语言，豪萨语、祖鲁语、阿姆哈拉语、富拉尼语、曼丁哥语等五种语言都不是官方语言，却都具有通用语价值，在非洲部分地区是实质上的贸易通用语，而我国尚未开设富拉尼语和曼丁哥语。近年来，我国对非投资日益增加，中资企业一旦在非遭遇纠纷和困难，若向当地政府投诉交涉无门，往往需要求助于地方部族首领出面调停解决，这就需要相关精通社会文化者处理和协调，而熟稔当地语言就显得尤为重要。

最后，战略语种规划迫在眉睫。语言战略观告诉我们，语言不仅是政治外交对话工具，也不仅是贸易沟通载体，同时也是事关战略安全的重要资源。“一带一路”倡导共商共建，合作共赢，是实现地区和世界和平、发展和共赢的新路。但是，“一带一路”沿线不少国家和地区都存在着非传统安全问题，恐怖主义、分离主义、跨国犯罪、非法移民、国际人道救援和搜救等突发事件时有发生。语言在防范、规避、预警及保障丝路安全问题时，在消除和化解非传统安全威胁和风险过程中，都具有无可替代的战略价值。面对“一带一路”的语言安全隐忧，我国在语种布局和规划方面，还有待改善，尤其需要加强具有安全价值的战略语种规划和研究，例如中东地区的库尔德语，就事关我国海外能源利益和安全，应当予以优先发展和建设。

（二）语言本体的战略规划

语言本体规划中的战略问题涉及国家安全和社会发展等重要领域，对于“一带一路”建设至关重要。

其一，语言标准化。中国术语、字体设计和借词规范历来都是技术传播的关键内容，事关国家语言主权，随着中国装备、技术和产品走出国门，走向世界，相关的术语标准国际化就显得尤为重要。在全球化时代，现代科技日新月异，外来科技名词层出不穷，术语统一和规范等领域中都暗藏玄机，充满了语言竞争。特别是我国与不少周边国家的跨境民族语言国际标准化的工作，事关民族关系和国家安全大局。例如，朝鲜文就涉及我国、韩国与朝鲜三个国家，而且目前三国语言标准差异较大，我国亟需争取主动权，进行协调规划。

其次，语言信息化。语言信息技术在很大程度上决定了国家信息化的水平，是国家信息安全的保障。“一带一路”潜在较多的非传统安全风险，计算机语言信息化，特别是依托人工智能的多语种语音识别技术，对于防范和应对跨国跨地区恐怖主义和国际犯罪等活动，具有重要战略意义和安全价值。因此,在推进“一带一路”信息化建设中,语言信息技术安全将是国家网络和信息安全的重要一环,基于多语种的语言分析和语音识别技术研究和开发工作将为“一带一路”建设“保驾护航”。

其三,语言材料编纂。双(多)语辞典和语法书等语言材料编纂对于“一带一路”沿线国家的语言传播和学习普及意义也不容忽视。例如:外国来华的第一个基督教新教传教士马礼逊曾于1823年编撰出版了世界上第一部的汉英对照字典——《华英字典》,为当时欧洲传教士学习汉语和从事翻译工作提供了极大便利,在中西文化交流史上发挥了重要作用。当前辞书建设的主要任务,除了了解和学习沿线国家语言的对内型辞典需要加强规划之外,为了推广汉语国际教育和传播战略,急需考虑开展对外型本体战略规划,即针对不同外国汉语学习者的辞书出版尤为重要。过去我国对外辞书建设千篇一律,没有重视和考虑国外社会文化环境与国内的重大差异,致使辞书和语言学习材料在国外“水土不服”,无法满足国外学习者汉语学习需求。因此,编纂适合“一带一路”沿线不同国家和不同语言文化背景学习者需求的双语辞典,已经成为新时期对外辞书编纂规划的重要任务之一。

(三) 语言教育的战略规划

面向“一带一路”建设的语言教育战略规划不仅是语言战略的一个重要分支,更是一种人力资源发展的战略布局,施惠于沿线各国教育发展,全面服务于教育部《推进共建“一带一路”教育行动》教育合作战略。当下,我国“一带一路”语言教育的战略规划需要考虑三个问题,即汉语国际教育规划、外语教育规划与汉语作为教学语言规划。

1. 汉语国际教育规划

在“一带一路”沿线国家推广汉语国际教育,不仅具有文化战略意义,可以促进中外人文交流,实现“民心相通”的需要,同时,也具有经济价值。中国早在2004年就开始国际中文教育规划的战略布局。目前,已经在55个沿线国家开设了165个孔子学院,这一战略还应继续完善和加强。近年来,赴欧美等国调研时发现,由于中国经济崛起,汉语在国外越来越受到重视和推崇,很多国外家长都认为精通汉语将是一种明智的“语言投资”,对孩子将来发展有很大益处。美国西部俄勒冈州不少企业近年来越来越注重员工的中文能力培训,用以满足与中国企业国际贸易往来沟通的需求。在调研中发现,美国很多中小学都希望将汉语课程作为提升学生多语能力的首选语种之一。这种语言选择符合语言资源观和语言工具主义的观点,即当一种外语能够促进交流沟通便利,或者带来更多经济增长和收入提高等受益时,则学习者的外语学习动机会有明显提高。那么,"一带一路"是否会对汉语国际传播提出更大需求?我们可从国际贸易领域对于语言需求的变化给出肯定的回答。

国际贸易进出口主要产品分为劳动密集型、技术密集型和资本密集型三类。第一类劳动密集型服务产品的出口主要是通过标准化合约来完成的,这一领域主要涉及以英语作为国际通用语言在文本层面的语言问题。但是"一带一路"很多国家普遍不缺劳动力,缺的恰恰是技术和资本密集型服务产品。这两类产品交易则更多地需要贸易双方的沟通来实现,为避免语言障碍,减少跨文化冲突,作为进口方往往会对出口国家语言产生重大需求。因此,考虑到语言学习规律和效率,中国作为"一带一路"建设主要投资国和出口国,应积极开展汉语需求调查,有效促进汉语进入沿线国家基础教育体系之中,使其成为外语教育语种之一。无论是孔子学院还是汉语作为外语教育课程规划,都需要从语言战略规划角度统筹课程对象、师资队伍、课程政策、教材教法、资源配置、测试评价以及社会需求等规划内容,加大对沿线国家全方位的支持,推进教育共同体建设。在这方面,新疆维吾尔自治区依托辐射中亚的区位优势,在汉语国际推广、孔子学院建设和中亚基地对外汉语教材建设方面成效卓著,值得借鉴。

2. 外语教育战略规划

近年来,国家逐渐重视外语教育规划工作,教育部关于加强外语非通用语种教育的文件也于2015年正式出台,外语教育在语种、布点与资源投入等方面都有了很大改善,"单一型"外语语种失衡问题有望解决,加强"一带一路"非通用语种人才建设已经成为共识。但是,现有高层次外语人才规划定位和目标尚不清晰,小语种专业和课程设置也缺乏科学调研,外语教育发展中一些结构性问题较为突出,外语规划还存在一定的盲目性和无序性。"一带一路”外语人才需求是什么？需要什么样规格和类型的外语人才？哪些领域和行业需要外语人才？在这一系列问题尚无法给出准确回答的情况下，盲目、无序地开展外语教育规划势必会产生严重的问题。例如，各地高校纷纷开设“一带一路”沿线国家的小语种专业，致使小语种专业和布点都出现“井喷”式增长的趋势。在2017年教育部公布的新设本科专业中，有一半是小语种专业。通过增设新专业，确实可以在一定程度上缓解小语种人才欠缺的问题。但是客观地说，这样的外语人才规划方式存在明显问题。

(1) 小语种人才缺乏问题不是单纯的数量问题，而是质量问题。我国外语人才规划的弊端在于人才培养“一茬齐”，普遍存在专业水平不高、培养模式单一的问题，致使外语专业毕业生“大才难觅，小才拥挤”。因此，小语种人才规划不是单靠增加语种专业和布点能够解决的。而且小语种师资水平参差不齐，扩大招生和布点之后，恐怕连基本教学质量保证都成问题，如何实现高层次人才培养？

(2) 小语种人才规划应该分层次，不能“一刀切”。对于国家而言，“一带一路”建设最缺乏的是通语言、懂文化、熟悉专业或是领域知识的人才。现有外语人才培养只注重一般语言技能，还无法满足国家和社会重大需求。“一带一路”真正紧缺的是高层次小语种人才，这个量究竟有多大？还需要扎扎实实地调查研究。事实上，小语种发展过热早已有过严重的教训。以韩语专业为例，在“韩流”刺激之下，国内在十余年前就兴起了“韩语热”，高校中的韩语专业数量从原来的个位数专业教学点，一下子陡增至200多个专业。更有甚者，开设韩语专业的院校又多为新建本科院校、独立学院或是高职高专，因此，培养的韩语专业学生层次普遍不高。随着近年来韩国经济低迷和朝鲜半岛政治风云变幻，众多韩语专业毕业生就业出现了严重的问题。这个教训值得我们深思和警惕。

(3) 小语种建设需要科学规划，不宜操之过急。“一带一路”建设需要各类外语人才，但是从外语教育规划来说，需要有轻重缓急和适当取舍。例如，一般企业在“一带一路”即便有外语需求，往往可以在当地寻求专业翻译或是通过国际外服公司解决语言需求，不会因此招聘或是雇佣专门的小语种人才。据了解,在没有充分开展需求论证的情况下,不少高校盲目设置小语种专业,更有某些省份的教育主管部门要求省内每所高校至少"认领"一个"一带一路"小语种专业建设任务。这种"摊大饼"式的外语规划令人啼笑皆非。综上所述,我们认为"一带一路"语种布局对语种选择、专业建设、市场需求、人才定位与培养模式都需要缜密的前期论证和研究;此外,各地还需结合国家战略和地方实际进行统筹规划,实现外语教育均衡发展和规划,否则就会事倍功半。

3. 汉语作为教学语言规划

语言教育战略规划不仅关注语言教育领域,同时还需要重视教育语言规划问题。在"一带一路"高等教育领域,教学语言规划是一个充满战略博弈和竞争的领域。在欧洲、东南亚、非洲、中东乃至中亚等国,英语作为教学语言(English as Medium of Instruction, EMI)规划已经成为这些地区推进高等教育国际化的重要战略举措之一。在"一带一路"沿线国家中,英美著名高校早已"捷足先登",不仅通过英语这一强势语言进入这些国家高等教育体系之中,而且还在中亚、中东和东南亚等地设立或资助成立了大量的全英文授课大学。在这样的竞争态势下,教育部正在有序推动国内高校在"一带一路"国家办学。截至2016年,我国高校已在境外设立了4个机构和98个办学项目,分布在"一带一路"沿线14个国家和地区。中国必须在推进教育国际化规划中,加强汉语作为教学语言(Chinese as Medium of Instruction, CMI)的战略规划,例如鼓励在境外办学的高校,在体现中国特色的课程中尝试实施CMI课程,在中国语言文学、中医学、中国文化、中国武术等传统文化课程中创设CMI教学模式,同时也可积极探索在更多专业课程中实施这一战略可行性和实践性。如果说汉语国际教育与孔子学院是中国语言文化走出去的重要举措的话,那么CMI将是推进中国语言文化在"一带一路"推广并繁荣的关键战略。

(四)语言声誉的战略规划

在"一带一路"建设过程中,语言声誉战略规划服务于丝路语言国际传播战略,至少需要考虑三个问题。

1. 汉语传播的声誉规划

汉语国际传播不仅需要语言教育战略规划，也不能忽视其声誉规划。从国际语言传播经验来看，对语言自身形象的规划有利于其被广泛接受。英国文化委员会为在东南亚地区推广英语，不遗余力地将英语学习包装成为“国家、社会与个人发展必需之语言”，充分显示出语言工具主义形象，颇具煽动性。法国政府也特别注重法语的声誉规划，将法语形象定格为“世界上最美丽的语言”，使得法语推广成为高雅生活方式的表现。韩国政府则是将语言文化巧妙地蕴藏在动漫、韩剧等娱乐节目之中，吸引大量“哈韩族”趋之若鹜地学习韩语。在丝路建设中，汉语国际推广和传播战略也必须在语言形象方面下功夫。在“一带一路”推广汉语国际教育，传播的对象是没有在中国生活和学习过的外国人，我们就更需要考虑国外社会对汉语的社会接受，构建一种全方位的语言传播与教育的互动关系。面对“一带一路”不同国家和社会微妙复杂的多元语言环境，我们要设身处地考虑语言教学与社会宏观语言环境，乃至国外社会政治文化等非语言因素交织在一起的问题。笔者在与众多外国学生交流过程中了解到，“汉语是最难学语言”已经成为外国学习者心目中的刻板印象。从语言声誉规划角度看，我们不能把博大精深的中国文化定位成让国外学习者“畏难畏学”的语言。广大语言工作者应该充分挖掘汉语文化之美，利用文学创作传播汉语美好形象。在这方面，语言学研究者和工作者都具有不可推卸的责任，在注重教学研究的同时，应当重视对象国受众对于汉语的社会接受，主动融入语言声誉和形象塑造规划活动之中。

2. 民族语言声誉规划

在丝路建设中，我国少数民族语言，特别是跨境民族语言，不仅应加大保护和传承的力度，还应当推动少数民族语言文化对外传播，使其成为我国保护和开发多民族语言文化资源的亮丽名片，塑造并展示我国多民族语言文化共同繁荣的国际形象，避免和消除国际社会对中国民族政策和民族文化发展存在的误解和偏见。为此，少数民族地区需要集思广益，挖掘本民族优秀语言文化遗产加以推广和传播。这对繁荣各民族文化，萃取民族文化精华走向世界具有战略意义和价值。

3. 翻译声誉规划

翻译作为跨文化传播与交流的传播活动，并不是简单的文字转换过程，它至少涉及两个文化系统的交流、交锋与交融，其本质是一种文化传播规划。改革开放以来，我国对外翻译重心主要在西方欧美国家，对于“一带一路”沿线国家的翻译规划刚刚启动。我国面向丝路沿线的翻译活动的结果或是产品都需要考虑其市场和社会的可接受性，这就需要语言声誉规划。在翻译输出方面，无论是技术传播和科技翻译，还是文学文化作品外译，都需要高度重视翻译声誉规划，提升中国翻译的国际形象和口碑。在对外传播过程中，我们需要全程关注针对丝路外译产品或是作品的市场和社会接受、流通度和传播形象；充分考虑不同国家和地区的社会风土人情、政治与宗教文化禁忌等问题，避免翻译产品或作品带来不良社会影响。“一带一路”的翻译声誉规划对“民心相通”意义深远。

（五）语言服务的战略规划

语言服务将语言研究与行业领域的语言需求、语言支持、语言资源配置与语言能力等诸多方面有机地联系起来，是国内的一个研究热点领域。语言服务规划涉及行业领域众多，如语言翻译、语言培训、在线语言教育、语言技术支持以及语言咨询等产业类型。目前国内对语言服务产业研究较多，但是对语言服务战略规划的讨论却明显不足。两者虽然在内容上有类似之处，但在语言资源配置和规划的战略价值上区别较大。

笔者亲身经历过一个事例。华为手机产量的80%出口海外，其拓展的国际市场遍布“一带一路”沿线国家。企业在海外市场竞争中发现，华为手机语言在本地化方面存在技术短板，从手机的开机问候语到操作界面语言都无法完全满足沿线国家市场客户需求，与国际竞争对手存在一定差距。为此，华为公司主动联系语言学专家，希望从语言技术、翻译文本质量以及跨文化适应等角度帮助其改善、解决这一问题。由此可见，在语言服务战略规划下，语言科学研究在基础和应用层面都可以为企业“走出去”助力，这对语言科学研究“走出书斋”，面向社会也会产生积极促进作用。

（六）丝路话语的战略规划

面向“一带一路”建设的话语战略规划的目标之一就是提升国家在沿线

国家乃至国际的话语能力，但其根本在于建构丝路话语体系，这是当前我国语言战略规划的重要责任和时代使命。丝路话语战略规划是从国家战略利益出发，以提高话语能力，提升国家形象的一种规划行为。“一带一路”是中国积极参与和推动全球治理格局变革的重要举措之一，与我国在丝路沿线港口、铁路和高铁等“硬件”建设相比，以文化和话语为主的“软件”建设也要加强。当前，在国际舞台上“西强我弱”的国际话语权格局尚未发生根本改变。丝路话语战略规划的目标就是促进民心相通，争取丝路战略的重要话语权，扩大设置话题的权利，提升中国话语体系在“一带一路”建设中的国际影响力，这需要充分考虑各类话语规划问题，如政策性话语、学术性话语、制度性话语以及结构性话语等。以政策性话语规划为例，在丝路话语中要避免将“一带一路”说成是中国“马歇尔计划”，对外话语中也要慎用“桥头堡”“冲锋队”“排头兵”“主力军”等军事术语。这类军事术语与“一带一路”开放合作的本意并不相符，容易招致误解。再以学术话语战略规划为例，“一带一路”建设中的学术话语问题亟待重视起来，例如，对于古丝绸之路的人文历史研究与德国、美国、英国和日本相比还有很大差距，如西域研究、敦煌学研究的学术话语权并没有掌握在我们手中。另一方面，由于研究语言受限，我国对丝路沿线国家的区域和国别研究也不够深入，尚无法掌握和洞悉当地学术话语，丝路学术话语规划“任重而道远”。因此，如何传播中国声音，讲好中国故事，是当前丝路话语战略规划不容忽视的重要任务。

三、“一带一路”语言安全战略规划建议

“一带一路”建设是新时期国家转型升级、对外战略转向的重要举措，语言在“一带一路”建设中是拓展和维护国家利益，增强互通互联能力的重要纽带，而语言安全问题事关“一带一路”建设稳定推进的大局，具有重要战略价值和现实意义。因此，深入关注并准确预判四类语言安全问题，防范与规避语言安全带来的重要风险和威胁，是当前语言战略与语言规划研究的重中之重。为此，我们提出建构“一带一路”语言安全战略的对策与建议。

(一) 加强丝路语言安全规划研究

内源性语言安全问题是影响和制约"一带一路"建设的重要隐患之一，有关部门应该及时开展系统全面的语言安全规划研究。

首先是国家外语资源安全调查和国家外语安全能力建设问题。国家外语资源安全调查是指根据"一带一路"建设中的重大现实外语需求，尤其要开展战略性、全局性外语资源需求调查，明确现有外语资源现状是否可以满足丝路各行业和领域的重大现实需求。例如：从国家安全战略角度看，面向非传统安全威胁的国家外语安全能力调查以及丝路关键外语资源调研等工作亟待启动；从海外利益拓展需求入手，中国高铁丝路战略下的外语需求调查、"亚投行"外语需求调研以及各类自贸区外语需求调查等课题，都需要逐步开展。只有在科学细致调查的基础上，才能研制外语安全战略需求清单，对外语资源种类、质量、类型和领域四个方面都做出精准的判断，为制定提升国家外语安全能力提供现实依据和参考。

另一方面，我国语言资源安全规划工作也不容忽视。语言资源安全规划必须以准确真实的语言资源调查为基础。2015 年，教育部、国家语委正式启动中国语言资源保护工程，在全国范围内开展以语言资源调查、保存、展示和开发利用等为核心的各项工作。"一带一路"沿线的少数民族语言和地域方言保护应当成为语言资源保护工程的重中之重。语言资源安全规划还必须考虑不同语言的安全等级，如消亡、濒危、不活跃、较为活跃等多个级别，据此采取相应保护和开发措施。另外，语言安全规划除了关注语言本身问题之外，还需要借鉴风险管理和安全管理经验和做法，要认真做好不同语言资源安全状况的环境评估、社会评估和冲突评估，确保丝路语言资源整体安全。

(二) 启动跨文化语言安全战略研究

外源性语言安全问题主要源于对异域语言文化的陌生、生疏，甚至是误解误判。语言安全的重心也应该放在语言使用和话语传播层面考虑，让使用主体和传播主体免受由于语言使用和传播带来的安全隐患与忧虑。我们很欣喜地注意到国内已经有不少机构已开始着手对"一带一路"国外语言状况和语言国情进行介绍和普及工作。但是，鉴于“一带一路”涉及至少 65 个国家，200 多种主要语言，民族、宗教、历史、政治和社会等文化差异乃至深层次的潜在冲突在所难免，单纯的、简单的介绍和普及还远远不够。有关部门宜尽早启动跨文化语言安全战略研究。语言安全战略主要定位于语言服务，主要满足国家和企业海外利益对于“一带一路”语言文化的重大现实需求。

首先，语言安全战略研究需要开展对象国语言文化现状调研，重点考察和监测其语言文化领域潜在的安全风险，例如民族语言问题、语言纠纷、语言冲突，乃至重要语言舆情事件，切实提高战略预见性。

其次，语言安全战略研究需要重视跨文化语言管理问题，这里的语言服务涉及向海外投资企业提供投资国的语言文化历史、习俗、禁忌等跨语言文化交流和沟通的服务，还涉及为中国企业走出去提供重要跨文化案例数据库，以及基于多语种翻译和语言技术传播的海外舆情、政情、社情、商情诸领域的语言服务。

最后，语言安全战略还涉及“一带一路”对外传播话语的安全问题。无论是中国跨文化形象塑造，对外文化传播，哪怕是“一带一路”话语体系传播都不能忽视语言的传播价值和本质，都需要从语言安全战略高度审慎对待。西方个别国家和势力一直刻意丑化我国的“一带一路”倡议，致使“中国威胁论”和“新殖民论调”甚嚣尘上。更有甚者，海外还有人将孔子学院对外文化传播污蔑为“意识形态输出”。这些问题的出现，一方面反映出国际政治生态霸权主义盛行；另一方面也暴露出中国在走出去的过程中，对海外传播的话语安全意识不足，缺乏话语安全战略规划，亟需建立维护话语安全为主体的话语危机公关机制。

此外，我国还应积极规划“一带一路”话语体系，避免出现包括“一带一路”英文译名在内的跨文化传播标准混乱问题，积极主动利用跨文化语言安全战略讲好中国故事，规划中国话语。

（三）探索边疆语言安全治理能力建设

双源性语言安全问题事关边疆稳定和长治久安大局。在边疆问题研究领域，继“边政学”“边疆学”及“边防学”之后，近年来“边疆安全学”，即“边安学”研究日益受到关注。“边安学”是一门以边疆安全为研究对象、以探索边疆安全治理规律为主要内容的交叉性学科，关注重点是边疆安全治理的理论范式及运行模式、边疆危机的治理和传统/非传统安全威胁的应对，至少牵涉认同安全、社会安全与人身安全等领域。由于“一带一路”跨境边疆地区的语言问题的安全风险和隐患客观存在，而边疆语言问题也属于“边安学”范畴，涉及语言与民族认同、语言与社会安定、个人语言身份安全等复杂问题，国家也应该尽早开展边疆语言安全治理能力建设。

20世纪90年代以来，治理理论被广泛应用于各个领域。全球治理理论的创始人詹姆斯·罗西瑙指出：“治理与统治不同，是一种有共同目标支持的活动，这种管理活动的主体未必是政府，实现其目的也未必一定要依靠国家的强制力量，治理是一系列活动领域里的管理机制，它们虽未得到正式授权，却能有效发挥作用。”[1]基于治理理论，边疆语言安全治理能力建设需要关注和加强语言安全的治理主体、治理向度、治理范围以及治理权威四个维度的研究。[2]

第一，就治理主体结构来看，语言安全治理的主体既可以是国家和省区政府、非政府的公共机构（如专业协会、智库等），也可以形成跨国或多国语言合作和交流机制等多种组合，如边疆难民语言服务问题，就需要多方协作，齐抓共管。

第二，从权力运行的向度看，语言安全治理是一个上下互动方式的管理过程，它主要通过对话、合作、协商和伙伴关系，确立认同或是共同的目标等方式实施对语言问题的管理，例如西部边疆民族地区的双语问题较为敏感，需要探索“优态共存”的治理模式，避免出现“危态对抗”的局面。

第三，从管理涉及的范围看，语言安全治理所涉及对象要宽泛得多，例如，跨境语言安全治理问题实质超越了领域界限，形成超国家的范式。

---

[1] 詹姆斯·罗西瑙：《没有政府的治理：世界政治中的秩序与变革》，张胜军、刘小林等译，南昌：江西人民出版社2001年版。

[2] 余潇枫等：《中国非传统安全能力建设：理论、范式与思路》，北京：中国社会科学出版社2013年版。

第四，从权威形成的基础看，边疆语言安全治理的权威除了法规命令之外，更源于中国各民族语言认同与共识，黄行先生提出用市场化政策提升国家语言工具认同和用非市场化优惠政策保障民族语言的区域自治权利，是实现民族语言-国家语言认同和谐的策略，也是形成边疆语言安全治理能力建设的重要基础。[1]

（四）建立语言安全风险评估和应对机制

多源性语言安全问题的存在充分说明在消除和化解安全威胁和风险过程中，语言是防范、规避、预警安全问题及保障“一带一路”安全的战略资源。在中国开展海外投资和海外利益拓展过程中，语言/文化风险相较于传统的经济/体制风险和政治/军事风险而言，更为隐蔽、深刻，且持久，具有普遍性和不确定性。因此，有关部门有必要建立面向“一带一路”建设的语言安全风险评估和应对机制，着力防范和规避相关语言风险。具体而言，语言管理部门一方面需要建立针对“一带一路”非传统安全领域的语言安全问题的监测、识别与评估机制，建立健全基于多语种语言安全风险信息和案例库，如为中国企业走出去提供语言文化风险案例数据库建设，及时发布和提供语言安全资讯和预警信息。另一方面，在评估各个领域语言安全风险基础上，建立语言安全应急和救援机制，设立应对语言安全风险的语言服务志愿者团队，减少语言障碍带来的沟通不畅问题。最后，基于语言传播安全和信息安全角度考虑，有关部门应该重视“一带一路”跨国网络空间语言舆情监测，特别需要重视基于社会化媒介的语言舆情监测和语言信息技术安全问题。在“一带一路”建设倡议下，沿线国家可以共同开发建立媒体语言监测和研究平台，共享语情，维护语言信息技术安全。

[1] 黄行：《论中国民族语言认同》，载《语言战略研究》2016 年第 1 期，第 25—32 页。